国家社会科学基金青年项目
“金融市场发展、跨境资本流动与国家金融安全研究”（18CJL037）

金融市场发展、跨境资本流动与国家金融安全研究

辛大楞 ◎ 著

中国社会科学出版社

图书在版编目（CIP）数据

金融市场发展、跨境资本流动与国家金融安全研究 / 辛大楞著 . —北京：中国社会科学出版社，2023. 4

ISBN 978 - 7 - 5227 - 1612 - 1

Ⅰ. ①金… Ⅱ. ①辛… Ⅲ. ①金融市场—研究—中国②资本流动—研究—中国③金融风险—风险管理—研究—中国 Ⅳ. ①F832

中国国家版本馆 CIP 数据核字（2023）第 047964 号

出 版 人 赵剑英
责任编辑 刘 艳
责任校对 陈 晨
责任印制 戴 宽

出 版 中国社会科学出版社
社 址 北京鼓楼西大街甲 158 号
邮 编 100720
网 址 http://www.csspw.cn
发 行 部 010 - 84083685
门 市 部 010 - 84029450
经 销 新华书店及其他书店

印 刷 北京明恒达印务有限公司
装 订 廊坊市广阳区广增装订厂
版 次 2023 年 4 月第 1 版
印 次 2023 年 4 月第 1 次印刷

开 本 710 × 1000 1/16
印 张 19
字 数 323 千字
定 价 99.00 元

目　录

第一章

导　论

本章主要对本书的研究背景与研究意义、研究思路与研究方法、研究内容与基本框架、本书的创新之处，以及研究不足和未来可能的研究方向等内容进行介绍，以期为本书后续的相关研究打下基础。

第一节　问题的提出与研究意义

提高资本市场开放水平进而充分利用跨境资本流动对中国双循环新发展格局的构建和经济的高质量发展至关重要。2017 年 7 月，习近平总书记在全国金融工作会议上明确强调，“要扩大金融对外开放。深化人民币汇率形成机制改革，稳步推进人民币国际化，稳步实现资本项目可兑换。要积极稳妥推动金融业对外开放，合理安排开放顺序，加快建立完善有利于保护金融消费者权益、有利于增强金融有序竞争、有利于防范金融风险的机制”。金融对外开放所带来的跨境资本流动，既能促进国内金融体制改革、优化金融资源配置效率，又能服务于“走出去”战略和“一带一路”倡议建设，进而有力地促进中国经济的高质量发展。

一　问题的提出

党的十九大以来，中国金融业高水平对外开放的进程明显加快。2017 年 10 月，党的十九大报告提出要“推动形成全面开放新格局，扩大服务业对外开放”。紧接着，2018 年 4 月，习近平总书记在博鳌亚洲论坛 2018 年年会开幕式上再次强调，“要大幅度放宽市场准入，在服务业特别是金融业方面，确保放宽银行、证券、保险行业外资股比限制的重大措施落地，同时要加大开放力度，加快保险行业开放进程，放宽外资金融机构设立限制，扩大外资金融机构在华业务范围，拓宽中外金融市场合作领域”。2019 年 2 月 22 日，习近平总书记在主持中共中央政治局第十三次集体学习时明确指出，“要提高金融业全球竞争能力，扩大金融高水平双向开放，提高开放条件下经济金融管理能力和防控风险能力，提高参与国际金融治理能力”。

党的十九大以来，中国的金融高水平开放实践采取了一系列有力的措施，包括取消对来华设立外资法人银行、入股信托公司以及经营保险经纪公司的外资金融机构资产总额的准入要求；放宽外资投资设立消费金融公司准入政策以及取消外资银行开办人民币业务审批；证券、基金、期货三大机构外资股比限制全面放开以及 QFII、RQFII 全面取消额度限制；等等。总体来看，在降低外资金融机构进入中国市场的门槛和拓宽外资在华业务范围等多领域，中国的金融业高水平开放成绩斐然。2019 年“沪伦通”的启动，2021 年 10 月，富时罗素将中国国债纳入富时世界国债指数（WGBI）。2021 年 9 月，中国启动“跨境理财通”。2021 年 10 月，证监会宣布合格境外投资者可参与商品期货、商品期权、股指期权等更多衍生品交易。这一系列金融开放措施的深入实施，无不体现了中国的金融市场开放水平显著提高，步伐明显加快。国家外汇管理局发布的数据显示，即便受到全球新冠肺炎疫情蔓延的影响，2020 年外资净增持境内债券规模仍高达 1861 亿美元，年末余额 5122 亿美元。2020 年全年境外央行类的投资者净持境内债券是 471 亿美元，近 5 年平均值为 411 亿美元。外资净增持中国国债 936 亿美元，年末余额为 2910 亿美元；净增持境内银行债 783 亿美元，2020 年年底余额为 1846 亿美元。二者存量合计占外资持有中国债券总量的 93%。截至 2021 年三季度末，外资持有 A 股余额为 3.56 万亿元，占 A 股流通市值比重为 5.0%，比 2013 年年末提高了 3.3 个百分点；外资持有境内债券余额为 3.94 万亿元，占全部债券余额的比重为 4.7%，相比 2013 年年末提高了 3.2 个百分点。[①] 此外，彭博巴克莱全球综合指数、摩根大通全球新兴市场政府债券指数、富时世界国债指数三大主流债券指数

① 数据来源于国家外汇管理局网站：http://www.safe.gov.cn/safe/tjsj1/index.html。

均将中国国债纳入其中，这将为中国股市带入超过 8000 亿美元的资金，为中国债市带入超过 3.4 万亿美元的资金。

扩大金融业的高水平双向开放，合理引导跨境资金的流入和流出，加大融入国际金融市场的深度和广度，有利于提升中国金融业的国际影响力和国际金融治理能力。首先，扩大金融业的双向开放有利于国内金融体制改革、优化金融资源配置。金融业的双向开放会导致跨境资本的流入，通过竞争机制促使国内金融制度改革、改进金融监管能力、提高金融发展水平，并增强货币政策的有效性。其次，基于金融业双向开放而带来的跨境资本流入，有利于提升国内金融业的竞争力。外资金融机构持股比例、业务范围限制、QFII/RQFII（合格境外机构投资者）投资额度限制的放开以及市场准入门槛的降低，必然会加剧国内金融业竞争，倒逼金融机构改革，进而提升中国金融市场效率和行业竞争力。再次，基于金融业的双向开放而带来的跨境资本流出，有利于“一带一路”倡议等国际经济合作的深入实施。倡议提出八年多来，互联互通机制，特别是“资金融通”机制架起了中国与世界其他国家和地区经济发展的桥梁，也为人民币国际化和金融业的双向开放提供了重大机遇。最后，扩大金融业的双向开放，有利于提高国际金融治理能力。近年来，中国金融市场规模逐渐扩大，金融体系和金融制度也日趋完善，但与美国、欧盟以及日本等发达经济体相比，国际金融治理能力仍有不少差距。从国内层面来看，亟须对日益增加的金融业规模和金融创新产品进行有效监管；从国际层面来看，中国在全球金融体系规则制定方面的话语权非常有限。而通过金融业的高水平对外开放，可以积极融入全球金融体系，并参与国际金融的规则制定，从而提升中国的国际金融治理能力。

在扩大金融业的双向开放、构建更高水平开放型经济新体制的同时，也要重视防范化解金融风险，维护好国家金融安全。习近平总书记指出，防范化解金融风险特别是防止发生系统性金融风险，是金融工作的根本性任务。一方面，金融业双向开放引起的跨境资本流入，可以通过汇率效应，即资本大量流入、对本币需求增加，加大本币升值压力并引发外汇市场压力风险。而且，资本流入的突然中断将通过金融摩擦和“费雪效应”，进一步引发金融危机。资本大量流入还可能恶化金融业竞争，导致金融机构过度借贷等冒险行为。此外，大量流入的资本通过“资产价格效应”，推动资产价格上升，引发股市和房地产泡沫，也可能导致金融危机。另一方面，金融业双向开放引起的跨境资本流出，可能引起本国外汇储备下降，本币急剧贬值，并诱发货币危机。资本外流还会使国际收支恶化，产生通胀、偿债风险等诸多问题，扭曲一国金融结构、削弱宏观政策有效性，进而引发金融危机。对中国来说，资本外流引发的市场贬值可能使资产价格大幅缩水，引发股票市场、外汇市场以及房地产市场等多领域的风险，并通过“蝴蝶效应”加剧整个金融体系的脆弱性，引发系统性金融风险。

总体来看，随着中国金融开放度越来越高、体系日益复杂、跨境资本流动的规模越来越大，中国金融安全受到的挑战增加。资本市场开放所带来的跨境资本流动，能否胜任我们赋予的市场角色、促进经济的高质量发展，关键在于综合分析目前跨境资本流动对国家金融安全带来的实际影响及其趋势。同时，异质性金融市场发展水平下，不同金融业对金融风险的化解能力明显不同。这就意味着应充分考虑金融市场发展在其中所起到的重要作用。因此，综合解析金融市场发展、跨境资本流动对国家金融安全的影响，进而提出相应的对策，对于提升中国金融体系稳定性，守住不发生系统性金融风险的底线，并促进中国双循环新发展格局的构建和经济的高质量发展具有重要意义。

二　研究意义

本书具有重要的学术价值和应用价值。从学术价值来看：一是国内外学者对跨境资本流动对国家金融安全影响的关注偏少。本书基于跨境资本流动的资产价格效应，以及股票市场、银行业、外汇市场以及货币政策效果等多种渠道，深入探讨了跨境资本流动对国家金融安全的影响机制，以深化对跨境资本流动与国家金融安全关系的理解。二是将金融市场发展纳入跨境资本流动影响国家金融安全的作用机理中，深刻剖析金融市场发展对跨境资本流动影响国家金融安全的调节作用，拓展了跨境资本流动——国家金融安全理论，并促进相关理论往纵深发展。三是基于相应实证分析方法，探究金融市场发展、跨境资本流动对国家金融安全的影响趋势，为构建提升国家金融安全的路径打下了基础。

从应用价值来看，一是详细分析了中国金融业对外开放“新时代”特征及特殊功能性需求，为推进跨境资本流动提供支撑依据，并结合金融市场发展探讨跨境资本流动对国家金融安全影响特殊性，基于功能观视角，以守住不发生系统性风险的底线为目的，剖析跨境资本流动如何提升国家金融安全。二是深入探讨了金融市场发展对跨境资本流动影响国家金融安全的调节作用，进而为中国完善金融体系、提高金融市场发展水平以及提升国家金融安全提供了实证支持。三是探讨了中国“新时代”金融市场发展水平下，如何合理利用跨境资本流动以规避和化解金融风险、提升国家金融安全。基于本书的主要研究结论，从微观层面注重因企施策、宏观层面把握顶层设计以及国际层面积极融入全球金融体系并参与国际金融规则制定等机制，提出了提升中国金融安全的思路与对策，从而为中国人民银行、银保监会和证监会等相关政府部门、监管部门和金融机构的决策制定提供了有益的参考建议。

第二节　研究思路与研究方法

一　研究思路

总体来看，本书的总体框架可分成八部分，各部分之间采取层层递进的形式展开，如图 1 -1 所示。具体来说：首先，对中国跨境资本流动和金融市场发展的整体状况以及发达国家和发展中国家资本市场开放的实践进行了解析。其次，阐述了跨境资本流动影响国家金融安全的理论机制。再次，构建跨境资本流动指标和国家金融安全指标，并采用跨国层面的数据，实证检验了跨境资本流动对国家金融安全的实际影响；同时，检验了不同经济发展水平、不同收入水平和不同制度质量下，跨境资本流动对国家金融安全的异质性影响。然后，对金融市场发展对跨境资本流动影响国家金融安全的调节作用进行了考察。进一步地，采用微观企业层面的数据，基于“沪港通”交易制度的实施作为政策冲击，对跨境资本流动影响国家金融安全的微观机制进行了检验。最后，根据研究结论，提出提升中国金融安全的思路与对策。

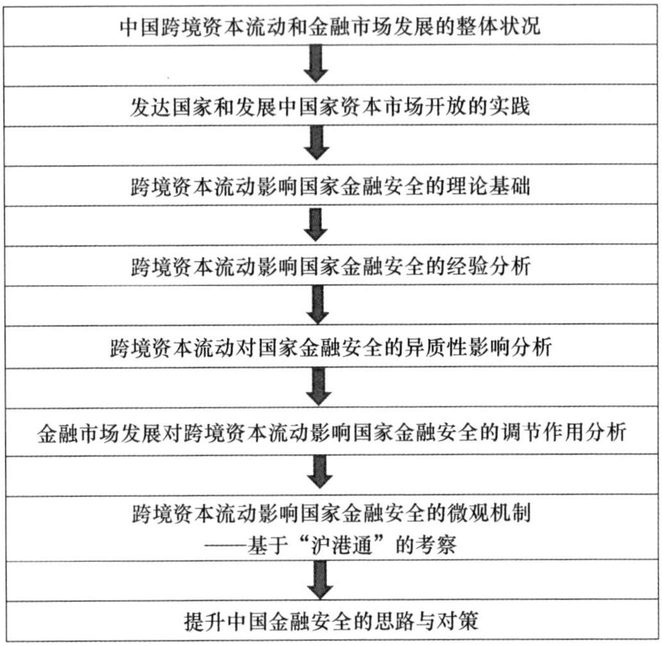

图 1－1 本书的总体思路

二 研究方法

（一）统计分析方法

运用表格、趋势图等统计方法，对目前中国跨境资本流动和金融市场发展情况以及全球各国的资本市场开放情况进行全面的统计和分析。

（二）面板数据的双向固定效应模型法（Two－way FE）和动态面板模型估计方法（DPD）

主要用于经验分析部分。面板数据同时兼顾截面和时间两个维度，可以增强分析结果的稳健性。因此，使用了面板数据的双向固定效应模型法（Two－way FE）、动态面板数据的系统 GMM 和差分 GMM 等估计方法，对跨境资本流动对国家金融安全的影响及其异质性效应进行了实证检验。此外，在分析金融市场发展对跨境资本流动影响国家金融安全的调节作用时，也使用了双向固定效应模型法。

（三）双重差分模型（DID）

使用经典的双重差分模型（DID）对跨境资本流动对商业银行不良贷

款率的影响，以及跨境资本流动影响国家金融安全的微观机制进行了实证检验。双重差分模型可以有效避免内生性问题，提升研究结论的可靠性。以中国重要的资本市场开放实践——“沪港通”交易制度的实施年份（2014 年）为冲击点，构建双重差分模型，有效地捕捉政策冲击引起的商业银行不良贷款率和企业财务风险的跳跃变化，更直观地检验资本市场开放政策的实施效果。此外，还进行了一系列平行趋势检验，保障了实证结果的稳健性。

（四）中介效应检验法

通过采用中介效应检验法，可以有效检验出跨境资本流动如何影响国家金融安全的微观机制——企业财务风险，进而有助于提出更具针对性的政策建议。本书在第八章中对该方法进行了使用。

第三节　研究内容与基本框架

一　研究内容

总体来看，本书内容主要包括如下部分。

第一章，导论。主要分析了本书的研究背景与研究意义、研究思路与研究方法、研究内容与基本框架、本书的创新之处，以及研究不足和未来可能的研究方向等。

第二章，中国跨境资本流动和金融市场发展的整体状况。本章主要对中国近几十年来跨境资本流动和金融市场发展的整体状况进行描述、分析，并对中国不同金融市场，如股票市场、债券市场、期货市场、基金市场和保险市场等的发展现状进行了描述，进而为后续的理论和实证分析打下基础。

第三章，发达国家和发展中国家资本市场开放的实践。本章主要介绍了代表性发达经济体国家和发展中国家自 20 世纪以来的资本市场开放实践。通过深入剖析目前各国资本市场开放的现状，深刻把握目前跨境资本流动影响国家金融安全的现实背景。

第四章，跨境资本流动影响国家金融安全的理论基础。本章主要梳理了跨境资本流动与国家金融安全的相关研究文献，同时，通过构建理论分析框架综合阐述了跨境资本流动影响国家金融安全的理论基础，进而为后续的实证分析奠定基础。

第五章，跨境资本流动影响国家金融安全的经验分析。本章主要通过建立实证模型，采用跨国层面的非平衡面板数据并构建相应的跨境资本流动指标、国家金融安全指标和其他指标，实证检验跨境资本流动对国家金融安全的实际影响。同时，本章还采用了微观企业层面的数据，从微观视角检验了跨境资本流动对金融安全的影响。

第六章，跨境资本流动对国家金融安全的异质性影响分析。随着一国经济体量的增加，其风险承担能力也会逐步增加，因此，随之而来的跨境资本流动影响国家金融安全的效果也会有所变化。本章重点分析了不同经济发展水平下跨境资本流动对国家金融安全的不同影响。此外，本章还从收入水平和制度质量视角分析了跨境资本流动对国家金融安全的异质性影响。

第七章，金融市场发展对跨境资本流动影响国家金融安全的调节作用分析。金融市场发展水平的不同，对跨境资本流动所带来的风险冲击的吸收能力也会有很大不同，即不同金融市场发展水平下，跨境资本流动对国家金融安全的影响是不同的。因此，本章着重分析的是金融市场发展对跨境资本流动影响国家金融安全的调节作用。

第八章，跨境资本流动影响国家金融安全的微观机制——基于“沪港通”的考察。本章对跨境资本流动影响国家金融安全的微观机制进行了检验。主要借助“沪港通”这一政策冲击作为准自然实验，检验了资本市场开放所带来的跨境资本流动如何影响企业的财务风险。企业财务风险是金融安全的重要组成部分。因此，本章从企业角度对跨境资本流动影响国家金融安全的微观机制进行了检验。

第九章，提升中国金融安全的思路与对策。根据前述的理论和实证分析结果，本章将提出如何有效利用资本市场开放所带来的跨境资本流动更好地提升中国的金融安全。具体来看，本章从跨境资本流动视角和金融市场发展视角展开了讨论。

第十章，研究结论与政策启示。本章对本书的主要内容进行了总结和评述。

二 研究框架

本书的总体研究框架如图 1－2 所示。

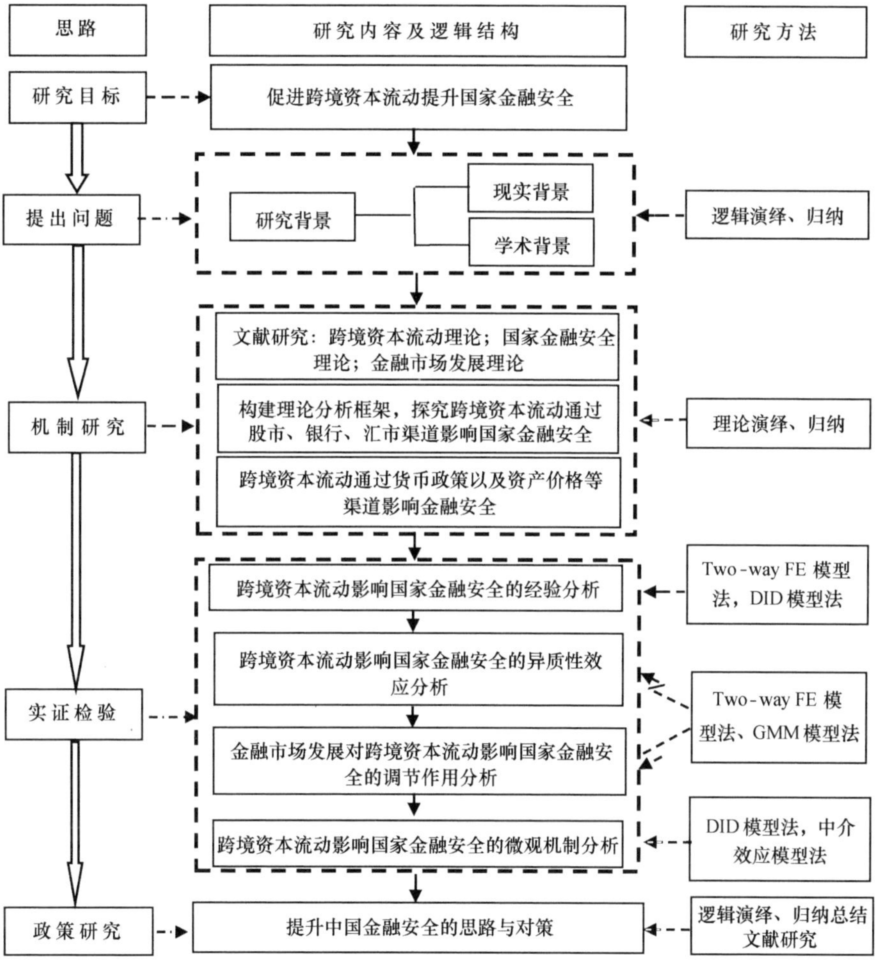

图 1－2 本书的逻辑框架

第四节 研究创新之处

第一，本书从跨境资本流动的资产价格效应，以及股票市场、银行业、外汇市场及货币政策效果等多种渠道，分别对跨境资本流动影响国家金融安全的作用机理进行了阐述。同时，考虑到金融市场发展会影响到跨境资本流动对国家金融安全的作用，本书还对其作用机理进行了解析。只有深刻把握作用机理，才能更加清晰地认识到高水平金融开放所带来的跨境资本流动如何影响到一国的金融安全，对于采取更具针对性的对策建议无疑具有重要意义。

第二，通过采用全球跨国层面的数据，本书通过实证分析检验了金融开放所带来的跨境资本流动对国家金融安全的实际影响。从实证结果来看，跨境资本流动显著提升了国家金融安全，而且，通过采用微观银行层面的数据进行的实证检验也证实，资本市场开放显著降低了商业银行的不良贷款率。进一步地，金融市场发展水平对跨境资本流动影响国家金融安全具有重要调节作用。金融市场发展水平越高，表明该国对金融风险的冲击吸收能力越强，从而使得一国可以更好地利用跨境资本流动所带来的国家金融安全的提升作用。进一步地，本书还探究并检验了跨境资本流动影响国家金融安全的中间机制。本书基于“沪港通”的视角，对跨境资本流动影响国家金融安全的微观机制进行了考察。从微观企业来看，企业财务风险的增加通过连锁效应很可能引起金融市场的波动，不利于金融安全。因此，跨境资本流动可以通过企业财务风险渠道影响到国家金融安全。通过采用中国上市公司数据，本书验证了资本市场开放对企业财务风险的实际影响，进而厘清了跨境资本流动影响国家金融安全的微观机制。

第三，本书从跨境资本流动和金融市场发展两方面，提出了提升中国金融安全的思路与对策。提出“基于中国新时代银行业、股票业和债券业等不同金融行业的发展水平，合理安排跨境资本流动的规模和顺序”的重要观点。在此基础上，构建了微观层面注重因企施策、宏观层面把握顶层设计以及国际层面积极融入全球金融体系并参与国际金融规则制定机制的政策组合框架，进而提出了完整的基于中国新时代金融市场发展水平实现跨境资本流动维护国家金融安全的操作路径。

第五节　研究不足和未来可能的研究方向

一　本书的不足之处

一方面，企业层面的证据。本书主要从通过收集整理全球 116 个国家的非平衡面板数据，实证探究了跨境资本流动对国家金融安全的影响，以及金融市场发展的调节作用。进一步地，本书还采用上市公司的数据检验了资本市场开放如何影响商业银行的不良贷款率，以及跨境资本流动影响国家金融安全的微观机制。但不可避免的是，国家层面的宏观数据难以从更为微观的视角来检验跨境资本流动对国家金融安全的影响。而且，全球各国之间存在着较大的异质性，如政治、经济、文化和社会等各方面，都可能导致跨境资本流动对国家金融安全产生不同影响。因此，为了得到较为丰富、细致的研究结论，还应尝试从微观企业层面入手，尤其是跨国层面的微观企业数据，探究金融开放带来的跨境资本流动如何影响到金融安全，进而丰富本书的研究结论。

另一方面，近年来，数字经济和数字金融得到了迅猛的发展。中国信息通信研究院发布的《全球数字经济白皮书——疫情冲击下的复苏新曙光》显示，2020 年，全球数字经济规模达到 32.6 万亿美元，同比名义增长 3.0%，占 GDP 比重为 43.7%。中国数字经济规模近 5.4 万亿美元，居世界第二位；同比增长 9.6%，增速位居全球第一。① 数字金融也发展迅速，郭峰等编制的“北京大学数字普惠金融指数”显示，2011 年中国各省的数字普惠金融指数的中位值为 33.6，到 2018 年则增长到了 294.3，指数平均每年增长 36.4%。② 作为金融业创新的新业态新模式，数字经济和数字金融的迅猛发展，必然也会影响到跨境资本流动对国家金融安全的提升作用。因此，未来还需进一步思考数字经济和数字金融的发展对国家金融安全的影响。

① 中国信息通信研究院：《全球数字经济白皮书——疫情冲击下的复苏新曙光》，2021 年，第 20—22 页。

② 郭峰、王靖一、王芳、孔涛、张勋、程志云：《测度中国数字普惠金融发展：指数编制与空间特征》，《经济学（季刊）》2020 年第 4 期。

二　未来的研究方向

一方面，通过收集、整理跨国企业层面的数据，使用更为微观的数据探究跨境资本流动对国家金融安全的实际影响，进而得到更为细致的研究结论。

另一方面，将数字经济和数字金融的发展纳入跨境资本流动——国家金融安全的研究框架中，并探讨数字经济和数字金融的发展如何影响到国家金融安全，以及如何影响到跨境资本流动对国家金融安全的作用。

总之，本书提供了金融市场发展、跨境资本流动和国家金融安全的一个重要的分析视角和研究框架，并通过采用跨国数据和微观企业数据，实证检验了金融市场发展、跨境资本流动对国家金融安全的影响。综合来看，本书不仅很好地检验了相关的跨境资本流动——国家金融安全理论，也为未来的理论研究铺垫了良好的基础。同时，本书也为更好地发挥跨境资本流动对国家金融安全的提升作用提供了有益的参考，对政府的决策制定具有重要的意义。但本书也存在一定的问题，如挖掘企业层面的证据以及考虑数字经济和数字金融的因素等。因此，在未来的相关研究中，还需对以上各个方面予以考虑，进而更好地探究金融市场发展和跨境资本流动对国家金融安全的影响，为充分发挥资本市场高水平开放所带来的跨境资本流动对中国经济高质量发展的促进作用提供支持。

第二章

中国跨境资本流动和金融市场发展的整体状况

本章主要对中国近几十年来跨境资本流动和金融市场发展的整体状况进行描述、分析。同时，本章对中国主要的金融市场（如股票市场、债券市场、期货市场、基金市场和保险市场等）的发展现状进行了详细的描述。

第一节　中国跨境资本流动的总体概况

一　跨境资本流动的整体情况

中国跨境资本流动的历史与资本账户的开放相伴而生。在改革开放前，中国实行计划经济体制，资本账户完全封闭，并且由中国人民银行集中对外汇进行管理。在改革开放之后，由于引进外资和汇率制度改革的需要，资本账户管制小幅放松但总体管理仍旧严格。2001 年中国加入世界贸易组织（WTO）之后，中国跨境资本流动规模和货物贸易规模双双实现腾飞，资本项目开放也进入加速阶段。2009 年以后，直接投资项目实现基本可兑换，证券投资项目通过 QFII 和 QDII 通道进一步推进。2013 年上海自贸区设立后，资本项目有了开放的试验田。结合新一轮的“沪港通”、“深港通”、“沪伦通”等项目的陆续启动，跨境资本流动的规模和通道不断扩大。2016 年，人民币被正式纳入特别提款权（SDR），成为可兑换、可自由使用的货币，这也预示着中国资本账户的进一步开放。2018 年习近平总书记提出“开放宜早不宜迟”和“形成全方位、多层次、宽领域的全面开放新格局”要求，金融开放取得了重要的实质性进展。2019 年，国家外汇管理局宣布全面取消 QFII 与 RQFII 的投资额度限制，以满足境外投资者对中国金融市场的投资需求。银行、证券、基金、期货、人身险领域的外资持股比例限制彻底取消，营业范围也大幅放宽；企业征信、信用评级、支付清算等领域均已给予外资国民待遇；资本市场双向开放持续扩大，会计、税收、交易等配套制度也在逐步与国际接轨。银保监会统计的数据显示，2018 年以来，中国共批准外资来华设立了 100 多家各类银行、保险业机构，12 家外资控股（含全资）证券、基金管理、期货公司，6 家外资企业征信、评级、支付清算机构。① 这一系列政策的实施都推动了中国跨境资本的流动，使跨境资本流动的规模不断上升，并进一步加快了中国融入国际金融一体化的进程。以中国吸引的对外直接投资（Foreign Direct Investment，FDI）为例，联合国贸发会议发布的《世界投资报告 2021》的统计数据显示，② 受新冠肺炎疫情全球蔓延的影响，2020 年全球 FDI 流入量下降了 35%，从 2019 年的 1.5 万亿美元下降到了 1.0 万亿美元。但是，发展中国家的 FDI 流入量仅下降了 8% 左右，流向发展中国家的 FDI 占全球 FDI 流入量的比重也从 2019 年的不到二分之一增长到了三分之二。而中国的 FDI 流入量则小幅上升，从 2019 年的 1410 亿美元增长到了 2020 年的 1490 亿美元，仅次于美国的 1560 亿美元。从外向直接投资（Outward FDI，OFDI）来看，2020 年中国的 OFDI 稳居全球第一，为 1330 亿美元。因此，总体来看，中国跨境资本流动的规模发展迅速。

（一）跨境资本流动情况

参考张明、金成晓等、顾海峰和于家珺以及顾海峰和卞雨晨等学者的研究，③ 本部分首先考虑使用资本和金融账户余额来衡量中国的跨境资本

① 数据来源于央视网新闻网站：http://m.news.cctv.com/2020/08/22/ARTIq9j5o3AF0NFFOjLOZxR8200822.shtml。

② United Nations Conference Trade and Development, *World Investment Report 2021*, 2021.

③ 张明：《中国面临的短期国际资本流动：不同方法与口径的规模测算》，《世界经济》2011 年第 2 期；金成晓、李岩松、姜旭：《跨境资本流动、宏观审慎管理与金融稳定》，《世界经济研究》2020 年第 3 期；顾海峰、于家珺：《跨境资本流动加剧了银行信贷风险吗——基于资本流入、流出与总量的考察》，《国际贸易问题》2020 年第 9 期；顾海峰、卞雨晨：《跨境资本流动、贷款集中与银行系统性风险：如何理解宏观审慎政策和国际金融环境的作用?》，《世界经济研究》2021 年第 10 期。

流动情况，并分析中国跨境资本流动的总体状况。其中，资本账户主要记载了居民与非居民之间的资本转移，以及居民与非居民之间非生产非金融资产的取得和处置。金融账户主要记载了发生在居民与非居民之间、涉及金融资产与负债的各类交易。图 2 -1 是 1982 年以来跨境资本流动净额的总体状况，相关数据来自 2021 年国家外汇管理局统计公布的中国国际收支平衡表。[①] 从图 2 -1 可以看出，总体来看，2000 年以前，中国跨境资本流动规模较小，跨境资本流动的波动性也较小。2001 年以来，随着中国加入世界贸易组织以及企业“走出去”战略的深入实施，中国对外投资的规模逐渐加大，资本外流情况较为明显。进一步地，2008 年金融危机以来，发达经济体，如美国、欧盟以及日本等国家，开始实施量化宽松货币政策，向经济体投放了大量的流动性，此时中国跨境资本的流入开始稳步增加。2014 年量化宽松货币政策的退出，以及中国资本账户开放的进程开始加速，跨境资本流动呈现双向流动的趋势。党的十八大以来，中国资本市场开放力度和规模持续增加。近年来，由于受到中美经贸摩擦、全球新冠肺炎疫情的影响，中国的短期跨境资本流动持续出现双向波动的态势。但中国实施了一系列跨境资本流动管理措施，资本流动管理的工具箱逐渐丰富，跨境资本流动的波动趋势也较为平缓。

参考张明、金成晓等、顾海峰和于家珺等学者的研究，[②] 本部分采用跨境资本流动净额与 GDP 的比值来衡量跨境资本流动强度或规模，并对整体情况进行了描述，如图 2 -2 所示。总体来看，图 2 -2 的情况与图 2 -1 的情况类似，2000 年以前，跨境资本流动整体呈现流入的状态。2000 年以后，呈现出资本流出的态势较为明显。党的十八大以来，随着中国资本市场开放进程的加快和中国实施的一系列资本管制措施，跨境资本双向流动成为趋势，其波动性也趋于平缓。

（二）非储备性质的金融账户情况

再来看一下中国非储备性质的金融账户情况。非储备性质的金融账户

---

① 数据来源于 2021 年国家外汇管理局统计公布的中国国际收支平衡表：http：//www. safe. gov. cn/safe/zggjszphb/index. html。

② 张明：《中国面临的短期国际资本流动：不同方法与口径的规模测算》，《世界经济》2011 年第 2 期；金成晓、李岩松、姜旭：《跨境资本流动、宏观审慎管理与金融稳定》，《世界经济研究》2020 年第 3 期；顾海峰、于家珺：《跨境资本流动加剧了银行信贷风险吗——基于资本流入、流出与总量的考察》，《国际贸易问题》2020 年第 9 期。

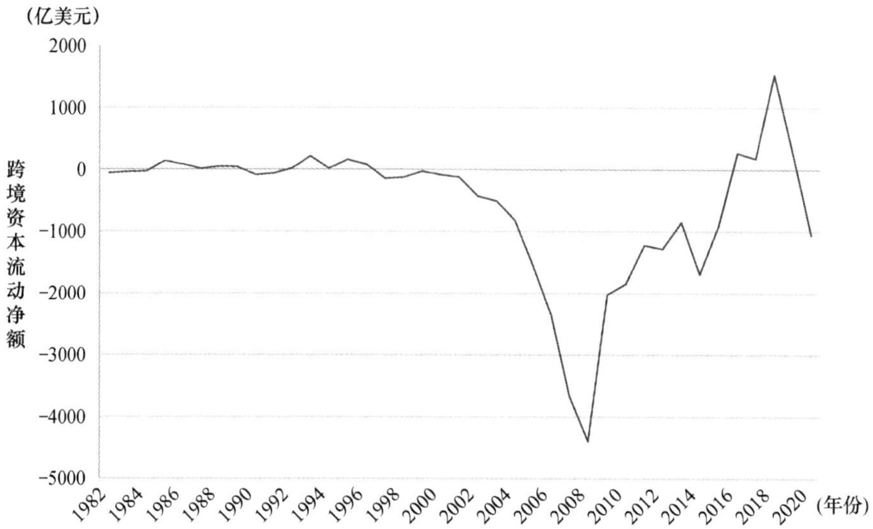

图 2－1　中国跨境资本流动净额（1982—2020）

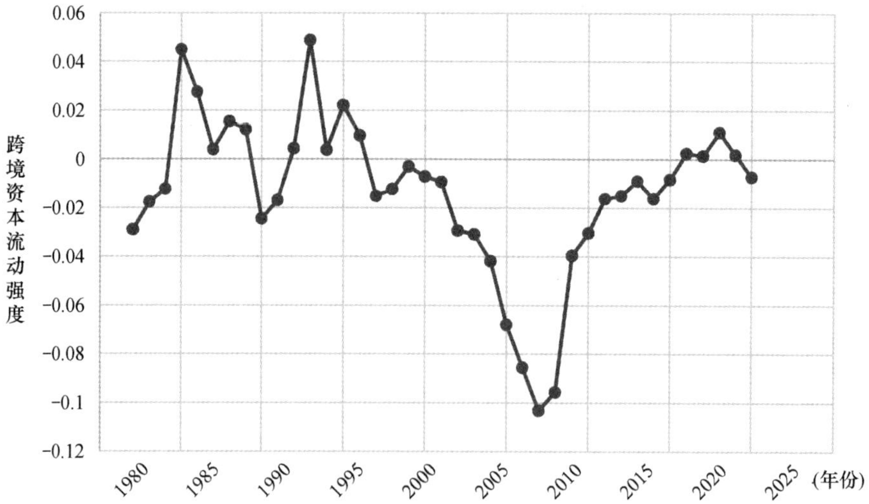

图 2－2　中国跨境资本流动强度（1982—2020）

跨境资本流动净额数据来源于国家外汇管理局统计公布的中国国际收支平衡表：http：//www.safe.gov.cn/safe/zggjszphb/index.html。

GDP 数据来源于国家统计局网站：http：//www.stats.gov.cn/tjsj/tjgb/ndtjgb/。

差额也是国际上测度跨境资本流动状况的方法之一。如果非储备性质的金融账户呈现逆差，则表明资本正在流出中国；如果为顺差，则表明资本正在流入中国。一般来说，非储备性质的金融账户包括直接投资、证券投资、金融衍生工具和其他投资等项目。如图 2－3 所示，1982 年以来，中国非储备性质的金融账户总体呈现的是顺差的形式，说明中国基本上是净资本流入国。2014 年、2015 年和 2016 年资本净流出规模较大，分别为 514 亿美元、4345 亿美元和 4161 亿美元。说明中国居民对外积累的非储备资产在增加。2017 年开始形势有所变化，非储备性质的资本流动状况变为了资本净流入。这说明中国仍然是境外投资者的意向投资目的地。2020 年非储备性质的资本流出和流入规模较大，流出规模为 5983 亿美元，流入规模为 5206 亿美元。总体来看，净流出 778 亿美元。

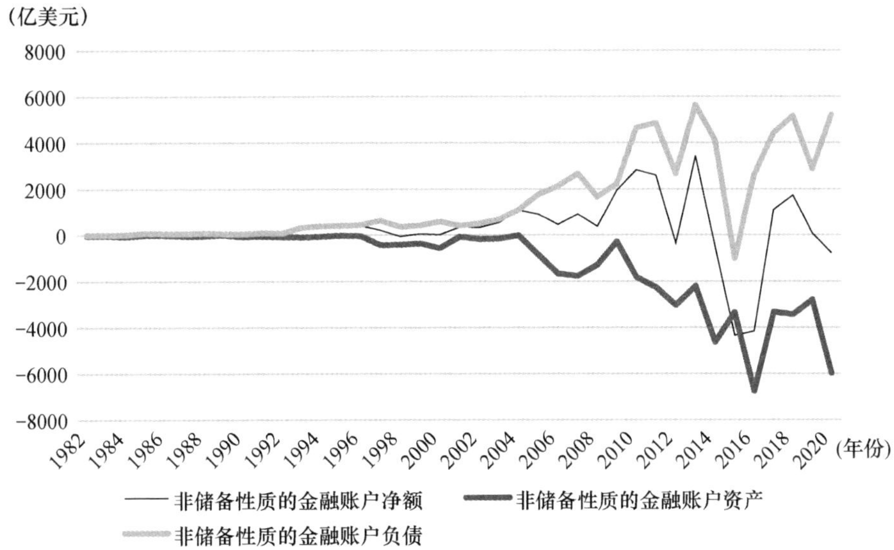

图 2－3　中国非储备性质的金融账户情况（1982—2020）

数据来源于国家外汇管理局统计公布的中国国际收支平衡表：http：//www. safe. gov. cn/safe/zggjszphb/index. html。

（三）直接投资情况

直接投资是非储备性质的金融账户下主要的项目，其代表的是以投资者寻求在本国以外运行企业获取有效发言权为目的的投资，包括直接投资资产和直接投资负债两部分。其中，直接投资资产指的是中国作为直接投资者对在外直接投资企业的净资产，作为直接投资企业对直接投资者的净资产，以及对境外联属企业的净资产。直接投资负债指中国作为直接投资企业对外国直接投资者的净负债，作为直接投资企业对直接投资者的净负债，以及对境外联属企业的净负债。如图 2－4 所示，根据国家外汇管理局的统计，1982 年以来中国的直接投资项目下基本一直是净资本流入，除了 2016 年直接投资项目为净资本流出 417 亿美元，这说明中国一直受到境外投资者的青睐。2020 年，受全球新冠肺炎疫情的影响，中国的直接投资流入有所放缓，但很快到了 2021 年的前三季度，直接投资净流入规模就达到了 1636 亿美元，超过了 2020 年全年的水平。前三季度直接投资流出 855 亿美元，继续保持理性。同时，直接投资流入规模也是大幅度增长，达到了 2491 亿美元。① 中国经济稳中向好的趋势提振了投资者来中国进行投资的信心。

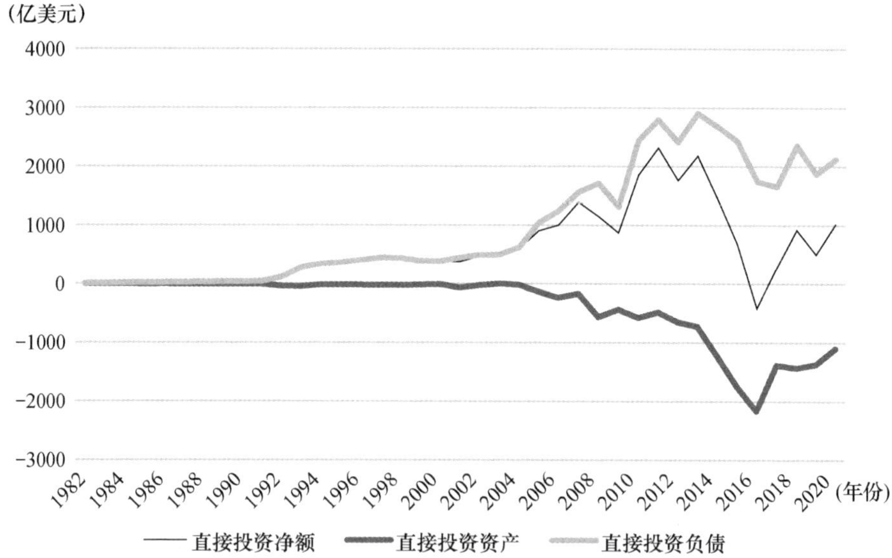

图 2－4　中国直接投资账户情况（1982—2020）

① 数据来源于国家外汇管理局统计公布的中国国际收支平衡表：http：//www. safe. gov. cn/safe/zggjszphb/index. html。

（四）证券投资情况

证券投资项目包括股权和债券投资。其中，证券投资资产记录的是中国居民投资非居民发行或管理的股权、投资基金份额的当期净交易额，即证券投资流出。证券投资负债记录的是非居民投资于中国居民发行或管理的股权、投资基金份额的当期净交易额，即证券投资流入。如图 2－5 所示，中国证券投资双向流动趋势较为明显。尤其是党的十八大以来，资本市场开放进程的加快，证券投资有进有出。2020 年证券投资流入 2547 亿美元，主要为债券投资 1905 亿美元，股权投资 641 亿美元。证券投资流出 1673 亿美元，其中股权投资流出 1310 亿美元，债券投资流出 363 亿美元。截至 2021 年上半年，中国证券投资项下净流入 197 亿美元。其中，对外证券投资净流出 986 亿美元，主要是股权投资净流出 724 亿美元、债券投资净流出 262 亿美元。“港股通”、合格境内机构投资者（QDII 及 RQDII）等制度的实施，使得中国对外证券投资净流出达到季度历史最高值。同时，来华证券投资持续净流入。2021 年上半年，境外对中国证券投资净流入

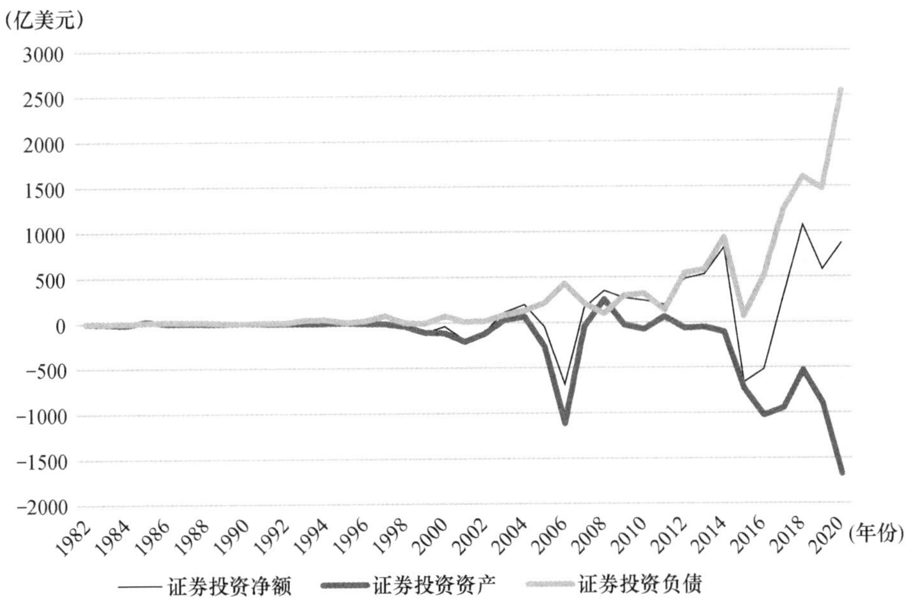

图 2－5　中国证券投资账户情况（1982—2020）

数据来源于国家外汇管理局统计公布的中国国际收支平衡表：http：//www. safe. gov. cn/safe/zggjszphb/index. html。

1184 亿美元。其中，境外对中国股权投资净流入 394 亿美元、债券投资净流入 789 亿美元。“债券通”和银行间债券市场直接入市、“沪股通”和“深股通”、合格境外投资者（QFII/RQFII 等）大大促进了证券类资金的进入。当前全球新冠肺炎疫情仍在蔓延，中国经济率先复苏，债券市场持续开放，人民币资产收益良好，避险属性逐步增强的背景下，中国债券备受境外投资者的青睐。同时，2021 年 10 月，中国国债将正式纳入富时罗素世界债券国债指数，大大提升了人民币资产的吸引力。

（五）金融衍生工具账户情况

金融衍生工具账户主要用于记录中国居民与非居民金融工具和雇员认股权交易情况。金融衍生工具资产用于记录中国居民作为金融衍生工具和雇员认股权资产方，与非居民的交易。金融衍生工具负债用于记录中国居民作为金融衍生工具和雇员认股权负债方，与非居民的交易。如图 2－6 所示，2014 年以前，中国金融衍生工具项目下均无流入和流出。2015 年以

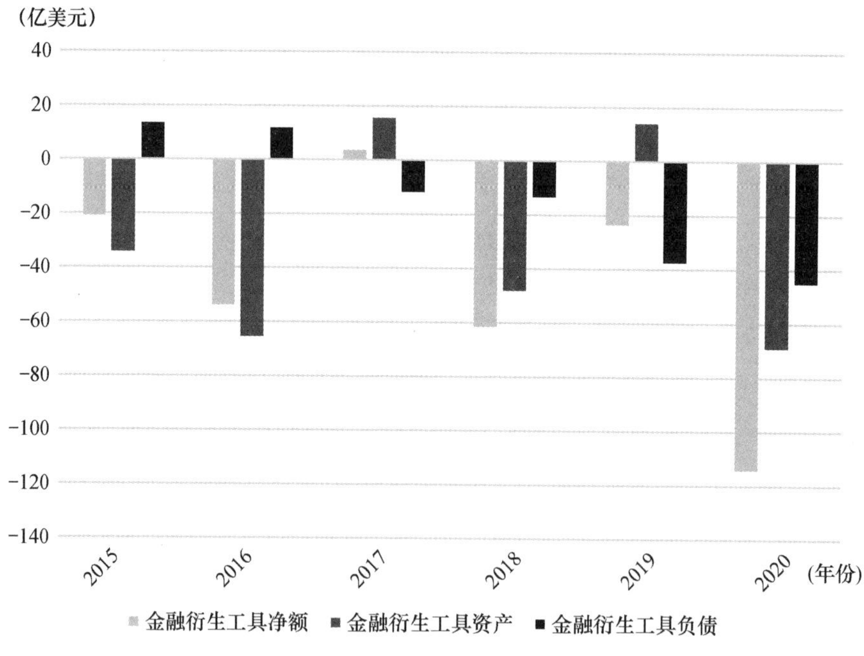

图 2－6　中国金融衍生工具账户情况（2015—2020）

数据来源于国家外汇管理局统计公布的中国国际收支平衡表：http：//www. safe. gov. cn/safe/zggjszphb/index. html。

来，除了 2016 年，其他年份中国金融衍生账目下全为资本净流出。其中，2020 年资本净流出达到了最大值 114 亿美元。这也说明了中国居民海外配置资产的多样性。

（六）其他投资账户情况

其他投资记录的是除直接投资、证券投资、金融衍生工具和储备资产外，居民与非居民之间的其他金融交易。包括其他股权、货币和存款、贷款、保险和养老金、贸易信贷和其他项目。如图 2－7 所示，总体来看，中国其他投资项目下多数为资本净流出。2015 年，其他投资项目下资本净流出达到了最大值 4340 亿美元，之后开始下降，但是 2020 年该项下仍然是资本净流出 2532 亿美元。2021 年上半年，中国其他投资项下仍然是资本的净流出，达到了 1138 亿美元。

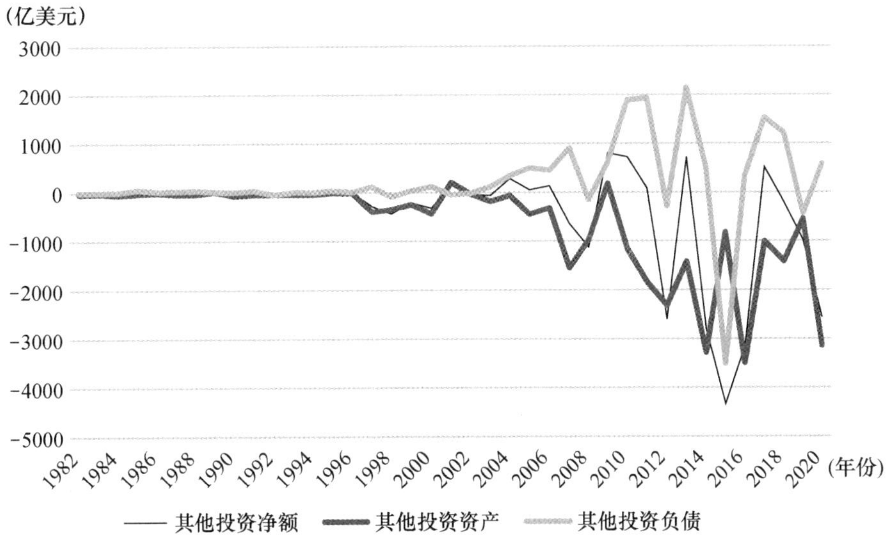

图 2－7　中国其他投资账户情况（1982—2020）

数据来源于国家外汇管理局统计公布的中国国际收支平衡表：http：//www.safe.gov.cn/safe/zggjszphb/index.html。

总体来看，中国的资本市场开放实现了从无到有，从有限开放到高水平对外开放，跨境资本流动规模也实现了大规模的增长。而且，也呈现出了“多面开花”的态势，无论是直接投资、证券投资还是其他投资，在近几年均出现了大幅度的提高。2018 年在博鳌亚洲论坛开幕式上，习近平总书记提出“开放宜早不宜迟”。很快中国人民银行就宣布了金融业扩大对外开放的具体内容。2018 年 4 月证监会就宣布了有关外资证券公司可以增持股比到 51% 的公告。按照“形成全方位、多层次、宽领域的全面开放新格局”的总体要求，中国的金融市场双向开放的步伐也是逐步加快。降低金融机构准入门槛，“沪港通”、“深港通”、“沪伦通”的实施，取消 QFII 和 RQFII 投资额度限制，在粤港澳大湾区、上海等重点地区加快推进资本项目开放，打通境内境外资金通道，这些无不体现了中国金融市场开放程度的加深。近年来，全球三大股票指数（MSCI 新兴市场指数、富时罗素指数、标普道琼斯指数）将中国 A 股纳入其中，彭博巴克莱全球综合指数、摩根大通全球新兴市场政府债券指数、富时世界国债指数三大主流债券指数将中国国债纳入其中，提升了中国金融市场的吸引力，也为中国的金融市场带来了大量的资金。因此，“十四五”时期，随着中国经济高质量发展进入新阶段，资本市场开放所带来的跨境资本流动必然为中国经济发展带来更大的活力。

二 中国外商直接投资（FDI）情况

外商直接投资对中国的经济发展起到了重要的推动作用。① 因此，改革开放以来，中国也一直加大力度来吸引外资的进入。外商直接投资的规模也是逐步扩大。根据国家统计局的统计，从改革开放的近乎为零的外资规模迅猛增长到了 2020 年的 1443.69 亿美元，如图 2 - 8 所示。②

从图 2 - 8 中可以看到，自 1991 年开始，中国吸引的外商直接投资迎来了较大发展，从 1991 年的 115.5 亿美元增长到了 1997 年的 644.08 亿美元，之后略有回落，2001 年下降到了 496.7 亿美元。加入世贸组织后，中

① Berthélemy, J. C. and Démurger, S., “Foreign Direct Investment and Economic Growth: Theory and Application to China”, *Review of Development Economics*, Vol. 4, No. 2, 2000；魏后凯：《外商直接投资对中国区域经济增长的影响》，《经济研究》2002 年第 4 期；姚树洁、冯根福、韦开蕾：《外商直接投资和经济增长的关系研究》，《经济研究》2006 年第 12 期；陈继勇、盛杨怿：《外商直接投资的知识溢出与中国区域经济增长》，《经济研究》2008 年第 12 期；许冰：《外商直接投资对区域经济的产出效应——基于路径收敛设计的研究》，《经济研究》2010 年第 2 期；许建伟、郭其友：《外商直接投资的经济增长、就业与工资的交互效应——基于省级面板数据的实证研究》，《经济学家》2016 年第 6 期；Gunby, P., Jin, Y., and Reed, W. R., “Did FDI Really Cause Chinese Economic Growth? A Meta - analysis”, *World Development*, Vol. 90, 2017.

② 数据来源于国家统计局网站：https://data.stats.gov.cn/easyquery.htm?cn = C01。

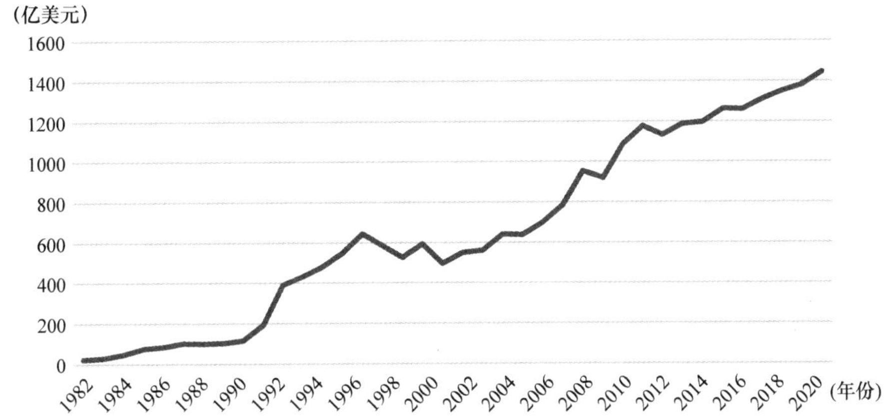

图2-8　中国实际利用外资额（1983—2020）

国对外开放进程加快，外商直接投资的流入也迎来了大幅度的增长。加上中国营商环境和基础设施的逐步改善，中国一直是境外投资者青睐的地区。2010 年，外商直接投资规模首次突破 1000 亿美元大关，达到了 1088.2 亿美元。之后便一直保持了上涨态势。

根据联合国贸发会议的统计，2020 年，受新冠肺炎疫情全球蔓延影响，世界各国的 FDI 流入规模从 2019 年的 15.3 万亿美元下降到了 2020 年的 9.99 万亿美元，下降幅度达 35%。其中，欧洲国家下降幅度最大，从 2019 年的 363 亿美元下降到了 2020 年的 63 亿美元，下降幅度达 80%。其次为发达国家和转型国家，其外商直接投资的流入规模下降了大约 50%。亚洲国家是仅有的外商直接投资流入规模实现增加的国家，增幅为 4%。美国的外商直接投资流入规模从 2019 年的 2610 亿美元下降到了 2020 年的 1560 亿美元，但其仍是全球外商直接投资流入最多的国家。2020 年中国的外商直接投资流入规模相比 2019 年逆势上升了 4.5%，达到 1443.69 亿美元，并且连续四年成为仅次于美国的全球最大的外商投资流入国家。[①] 这也再次说明了境外投资者对中国投资环境和投资前景非常有信心。同时，中国经济增长的韧性、投资的便利化和投资的自由化（如准入前负面清单制）大大吸引了外商直接投资的流入力度。

① United Nations Conference Trade and Development, *World Investment Report 2021*, 2021.

从外商直接投资的来源地来看，中国流入的外商直接投资主要来自亚洲地区，2020年中国流入的外资1443.69亿美元中亚洲地区流入的规模就达到了1240.254亿美元，占比达到85.9%。这其中尤以中国香港、中国澳门、中国台湾和日本等国家和地区的规模最为庞大。其次为拉丁美洲地区和欧洲地区。从流入的行业来看，主要是流入了中国的制造业，2020年达到了310亿美元左右，其次为租赁和商务服务业（266亿美元）、房地产业（203亿美元）等行业。这也说明中国完整的产业链和劳动力成本优势提升了外资的吸引力。

商务部的统计数据显示，2021年中国吸引的外商直接投资再次有所突破。2021年1—11月，全国实际使用外资金额10422亿元人民币，同比增长15.9%（折合1572亿美元，同比增长21.4%），已经超过去年流入规模。从行业看，服务业实际使用外资金额8239.4亿元人民币，同比增长17%。其次为高技术产业，实际使用外资同比增长了19.3%。从来源地看，“一带一路”沿线国家和东盟实际投资同比分别增长24.7%和23.7%。从区域分布来看，中国东部、中部、西部地区实际使用外资同比分别增长15.4%、25.8%和13.4%。①

图2-9描述的是1983年以来中国每年设立外资企业数量。总体来看，1993年设立外资企业个数达到了最大值——83595家企业。之后开始下降，维持在每年新设立外资企业数40000家左右。因此，中国每年新设立的外资企业数量也表明了跨国公司对中国的青睐。

三　中国企业海外直接投资（OFDI）情况

近年来，随着“走出去”（Going Global）战略和“一带一路”倡议的深入实施，中国企业外向型对外直接投资（Outward FDI，OFDI）的规模增长迅速。商务部的统计数据显示，从中国对外直接投资的流量来看，2002年中国企业对外直接投资的流量规模仅为27亿美元，2013年对外直接投资规模首次突破1000亿美元，达到了1078.4亿美元。随着“一带一路”倡议的深入实施，中国企业对外直接投资的规模增长迅速，2016年达到了最大值1961.5亿美元，之后有所回落，如图2-10所示。虽然受到新

① 数据来源于商务部的商务数据中心：http：//data.mofcom.gov.cn/tzhz/fordirinvest.shtml。

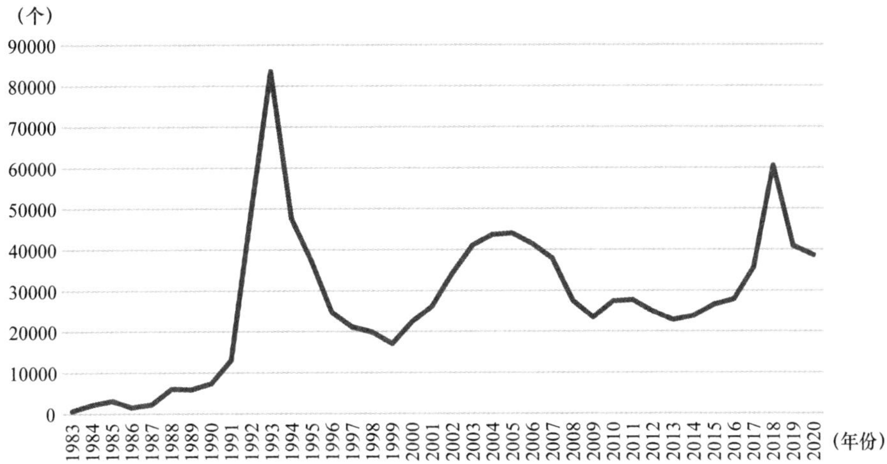

图 2－9　中国设立外资企业数量（1983—2020）

数据来源于商务部的商务数据中心：http：//data. mofcom. gov. cn/tzhz/fordirinvest. shtml。

冠肺炎疫情蔓延的影响，但 2020 年中国企业对外直接投资的规模仍然达到了 1537. 1 亿美元，同比增长 12. 3%。截至 2020 年年底，中国 2. 8 万家境内投资者在国（境）外共设立对外直接投资企业 4. 5 万家，分布在全球 189 个国家（地区）。[①] 联合国贸发会议发布的《世界投资报告 2021》显示，2019 年全球的对外直接投资流量为 1. 22 万亿美元，但 2020 年则下降到了 0. 74 万亿美元。对外直接投资存量为 39. 25 万亿美元。中国的企业对外直接投资流量在 2020 年首次排全球第一位，存量排第三位，这也说明中国已经成为全球对外直接投资的主力军。而且，对外直接投资的迅猛扩张通过逆向技术溢出效应有效带动了中国企业全要素生产率的提升、促进了经济的高质量发展。[②] 从涉及的行业来看，近七成投资流向租赁和商务服务、制造、批发和零售、金融领域。其中，租赁和商务服务业保持第一位，制造业位列第二。从流向的区域来看，流向亚洲的投资 1123. 4 亿美元，占当年对外直接投资流量的 73. 1%。[③]

① 中华人民共和国商务部，2020 年度中国对外直接投资统计公报，2021。

② Xin，D. and Y. Zhang，"Threshold Effect of OFDI on Provincial Enviromental Pollution"，Journal of Cleaner Production，Vol. 258，2020.

③ United Nations Trade and Development Organization，*World Investment Report 2021*，2021.

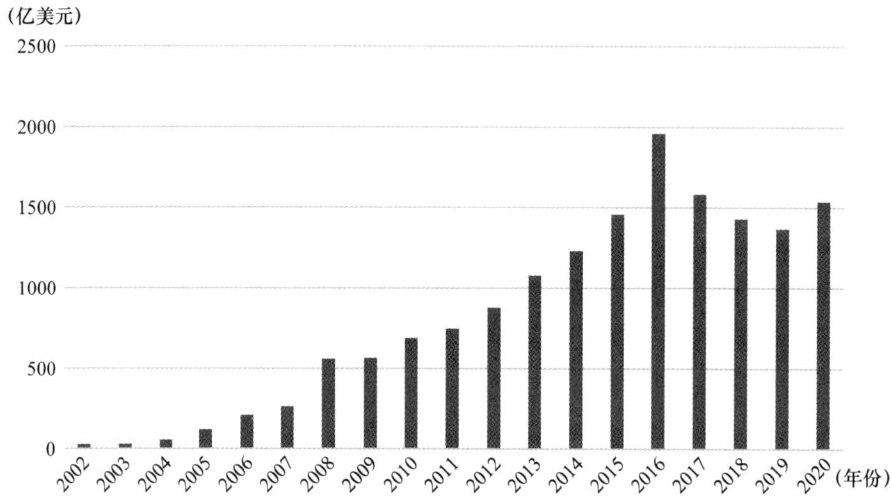

图 2－10　中国对外直接投资流量（2002—2020）

数据来源于中华人民共和国商务部，2020 年度中国对外直接投资统计公报，2021。

如图 2－11 所示，从对外直接投资的存量来看，2020 年中国对外直接投资的存量已经达到了 25806.6 亿美元，在全球排第三位。

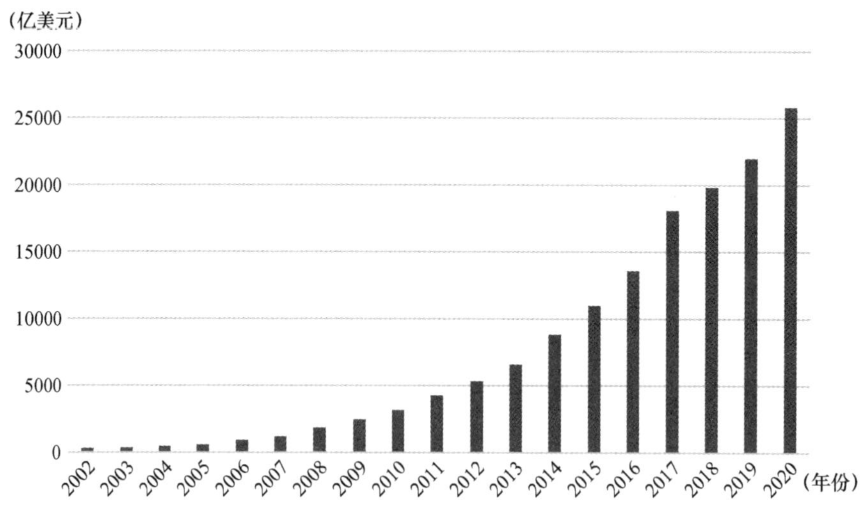

图 2－11　中国对外直接投资存量（2002—2020）

数据来源于中华人民共和国商务部，2020 年度中国对外直接投资统计公报，2021。

进一步来看，中国对“一带一路”沿线国家的直接投资增长也很迅速。2020年年末，中国境内投资者在“一带一路”沿线的63个国家设立境外企业超过1.1万家，涉及国民经济18个行业大类。而且，当年实现直接投资225.4亿美元，同比增长20.6%，占同期中国对外直接投资流量的14.7%。从行业构成来看，主要还是流向了制造业，达76.8亿美元，同比增长13.1%，占比34.1%。

第二节　中国金融市场的总体发展现状

自改革开放以来，随着金融体系建设的不断加强，中国金融市场逐步发展完善。近年来，中国金融市场发展总体稳中有进。在各项金融改革的深入推进下，金融市场规模持续扩大，金融支持实体经济的力度显著增强。金融结构更加完善，金融对外开放力度不断加大，为中国金融市场长期发展打下了坚实的基础。

一　金融体系规模日益庞大

图2－12是近年来中国金融机构的存贷款情况。总体来看，中国金融机构各项存贷款一直在持续上涨。根据中国人民银行的统计，2016年金融机构总的存款约为150万亿元，2020年已经增长到了212万亿元。这其中，居民储蓄存款一直占有比较高的比重。2016年储蓄存款约为57万亿元，2020年也已经上涨到了81万亿元。非金融企业的存款紧随其后，从2016年的50万亿元增长到了2020年的66万亿元。因此，中国金融体系的总体规模增长迅速，体系日益庞大。①

图2－13描述的是中国金融机构各项存贷款占GDP的比重情况。总体来看，中国金融机构的存款占GDP的比重较为稳定，如存款占GDP的比重基本维持在200%左右，储蓄存款占GDP的比重和非金融企业存款占GDP的比重基本维持在70%左右。金融机构贷款占GDP的比重有所上升，从2016年的140%增长到了170%左右。这说明中国这几年的贷款规模增

① 中国人民银行：《中国金融稳定报告（2021）》，2021年，第21页。

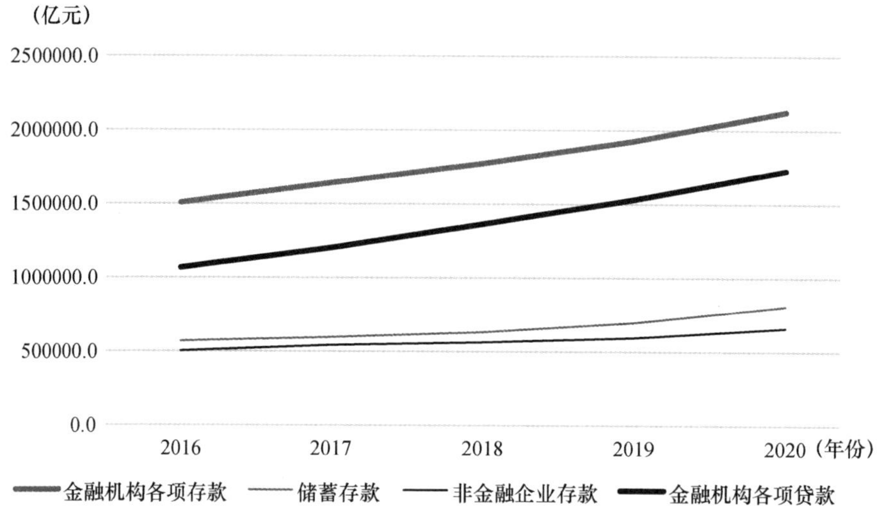

图 2－12　中国主要金融指标情况

数据来源于中国人民银行统计数据：http：//www. pbc. gov. cn/diaochatongjisi/116219/116319/3959050/index. html。

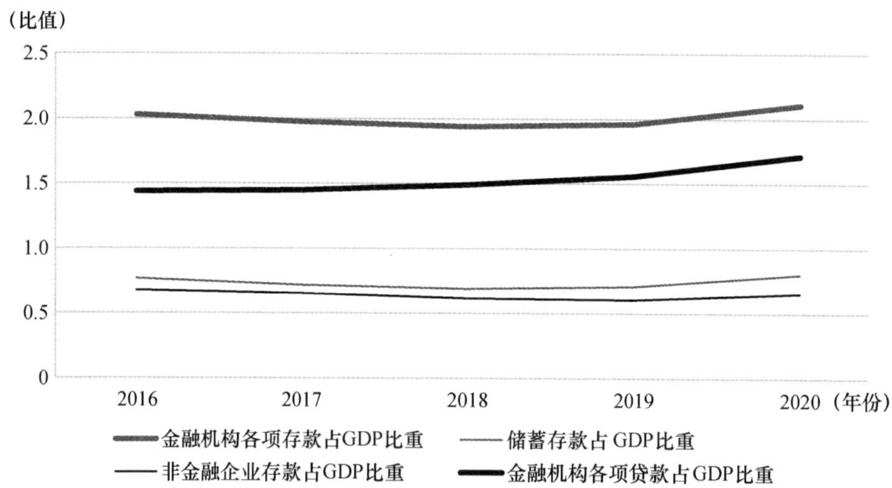

图 2－13　中国金融机构存贷款占 GDP 比重

中国金融机构存贷款数据来源于中国人民银行统计数据：http：//www. pbc. gov. cn/diaochatongjisi/116219/116319/3959050/index. html。

GDP 数据来源于国家统计局网站：http：//www. stats. gov. cn/tjsj/tjgb/ndtjgb/。

长较为迅速。

图 2－14 描述的是近年来中国各金融指标的增长率情况。显然，金融机构的存款和贷款增长率一直保持在一个较高的水平。这也说明中国经济持续向好，保持着较大的发展活力。从存款增长率来看，近五年来一直维持在 10% 左右。居民储蓄存款则保持着较高的增长率，由 2016 年的 8% 上升到了 2020 年的 16%。贷款的增长率有所回落，由 2016 年的 17% 左右下降到了 2020 年的 10%。总体来看，中国各金融机构的存贷款增长率一直保持着合理的增长水平。

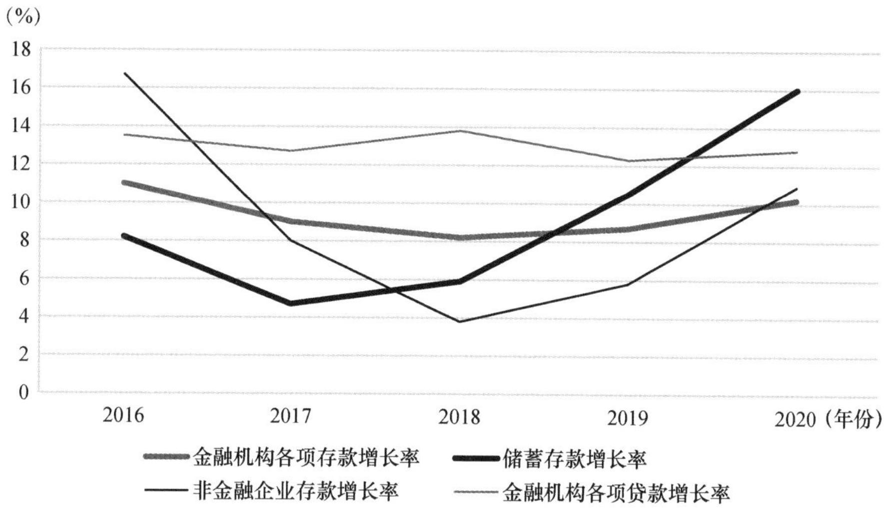

图 2－14　中国主要金融指标增长率情况

数据来源于中国人民银行统计数据并通过作者计算所得：http：//www. pbc. gov. cn/diaocha-tongjisi/116219/116319/3959050/index. html。

二　社会融资规模不断壮大

如图 2－15 所示，2000 年以来，中国的社会总融资规模稳步上升。2008 年，受全球金融危机的影响，中国推行了 4 万亿元的刺激政策，社会融资规模也有了大幅度的提高。2008 年社会融资规模增量约为 7 万亿元，但是 2009 年则猛增到了 14 万亿元，增长了一倍。之后便维持在了一个较高的水平。2017 年达到了较大值——26 万亿元。为了促进疫情后的复工复产，社会融资规模在 2020 年又创新高，达到了 34 万亿元。这也说明金融机构在增加对实体经济的支持力度。具体到不同种类来看，由于中国是银行主导型的金融体系，间接融资很高，直接融资的比重一直很低，这一点也可以从图 2 – 15 当中看出来。中国的人民币贷款在社会融资规模中占据着非常高的比重，大多年份在 50% 以上，而且一直保持着这个水平。如 2020 年中国社会融资规模为 34.7917 万亿元，人民币贷款则占到了 20.031 万亿元，占到了 57.57%。但相对于之前已经有了很大的下降。2002 年时该比重为 92% 左右。随着中国金融体系的逐步完善，多层次资本市场的构建，中国贷款结构将会更加优化、完善。除此之外，中国第二大融资渠道是债券融资，2002 年以来债券融资的比重最高时达到了 20% 左右。前几年“去杠杆”的推进使得该比重有所下降，但仍然维持在了较高的规模和水平。股票融资的规模在 2009 年以后较为稳定，这说明中国对股票市场融资持有谨慎的态度。

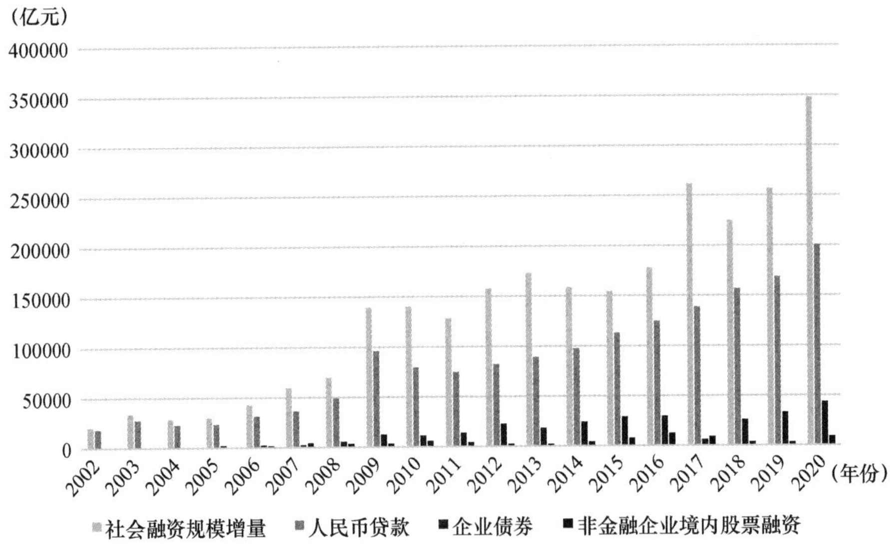

图 2 – 15　中国社会融资规模增量及其构成走势

数据来源于中国人民银行统计数据的社会融资规模增量统计表：http：//www.pbc.gov.cn/diaochatongjisi/116219/116319/3959050/3959051/index.html。

图 2 – 16 是 2021 年中国社会融资规模增量的走势图。总体来看，2021 年中国社会融资规模呈下行趋势。人民币贷款仍然是最主要的融资来源，

其次为债券和股票融资。

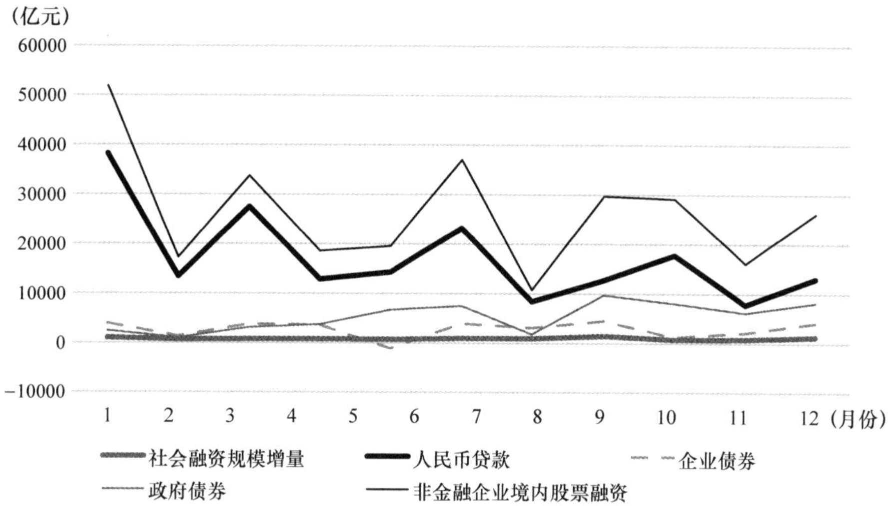

图 2-16　2021 年中国社会融资规模增量及其构成走势

数据来源于中国人民银行统计数据的社会融资规模增量统计表：http：//www. pbc. gov. cn/diaochatongjisi/116219/116319/4184109/4184110/index. html。

从社会融资规模存量来看，2021 年中国的社会融资规模存量也是一直往上升，2021 年 12 月达到了 314. 12 万亿元，同比增速 10%（见图 2-17）。再次体现了中国经济在疫情后强大的复苏能力。

三　金融发展水平日益提升

改革开放以来，中国金融体系的日益完善也体现在了中国的金融发展水平上。图 2-18 描述了 1996 年以来中国的金融市场发展情况。其中，参考王宇鹏和赵庆明、成力为和王昱、Nguyen 和 Lee 以及 Trinugroho 等的研究，[①] 本部分的金融市场发展水平采用私人信贷占 GDP 的比重来衡量，该

① 王宇鹏、赵庆明：《金融发展与宏观经济波动——来自世界 214 个国家的经验证据》，《国际金融研究》2015 年第 2 期；成力为、王昱：《金融发展、R&D 投入门槛与权益资本跨国流动》，《管理工程学报》2017 年第 1 期；Nguyen，C. P. and G. S. Lee，“Uncertainty，Financial Development，and FDI Inflows：Global Evidence”，*Economic Modelling*，Vol. 99，2021；Trinugroho，I.，Law，S. H.，Lee，W. C.，Wiwoho，J. and Sergi，B. S.，“Effect of Financial Development on Innovation：Roles of Market Institutions”，*Economic Modelling*，Vol. 103，2021.

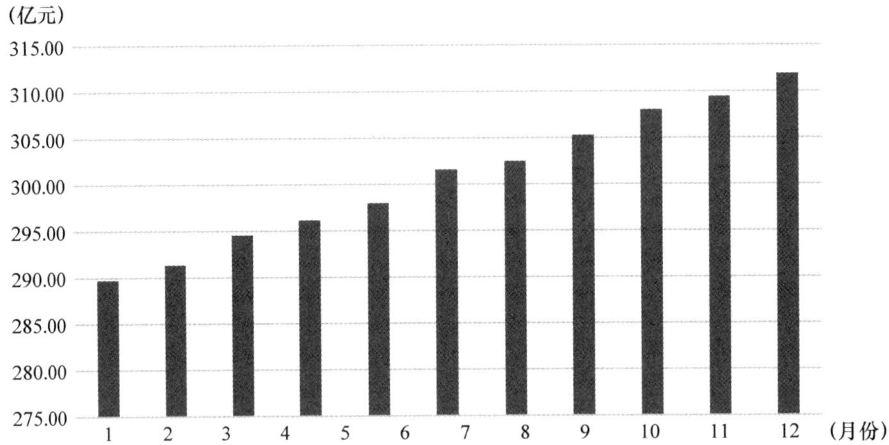

图 2－17　2021 年中国社会融资规模存量及其构成走势

数据来源于中国人民银行统计数据的社会融资规模存量统计表：http：//www. pbc. gov. cn/diaochatongjisi/116219/116319/4184109/4184110/index. html。

数据来源于 Cihák 等构建的全球金融发展数据库（Global Financial Development Database）。[①] 该数据库基于 106 个指标对全球 214 个经济体 1960—2020 年期间的金融体系发展情况进行了描述。总体来看，该数据具有很好的代表性，多位国内外学者在进行经验分析时使用了此数据库，如谭之博和赵岳、蒋冠宏和张馨月、易信和刘凤良以及 Boikos 等。[②] 该比重越大，说明金融发展水平越高。从图 2－18 可以看出，1996 年时，中国的私人信贷占 GDP 的比重仅为 89. 46%，之后便一直上升。2004 年后有所下降。2007 年的次贷危机以后，又重新一路上涨。2017 年时该数值已经达到了 157. 02%。这说明中国的金融体系发展水平有了实质性的提升。

---

① Cihák，M.，Demirgüc－Kunt，A.，Feyen，E. and Levine，L.，"Benchmarking Financial Systems Around the World"，*World Bank Policy Research Working Paper*，2012.

② 谭之博、赵岳：《金融发展与对外资产负债结构：跨国证据》，《世界经济》2013 年第 7 期；蒋冠宏、张馨月：《金融发展与对外直接投资——来自跨国的证据》，《国际贸易问题》2016 年第 1 期；易信、刘凤良：《金融发展与产业结构转型——理论及基于跨国面板数据的实证研究》，《数量经济技术经济研究》2018 年第 6 期；Boikos，S.，Panagiotidis，T. and Voucharas，G.，"Financial Development，Reforms and Growth"，*Economic Modelling*，Vol. 108，2022.

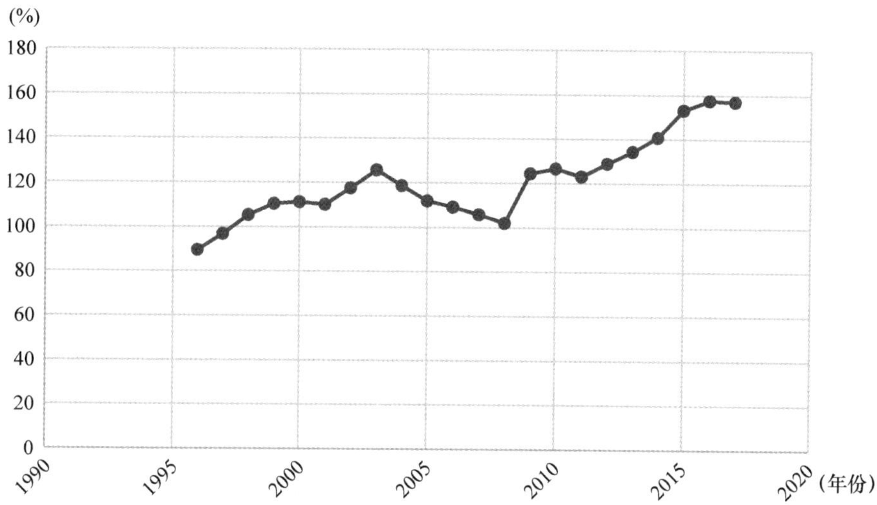

图 2-18　中国金融市场发展情况（1996—2017）

数据来源于 Cihák 等：Cihák，M.，Demirgüc - Kunt，A.，Feyen，E. and Levine，L.，"Benchmarking Financial Systems Around the World"，*World Bank Policy Research Working Paper*，2012。

第三节　中国主要金融市场发展状况

改革开放以来，中国的经济规模得到了飞速的发展。与此同时，中国的金融体系也迎来了快速发展。前文主要分析了中国金融体系的整体发展情况，下面将从股票、债券、基金、期货和保险等主要市场分别展开详细的描述。

一　股票市场

20 世纪八九十年代，中国股票市场开始逐渐起步。目前，中国内地境内现有两大股票交易所（上海证券交易所、深圳证券交易所；北京证券交易所于 2021 年挂牌成立暂不计入）。国家统计局的数据显示，如图 2-19 所示，1990 年全国上市公司仅有 10 家，其中上交所 8 家，深交所 2 家。但是截至 2020 年，上市公司总数已经达到了 4154 家，其中上交所 1800

家，深交所2354家。① 上市公司数量的稳步扩大也说明了中国经济活力的日益提升。

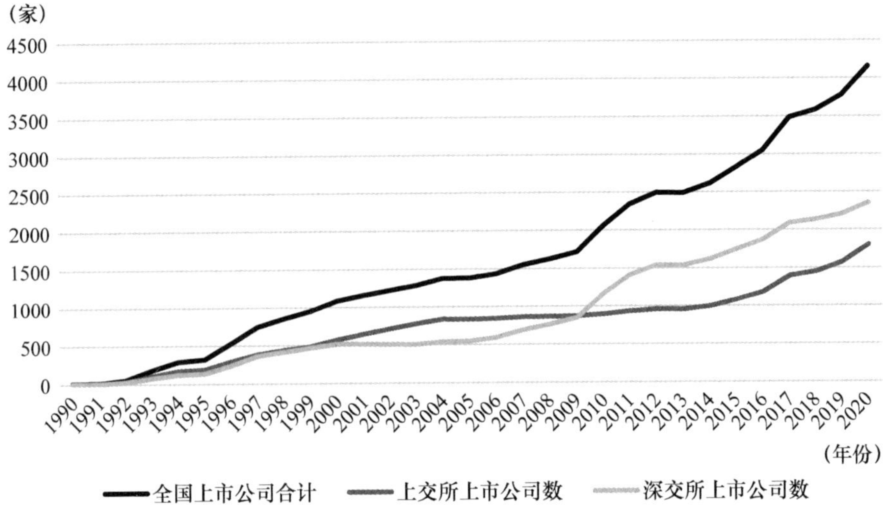

图2－19　中国境内上市公司数

如图2－20所示，中国上市公司市价总值也实现了迅猛发展。2002年，上市公司市价总值仅为38339亿元。但到了2020年，中国上市公司市价总值达到了797238亿元，流通市值643605亿元。2020年股票成交量167452亿股，价值2068253亿元。这说明中国股票市场实现了飞跃式的发展。

2002年以来，股票市场总市值占GDP的比重也一直在稳步提升，如图2－21所示。2002年，股票市场总市值占GDP的比重仅为31.85%。但是到了2020年，该数值已经翻了一番，达到了78.47%。而且，呈现了稳步上升的态势。这也说明股票市场融资在中国金融市场融资体系中占据的位置越来越重要。

二　债券市场

1981年中国开始恢复国债的发行。经过长时间的发展，截至2020年，

① 数据来源于国家统计局国家数据网站：https：//data. stats. gov. cn/easyquery. htm? cn = C01&zb = A0L09&sj = 2020。

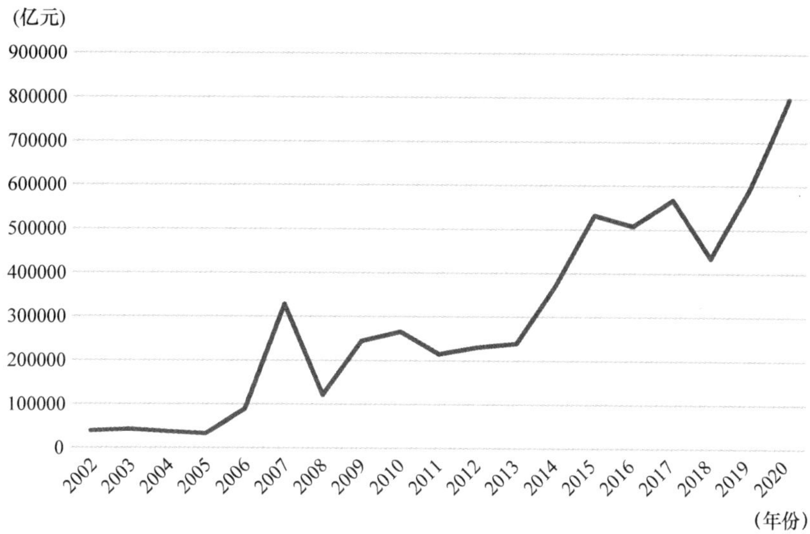

图 2－20　中国上市公司市价总值

数据来源于国家统计局国家数据网站：https：//data. stats. gov. cn/easyquery. htm? cn = C01&zb = A0L0C&sj = 2020。

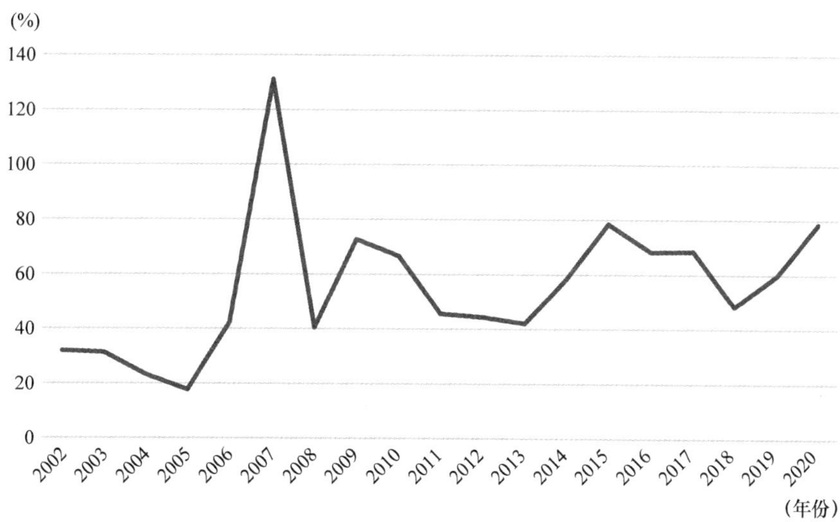

图 2－21　中国股票市场总市值占 GDP 的比重

中国股票市场总市值数据来源于中国人民银行统计数据的股票市场统计表：http：//www. pbc. gov. cn/diaochatongjisi/116219/116319/3959050/3959054/index. html。

GDP 数据来源于国家统计局网站：http：//www. stats. gov. cn/tjsj/tjgb/ndtjgb/。

中国已是全球第三大债券市场。当前中国债券品种主要为三类：政府债、企业机构债和金融债券。中国人民银行的统计数据显示，2000 年，中国政府债券的发行额为 4657 亿元，企业债券发行额为 83 亿元。但是到了 2007 年，中国政府债券的发行规模超过 1 万亿元，达到了 23129 亿元。2008 年有所回落，但是自此便一路上涨。2020 年达到了 135293 亿元。企业债的发行也从 2002 年的 83 亿元猛增到了 2020 年的 142012 亿元。金融债券的发行额从 2011 年的 23491 亿元增加到了 291539 亿元。[①] 这表明中国债券市场的发展日益活跃，如图 2－22 所示。

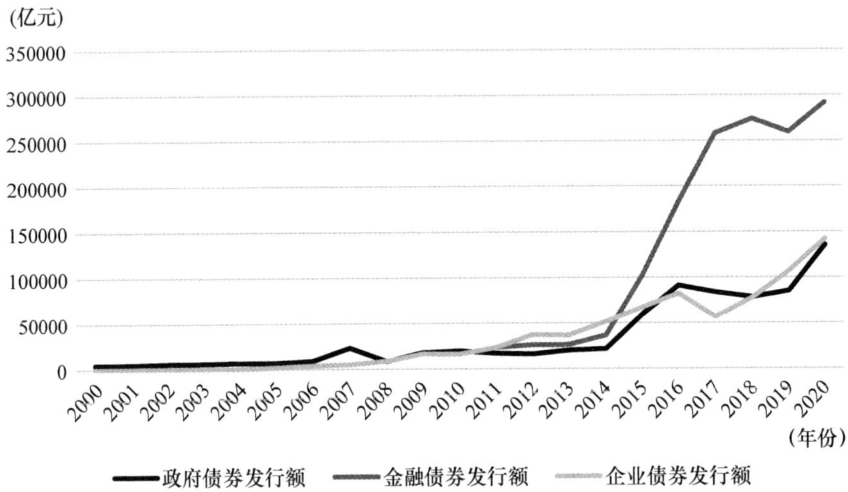

图 2－22　中国债券发行额走势

金融债券是指由金融企业发行的债券，包括国开行金融债券、政策性金融债券、商业银行普通债券、商业银行次级债券、商业银行资本混合债券、资产支持证券、证券公司债券、证券公司短期融资券、资产管理公司金融债券、同业存单等。

债券市场的成交额也是稳步增长。如图 2－23 所示，2011 年，债券成交额约为 50 万亿元，但是到了 2020 年，债券成交额达到了 3075974 亿元，国债现货成交金额为 201786 亿元，国债回购成交金额已达 2874188 亿元。

① 数据来源于中国人民银行统计数据的国内各类债券统计表：http：//www. pbc. gov. cn/diaochatongjisi/116219/116319/3959050/3959054/index. html。

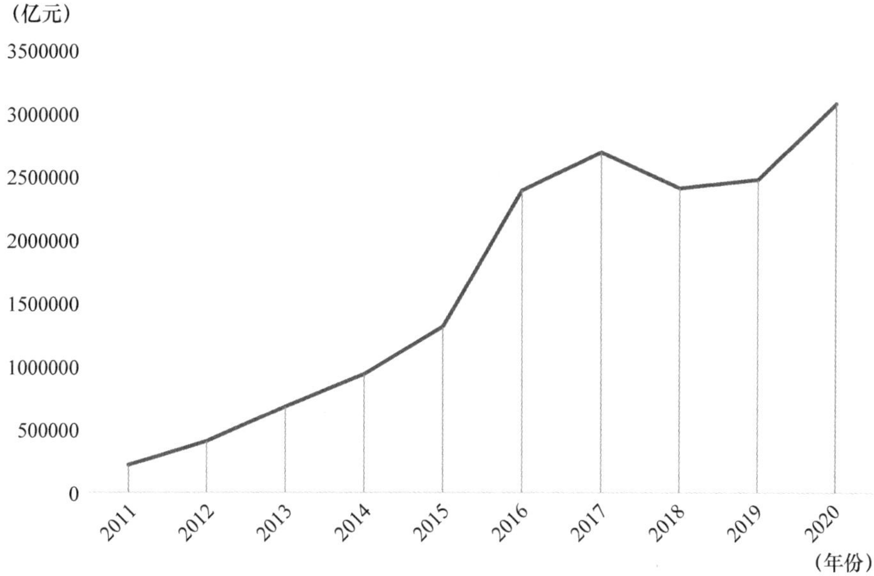

图 2－23　中国债券市场成交额走势

数据来源于中国人民银行统计数据的国内各类债券统计表：http：//www. pbc. gov. cn/diaochatongjisi/116219/116319/3959050/3959054/index. html。

三　基金市场

中国基金管理公司一开始主要用于证券投资基金。当前，已被允许可以从事证券投资基金业务、社保基金管理、企业年金管理业务以及合格境内机构投资者等业务。中国证监会的数据显示，截至 2022 年 5 月，全国共有公募基金管理公司 139 家。截至 2020 年年底，在中国证券投资基金业协会登记的私募基金管理人 24561 家，管理私募基金 96852 只；管理规模 15. 97 万亿元。证券投资基金仍然在中国占据着重要位置。截至 2020 年，中国证券基金市场共有基金 7258 只，如图 2－24 所示。[①]

证券投资基金规模也日益庞大，如图 2－25 所示。2011 年，中国证券投资基金规模约为 26510. 37 亿元，但到了 2020 年，已达 169974. 29 亿元。此外，证券投资基金成交金额也从 2011 年的 6365. 8 亿元增长到了 2020 年

① 数据来源于中国证券监督委员会网站：http：//www. csrc. gov. cn/csrc/c101900/c1029657/content. shtml。

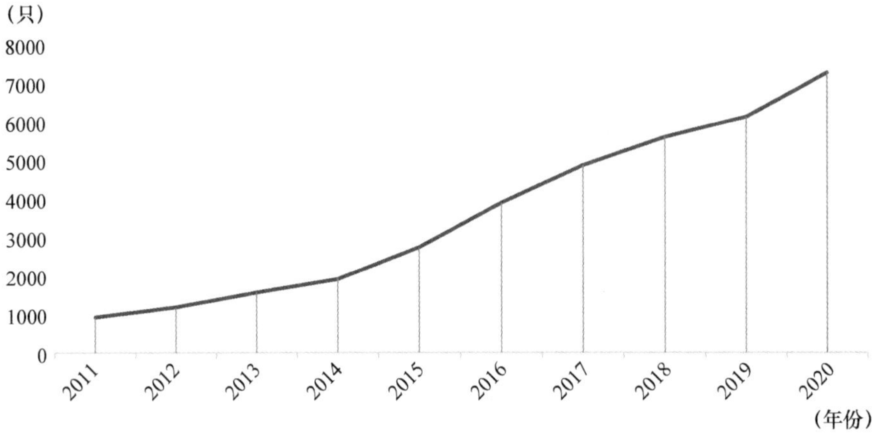

图 2－24　中国证券投资基金量走势

数据来源于中国证券投资基金业协会的公募基金行业数据：https：//www. amac. org. cn/researchstatistics/datastatistics/mutualfundindustrydata/。

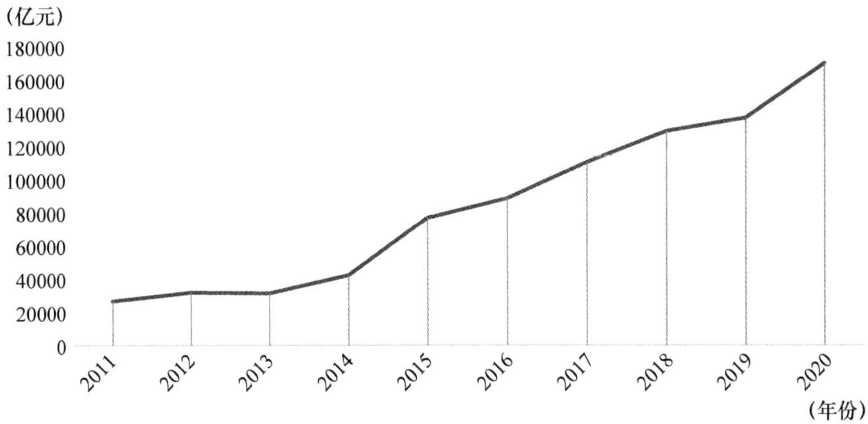

图 2－25　中国证券投资基金规模走势

数据来源于中国证券投资基金业协会的公募基金行业数据：https：//www. amac. org. cn/researchstatistics/datastatistics/mutualfundindustrydata/。

的 136238. 63 亿元。

四　期货市场

中国的期货市场最早起步于 20 世纪 90 年代初，此后经历了混乱发展和清理整顿，于21世纪后开始规范发展。国家统计局的数据显示，截至2020年年末，中国共有149家期货公司，下设88家风险管理子公司，行业总资产约9848亿元（含客户资产）。已上市期货、期权品种90个，其中商品期货62个、金融期货6个、商品期权18个、金融期权4个。2020年，中国期货市场上市新品种12个，包括液化石油气、低硫燃料油、短纤、国际铜4个商品期货和菜籽粕、液化石油气、动力煤、聚丙烯（PP）、聚氯乙烯（PVC）、线型低密度聚乙烯（LLDPE）、铝、锌8个商品期权。①

如图2－26所示，目前中国商品期货成交量连续10年居全球首位。2011年期货成交量为105413.75万手，但到了2020年，全年期货总成交量已达602691.01万手，增长近6倍。

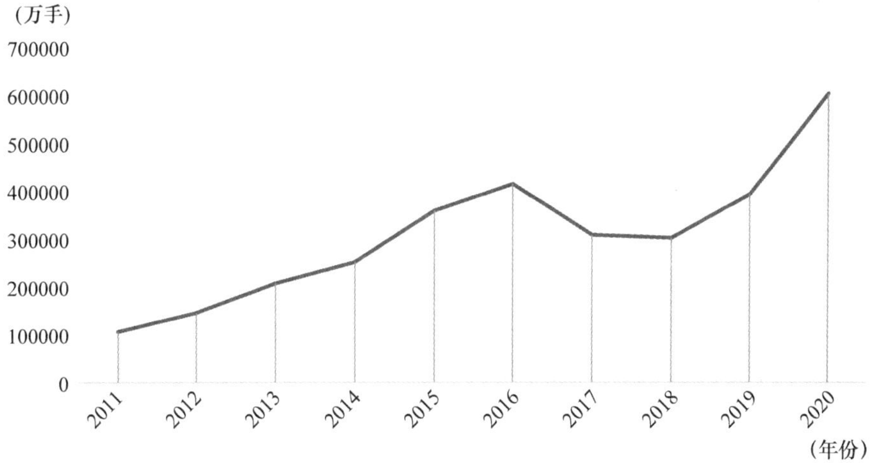

图2－26　中国期货市场总成交量走势

数据来源于国家统计局的国家数据网站：https：//data. stats. gov. cn/search. htm？s＝%E6%9C%9F%E8%B4%A7。

期货成交额也在稳步上升，如图2－27所示。2011年，中国期货成交额为1375176.00亿元。但是2020年已经猛增到了4373005亿元，占

① 数据来源于中国期货业协会网站：http：//www. cfachina. org/informationpublicity/futurescompanyinformantionpublicity/qhgscjzxx/。

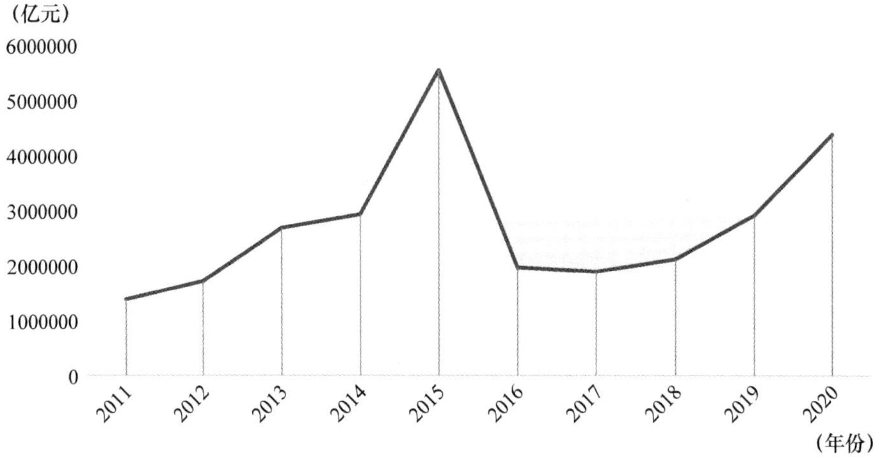

图 2 - 27　中国期货市场总成交额走势

数据来源于国家统计局的国家数据网站：https：//data. stats. gov. cn/search. htm？ s = %E6% 9C% 9F% E8% B4% A7。

全球期货市场总成交量的 13. 2% 。中国期货期权品种基本覆盖了农产品、金属、能源、金融等国民经济主要领域，棕榈油期权和原油期权即将推出，氧化铝、钨、镁、铝合金等品种的研发上市工作也在有序推进中。2017 年央行施行的"资管新规"使得期货资管产品的投资范围明显收窄。进一步地，期货市场的高门槛也在一定程度上制约了期货市场的发展。

五　保险市场

近年来，中国保险业也迎来了快速的发展，如图 2 - 28 所示。国家统计局的数据显示，2011 年，中国保险系统机构约为 152 个，2020 年上升到了 238 个。[①] 保险业在资本市场开放的过程中也迎来了新的发展机遇。

保险业保费也迎来了飞速地增长，如图 2 - 29 所示。2001 年，全国保费收入仅为 2109 亿元。2020 年，该数值已经上升到了 45257. 3 亿元，同比增长 6. 12% ；赔付支出 1. 39 万亿元，同比增长 7. 86% 。

① 数据来源于国家统计局的国家数据网站：https：//data. stats. gov. cn/search. htm？ s = %E4% BF% 9D% E9% 99% A9% E7% B3% BB% E7% BB% 9F% E6% 9C% BA% E6% 9E% 84。

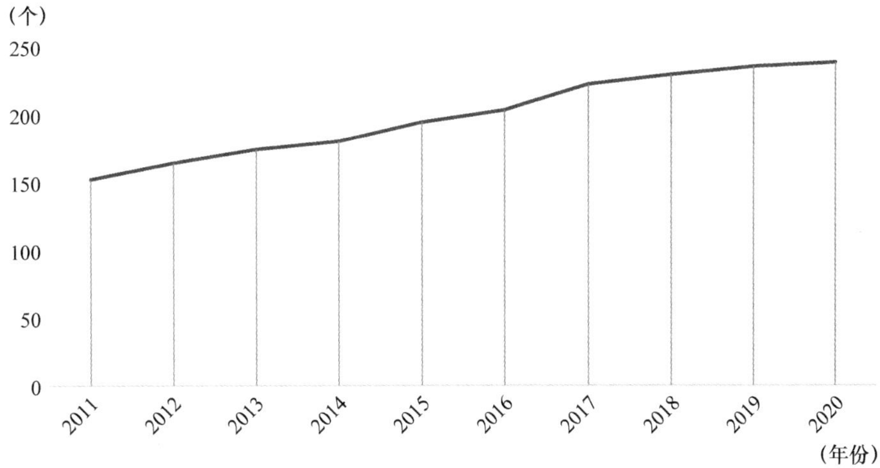

图 2－28　中国保险系统机构数

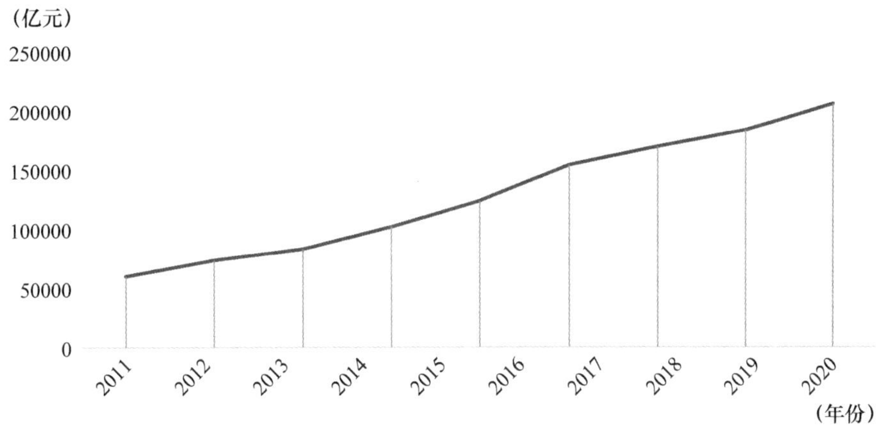

图 2－29　中国保险行业保费总额走势

数据来源于国家统计局网站：https：//data. stats. gov. cn/search. htm？ s =% E4% BF% 9D% E9% 99% A9% E8% A1% 8C% E4% B8% 9A% E4% BF% 9D% E8% B4% B9% E6% 80% BB% E9% A2% 9D。

总体来看，近几十年来，中国各金融市场迎来了快速的发展，无论是股票市场、债券市场，还是基金市场、期货市场以及保险业市场等，但与发达国家仍存在着较大差距，而且不同金融市场之间的发展也存在着一些差异。因此，随着中国资本市场开放进度的加快，如何稳步地推动各个金融市场的健康以及开放发展，成为政府面临的一个重要议题。

第四节　跨境资本流动影响国家金融安全的现状

一　中国金融安全的总体发展情况

改革开放以来，随着中国经济的飞速发展，融入全球价值链和产业链的进程也在加快。与此同时，中国的资本市场开放水平也在稳步提升，其引起的跨境资本流动规模达到了相当大的水平。但同时，资本市场开放也使得中国所遭受的来自国际市场的经济与金融冲击不断增加，如1998年的东南亚金融危机、2008年的美国次贷危机等。面对严峻的国际金融安全形势，在中国市场经济建设初期，中国主要依靠对资本和金融账户进行管制来应对国际金融风险，但此举无疑不利于中国对外开放水平的持续提升。由此，加快金融体制改革步伐、构建开放安全的金融框架体系，是推动中国金融业高质量发展、抵御国际经济和金融冲击的必由之路。

参考顾海兵和夏梦、郑柏清和周先波、贾晓俊和李孟刚、张安军、杨森和雷家骕等学者的研究，① 本书从GDP增长率、通货膨胀变化率等多个方面来对国家金融安全进行综合评价打分，用权重法计算了中国的金融体系安全水平。从中国金融安全体系的得分走势可以看出（见图2－30），随着中国金融改革的持续推进和金融体制的不断完善，中国金融安全体系得分总体平稳上升。2008年，全球金融危机爆发对中国金融安全体系造成了一定冲击，中国金融体系安全得分出现短暂下降。但在中国防范金融危机的各项举措下，2009年金融安全得分开始回升，表明中国现行的金融体系

① 顾海兵、夏梦：《基于国家经济安全的金融安全指标的选取研究》，《国家行政学院学报》2011年第5期；郑柏清、周先波：《金融安全、全球化与经济增长：来自发展中国家的经验》，《南方经济》2011年第7期；贾晓俊、李孟刚：《中国金融安全指数合成实证分析》，《当代财经》2015年第1期；张安军：《国家金融安全动态预警比较分析（1992—2011年）》，《世界经济研究》2015年第4期；杨森、雷家骕：《基于风险防范的中国宏观金融安全指数测度与分析》，《经济纵横》2019年第8期。

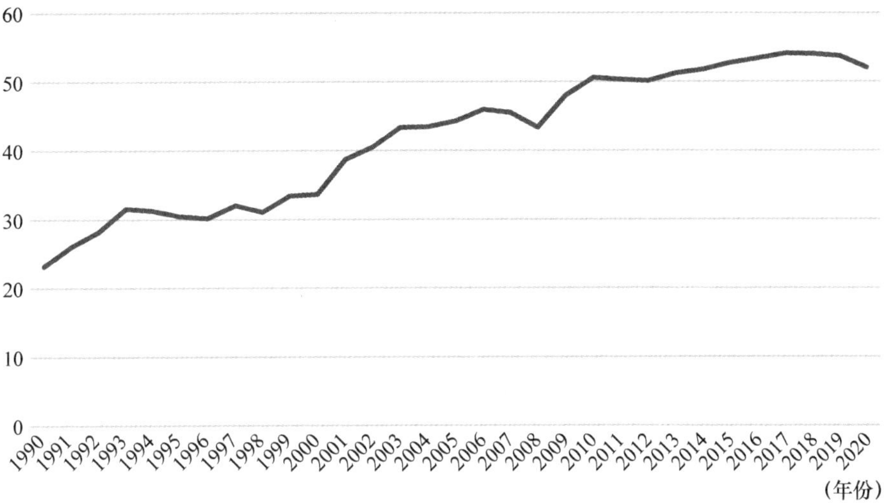

图 2－30　中国金融体系安全得分走势

数据来源：作者计算得出。

国家金融安全指标的具体构建方法详见第五章。

对于金融危机具有较强的抵御能力。2020 年，全球新冠肺炎疫情对全球及中国经济带来了巨大冲击，中国的金融安全也受到了不小的影响。因此，2020 年，中国金融安全体系得分出现下滑。但中国金融安全体系得分的不断上涨趋势表明中国一直以来的金融体制改革是卓有成效的。伴随中国资本项目的不断放开，中国将会遭遇更大的跨境资本流动冲击。由此，继续深化金融体制改革、建立健全金融防御体系、提升金融监管水平仍然是维护中国未来金融安全的重要使命。

二　跨境资本流动影响国家金融安全

随着中国资本市场开放进程的加快，跨境资本流动对中国金融安全的影响值得进行深入考察。一方面，跨境资本流动引起的汇率波动，[①] 资产

① Cardarelli，R.，Elekdag S.，and M. A. Kose，"Capital Inflows：Macroeconomic Implications and Policy Responses"，*Economic Systems*，Vol. 34，2010；张春宝、石为华：《中国资本账户开放与外汇市场压力风险研究》，《世界经济与政治论坛》2015 年第 4 期；杨海珍、李苏骁、史芳芳：《中国资本账户开放进程中跨境证券投资对国内金融市场的影响》，《经济理论与经济管理》2017 年第 10 期。

价格变动,[①] 对货币政策有效性的冲击,[②] 引起的通胀、偿债风险等诸多风险,[③] 很可能不利于国家金融安全。[④]

但另一方面,跨境资本流动可以有效促进国内金融制度改革、[⑤] 优化金融结构、[⑥] 提高金融业运行效率和竞争力、[⑦] 推动金融监管改进,[⑧] 或通过竞争机制提高金融发展水平、增强政策有效性,[⑨] 提供了改善经济效率的机会,[⑩] 进而提升国家金融安全。

从中国的实践来看,中国的金融安全总得分在逐渐提高,而且近几年随着中国的资本市场开放的深化,跨境资本流动的规模也在稳步增加。因此,资本市场开放所引起的跨境资本流动对国家金融安全的影响,很可能是正向的。后文的分析中,我们也将采用不同层面的数据对此进行理论和

---

① 刘莉亚:《境外“热钱”是否推动了股市、房市的上涨?——来自中国市场的证据》,《金融研究》2008 年第 10 期;Calvo, G., “Financial Crises and Liquidity Shocks a Bank – run Perspective”, *European Economic Review*, Vol. 56, No. 3, 2012;Tillmann, P., “Capital Inflows and Asset Prices: Evidence from Emerging Asia”, *Journal of Banking & Finance*, Vol. 37, No. 3, 2013;Taguchi, H., Sahoo, P., and Nataraj, G., “Capital Flows and Asset Prices: Empirical Evidence from Emerging and Developing Economies”, *International Economics*, Vol. 141, 2015.

② 沈坤荣、汪建:《中国银行业开放的理论依据与预期效应研究》,《管理世界》2001 年第 5 期;余永定:《货币金融理论与政策的重要创新——读盛松成等著〈社会融资规模理论与实践〉》,《中国金融》2014 年第 7 期;Passari, E. and H. Rey, “Financial Flows and the International Monetary System”, *The Economic Journal*, Vol. 125, No. 584, 2015.

③ Krugman, P. ed., *What Happened to Asia*?, New Jersey: Princeton University Press, 1998;项卫星、王达:《国际资本流动格局的变化对新兴市场国家的冲击——基于全球金融危机的分析》,《国际金融研究》2011 年第 7 期。

④ 张明:《金融开放中的潜在风险》,《中国金融》2014 年第 14 期;张明:《中国面临的短期资本外流:现状、原因、风险与对策》,《金融评论》2015 年第 3 期;Dinger, V. and D. M. Te Kaat, “Cross – border Capital Flows and Bank Risk – taking”, *Journal of Banking & Finance*, Vol. 117, 2020.

⑤ 范从来:《银行业开放:焦点、冲击和策略取向》,《南京社会科学》2000 年第 3 期。

⑥ 杨大光、何静:《银行业开放与国家金融安全》,《中国流通经济》2007 年第 7 期。

⑦ 何德旭:《外资进入中国银行业:趋势、影响及对策》,《财经论丛》(浙江财经学院学报)2004 年第 2 期;谢丽华:《国际资本流入对中国银行业的影响及对策》,《亚太经济》2010 年第 6 期。

⑧ 徐振东:《百年国际直接投资:演化、贡献及启示》,《国际金融研究》2001 年第 5 期。

⑨ Ghosh, A., “Does the Policy Trilemma Still Hold? Fresh Evidence and Its Implications”, *International Journal of Monetary Economics and Finance*, Vol. 7, No. 2, 2014;Georgiadis, G. and A. Mehl, “Trilemma, Not Dilemma: Financial Globalisation and Monetary Policy Effectiveness”, *Globalization and Monetary Policy Institue Working Paper*, Vol. 222, 2015.

⑩ Wei, S., “Managing Financial Globalization: Insights from the Recent Literature”, *National Bureau of Economic Research*, 2018.

实证检验。

第五节　本章小结

本章首先回顾了中国跨境资本流动历史及现状，结合相关指标对中国跨境资本流动规模以及资本和金融账户项下的各个细分项展开了分析，即非储备性质的金融账户下的直接投资、证券投资、金融衍生工具以及其他投资等。此外，本章还对目前中国吸引的外商直接投资和企业对外直接投资情况进行了描述分析。其次，本章对于中国金融市场的总体发展情况及不同类型的金融市场发展现状进行了论述。最后，本章又对中国金融安全整体发展情况和跨境资本流动对金融安全可能产生的影响进行了分析。

综合来看，经过数十年的发展，中国跨境资本流动的规模和质量都有了长足进步，金融市场也日趋成熟。中国跨境资本流动的历史与资本账户的开放相伴而生。从改革开放前中国实行计划经济体制，资本账户完全封闭，由中央银行集中管理外汇。到改革开放之后，实现直接投资项目实现基本可兑换，“沪港通”、“深港通”、“沪伦通”等项目的陆续启动，人民币被正式纳入特别提款权（SDR），全面取消 QFII 与 RQFII 的投资额度限制，以及银行、证券、基金、期货、人身险领域的外资持股比例限制彻底取消等，这一系列强有力的措施的实施显著推动了中国跨境资本的流动，使跨境资本流动规模不断上升，并进一步加快了国际金融一体化的进程。2020 年，中国吸引的 FDI 流入量全球排名第一。从外向直接投资（Outward FDI，OFDI）来看，2020 年中国的 OFDI 仍然稳居第一，这些都表明中国的跨境资本流动的规模发展迅速。从非储备性质的金融账户来看，直接投资仍然是中国跨境资本流动的主要途径，其次为证券投资和其他投资项目。与此同时，中国的金融市场发展水平也在稳步上升。金融机构的存款、储蓄存款、贷款以及社会融资规模都有了大幅度提高。进一步地，无论是股票市场、债券市场，还是基金、期货以及保险业，也都在稳健地发展，但与发达国家相比仍存在着较大差距，而且不同金融市场之间的发展也存在着一些差异。因此，随着中国资本市场开放进度的加快，如何稳步地推动各个金融市场的健康以及开放发展，成为政府面临的一个重要议题。

当前，新冠肺炎疫情仍在全球蔓延并尚未得到有效控制、国际经济持续低迷、中美贸易摩擦余波未减，随着资本市场高水平开放程度的上升，国际资本流动对中国金融安全的冲击必将越来越强。区块链、虚拟货币、移动支付等金融科技的发展为国际资本流动提供了新的渠道和机制，在促进中国金融发展水平提升的同时也给中国金融安全和金融监管带来了挑战。尽管中国的金融体制改革取得了丰富的成效，但中国金融系统仍然具有一定的脆弱性，金融市场发展不完善带来的问题依旧凸显。随着金融开放水平的不断提升，如何在利用跨境资本流动给中国经济发展带来好处的同时维护中国金融安全，平衡好效率与安全之间的关系，仍是中国当前和未来所面临的重要挑战。由此，加强金融基础设施建设、深入推进金融体制改革、提升金融市场抗风险能力、有序推进对外开放依然是中国未来金融发展的重要目标和任务。

第三章

发达国家和发展中国家资本市场开放的实践

20 世纪 70 年代以来，随着经济全球化的迅速发展，世界各国的经济联系日益密切，许多国家纷纷采取了资本市场开放的改革政策以融入全球经济金融体系，进而更好地促进本国经济的发展。根据 Lane 和 Milesi - Ferretti、Kose 等的统计，全球各国的金融一体化进程在 1970—2004 年间经历了大幅度提升，如图 3 - 1 所示。[①] 其中，De jure 代表的是法律自由化，基于国际货币基金组织（IMF）的资本限制性分类 0 和 1 计算所得。1 代表着该国实现了资本账户的开放，0 则代表着该国资本账户并没有开放。进一步地，De facto 代表着事实的自由化，即由本国持有的外国资产与负债的总存量占 GDP 的比重来表示。从图 3 - 1 可以看出，总体来看，1970 年以来，全球的国际金融一体化进程有了很大进展，从法律自由化来看，1970 年该指数约为 0. 2，但是到了 2004 年上升到了 0. 5 左右。从事实自由化来看，1970 年全球各国所持有的外国资产与负债的总存量占 GDP 的比重约为 50%，到 2004 年该比重已经上升到了 250% 左右。2004 年以来，随着经济金融全球化的加快，国际金融一体化的进程进一步发展和提升。[②]

---

① Lane, P. R. and G. M. Milesi - Ferretti, "The External Wealth of Nations Mark Ⅱ: Revised and Extended Estimates of Foreign Assets and Liabilities, 1970 - 2004", *Journal of International Economics*, Vol. 73, No. 2, 2007; Kose, M. A., Prasad, E., Rogoff, K., and Wei, S. J., "Financial Globalization: a Reappraisal", *IMF Staff Papers*, Vol. 56, No. 1, 2009.

② Lee, D., "Global Financial Integration and Monetary Policy Spillovers", *Economics Letters*, Vol. 202, 2021.

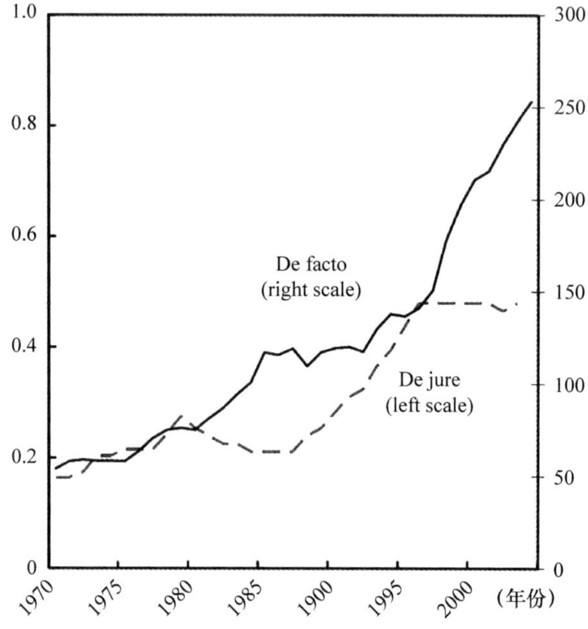

图 3－1　国际金融一体化进程（1970—2004）

数据来源于 Lane、Milesi－Ferretti 和 Kose 等：Lane，P. R. and G. M. Milesi－Ferretti，"The External Wealth of Nations Mark Ⅱ：Revised and Extended Estimates of Foreign Assets and Liabilities，1970－2004"，*Journal of International Economics*，Vol. 73，No. 2，2007。

Kose，M. A.，Prasad，E.，Rogoff，K.，and Wei，S. J.，"Financial Globalization：a Reappraisal"，*IMF Staff Papers*，Vol. 56，No. 1，2009.

进一步来看，根据 Broner 等和 Abraham 和 Schmukler 的统计，① 全球总的跨境资本流动规模也有了飞速地增长，尤其是高收入国家，如图 3－2 所示。具体来看，低收入国家在这几十年来跨境资本流动的规模并没有显著变化。与 20 世纪八九十年代相比，中等收入国家的跨境资本流动规模大约翻了一番。平均来看，高收入国家的跨境资本流动规模最为庞大，占 GDP 的比重达到了 32.7%。

① Broner，F.，Didier，T.，Erce，A.，and Schmukler，S. L.，"Gross Capital Flows：Dynamics and Crises"，*Journal of Monetary Economics*，Vol. 60，No. 1，2013；Abraham，F. and S. L. Schmukler，"Financial Globalization：A Glass Half Empty?"，*Handbook of Finance and Development*，2018.

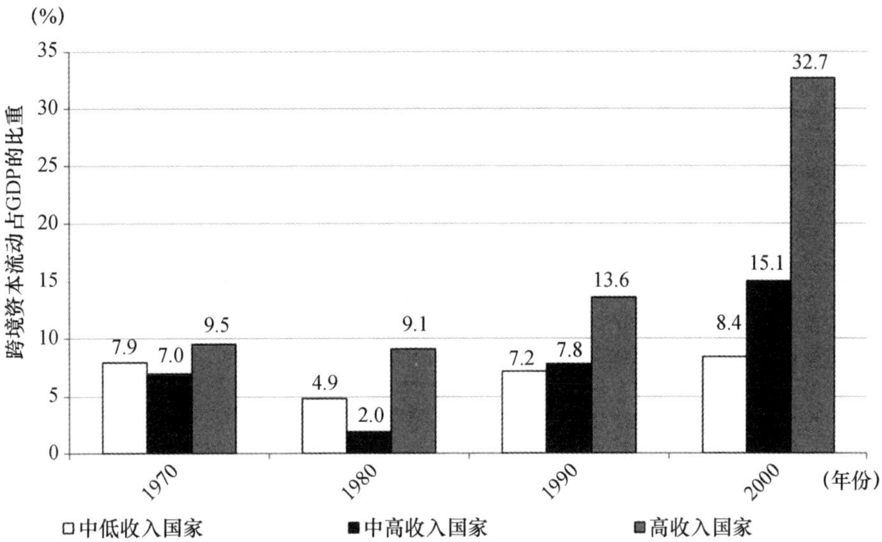

图 3-2　全球跨境资本流动情况（1970—2000）

此处的跨境资本流动包括跨境资本流入和跨境资本流出之和。数据来源于 Abraham F. and S. L. Schmukler, "Financial Globalization: A Glass Half Empty?", *Handbook of Finance and Development*, 2018。

不同国家的资本市场开放进程有很大不同，各自有其自身的特点。具体来看，发达国家在资本市场开放时间上更早，开放进程更为稳健，开放程度和开放规模也要更高一些。新兴市场经济体国家以及其他发展中国家在开放条件以及政策实施上则呈现出多元化且开始水平高低差异很大的局面。因此，参照 IMF 官网 2021 年发布的《世界经济展望》（*World Economic Outlook*），[①] 本章选取了 G7 国家以及地区性经济强国韩国与以色列作为发达国家代表，新兴市场经济体国家则选取了"金砖国家"为代表，其他发展中国家选取数据可得性较强的智利、墨西哥、泰国和印度尼西亚为代表，对发达国家和发展中国家的资本市场开放情况进行了详细的描述，进而为后续的实证分析打下基础。此外，关于资本市场开放程度的衡量，从现有的研究来看，主要分为两大类：一是基于法规指标的定性测度（De jure），二是基于事实指标的定量测度（De facto）。为了更加准确、全面地

① International Monetary Fund, *World Economic Outlook*, 2021.

衡量各国资本市场开放的进程，本书选取了 Chinn 和 Ito（2008）构建的定性测度金融开放的 KAOPEN 指数来衡量目标国的资本市场开放程度。① 基于 IMF 的汇兑安排及汇兑限制年度报告（Annual Report on Exchange Arrangements and Exchange Restrictions，AREAER），KAOPEN 指数根据各国是否存在多重汇率、经常项目交易管制、资本项目交易管制、出口创汇上缴四个问题的是与否回答构建的放入 4 个虚拟变量所构建。该指数的取值介于 -1.92 至 2.32 之间，数值越大表示资本市场开放度越高。目前很多国内外学者在进行实证分析时使用了该指数，如 Baltagi 等、Cubillas 和 González、陈奉先和李娜以及张旭和方显仓等。②

此外，为了得到更为丰富和稳健的研究结论，本部分还参考了 Gygli 等构建的修正后的 KOF 全球化指数对各国的资本市场开放程度进行了衡量。③ KOF 指数包括三个层次，分别是经济全球化、社会全球化和政治全球化。本书主要考察的是资本市场的开放，而经济全球化指数中包括了贸易和金融的全球化分指数。因此，我们选取了经济全球化指数下的金融全球化指数（Financial Globalization）来衡量资产市场开放程度。KOF 中的金融全球化指数包括三个，一是总的指数（Overall），二是事实的全球化（De facto），三是法律的全球化（De jure）。其中，事实的全球化选取了对外直接投资（FDI）、投资组合（Portfolio Investment）、国际债务、国际储备和国际收入支付五个指标。而法律的全球化则选取了投资限制、资本账户开放和国际投资协定三个指标。KOF 指数采用标准化后的百分制形式度量目标国开放程度，数值越高则表示开放程度越大。在本章主要选取其金融维度总指数进行阐述。

---

① Chinn，M. D. and H. Ito，"A New Measure of Financial Openness"，*Journal of Comparative Policy Analysis*，Vol. 10，No. 3，2008.

② Baltagi，B. H.，P. O. Demetriades and S. H. Law，"Financial Development and Openness：Evidence from Panel Data"，*Journal of Development Economics*，Vol. 89，No. 2，2009；Cubillas，E. and F. González，"Financial Liberalization and Bank Risk - taking：International Evidence"，*Journal of Financial Stability*，Vol. 11，2014；陈奉先、李娜：《资本账户开放、金融发展与国际资本流动"突然停止"——基于全球 68 个经济体的实证考察》，《经济学家》2020 年第 11 期；张旭、方显仓：《资本账户开放对商业银行风险的影响研究——来自新兴经济体的经验证据》，《南方经济》2020 年第 9 期。

③ Gygli，S.，Haleg，F.，Potrafke，N. and J.，Sturm，"The KOF Globalisation Index - revisited"，*The Review of International Organizations*，Vol. 14，No. 3，2019.

第一节　发达国家资本市场开放的实践

根据 Kose 等的研究,① 1970—2004 年间，发达国家的资本市场开放进程的各方面指标均走在前列，如图 3 - 3 所示。总体来看，发达国家大体在 20 世纪 90 年代完成了法律层面的自由化改革，且发达国家开放程度很高，法律标准接近于 1.0，即完全开放。从事实标准层面来看，其显著增长期在 90 年代后半段，由 170 水平跃升至 2004 年的 490。

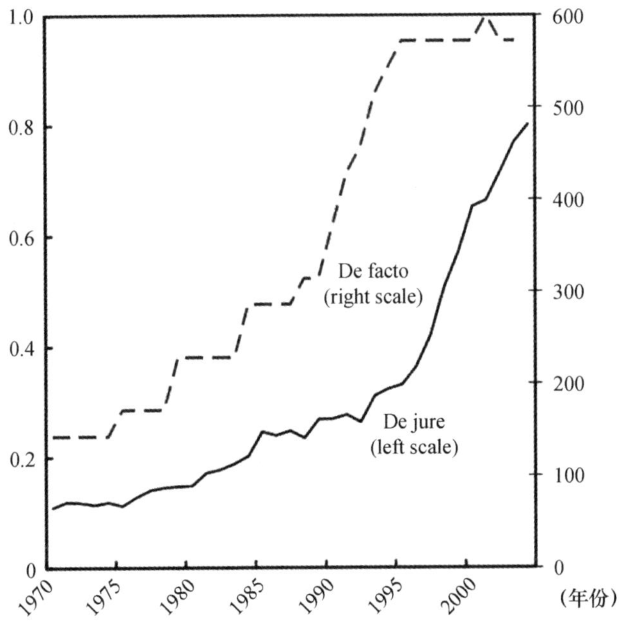

图 3 - 3　发达经济体的资本市场开放

数据来源于 Lane、Milesi - Ferretti 和 Kose 等：Lane, P. R. and G. M. Milesi - Ferretti, "The External Wealth of Nations Mark Ⅱ: Revised and Extended Estimates of Foreign Assets and Liabilities, 1970 - 2004", *Journal of International Economics*, Vol. 73, No. 2, 2007。

Kose, M. A., Eswar, S., P., Rogoff, K., and Wei, S. J., "Financial Globalization: a Reappraisal", *IMF Staff Papers*, Vol. 56, No. 1, 2009.

① Kose, M. A., Eswar, S., P., Rogoff, K., and Wei, S. J., "Financial Globalization: a Reappraisal", *IMF Staff Papers*, Vol. 56, No. 1, 2009.

具体来看，发达国家的资本市场开放进程大体经历了三个阶段。第一阶段为20世纪60年代末，西方发达国家的高速经济发展以及金融市场创新使得许多发达国家放松金融管制，金融自由化初现端倪。第二阶段为20世纪70年代初，金融自由化进程因发达国家普遍出现的通货膨胀和经济增长停滞而受挫，许多国家加强了资本管控来恢复宏观经济。第三阶段为20世纪70年代末期，西方开始施行新自由主义经济政策，金融自由化卷土重来。在这一波浪潮中，西方发达国家纷纷成功地完成了资本市场开放。如图3－4所示，发达国家的Foreign Assets与Foreign Liabilities之和占GDP的比重从1970年的不到100%增长到了2011年的450%。

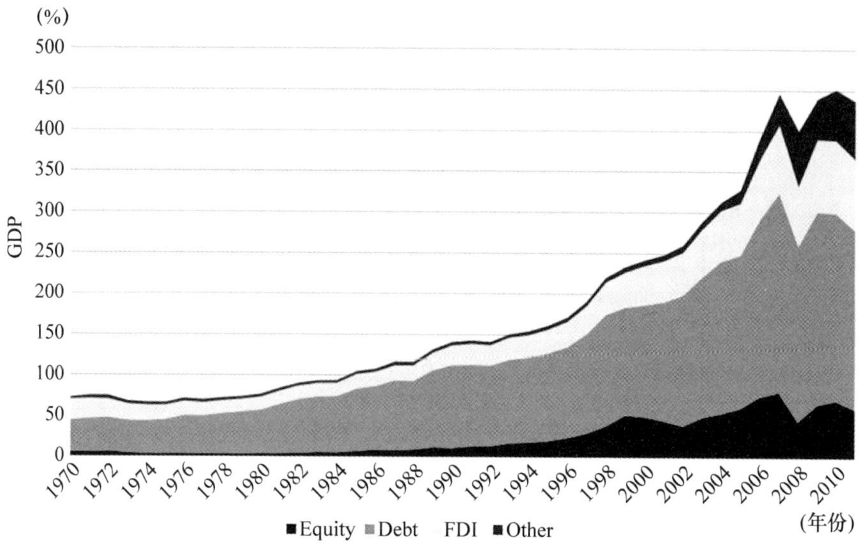

图3－4 发达国家的跨境资本流动占GDP的比重

数据来源于Abraham F. and S. L. Schmukler，“Financial Globalization：A Glass Half Empty?”，*Handbook of Finance and Development*，2018。

一 美国的资本市场开放

美国的大规模资本市场开放进程起始于20世纪70年代。在此之前美国一直保持着布雷顿森林体系下的“双挂钩”制度。1971年持续二十多年的布雷顿森林体系崩塌，尼克松政府宣布放弃美元与黄金挂钩的货币制度，“双挂钩”的固定汇率制度终结，美国开始正式施行浮动汇率制，任由美元随市场波动自由浮动。从图 3－5 可以看出，1970 年以来，美国 KAOPEN 指数一直保持不变，恒为2.32，同时也是发达国家 KAOPEN 指数中取值最高的。这也表明美国在法律层面上一直保持着较高的资本市场开放水平。

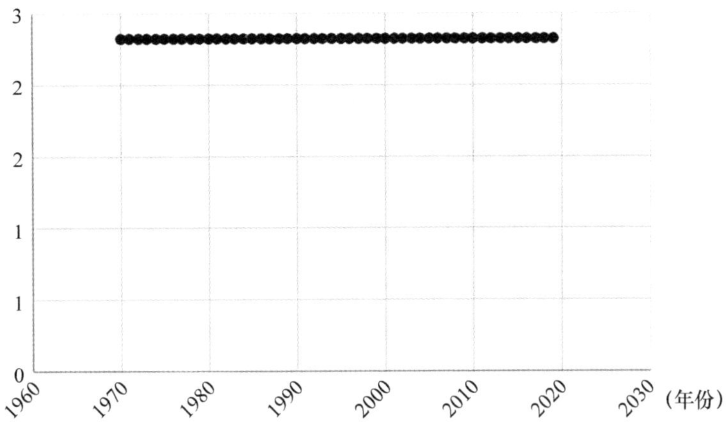

图 3－5　美国 KAOPEN 指数

美国 KAOPEN 指数以及后文中其他国家 KAOPEN 指数数据均来源于 Chinn 和 Ito：Chinn，M. D. and H. Ito，“A New Measure of Financial Openness”，*Journal of Comparative Policy Analysis*，Vol. 10，No. 3，2008。

图 3－6 汇报的是使用 KOF 金融全球化指数衡量的美国资本市场开放程度。1970 年，总指数、法律的自由化指数和事实的自由化指数分别为 38、57 和 18，2019 年时三个指数分别增长到了 81、81 和 80。2006 年开始三个指数的取值较为接近。总体来看，美国的 KOF 金融全球化指数自 1970 年以来一直上涨，说明其资本市场开放水平也在逐步加深。尤其是进入 20 世纪 90 年代后，美国金融自由化进程开始加快进行。90 年代最初的几年，总的 KOF 金融全球化指数一直维持在 60 左右，自 1993 年开始稳定攀升，至 1999 年已达 75，这标志着美国的资本市场开放已达成熟。

二　日本的资本市场开放

二战结束后日本在很长的一段时间内一直实行严格的资本管制，直到 20 世纪 60 年代，才开始着手逐步开放国内的资本市场。1964 年，日本成

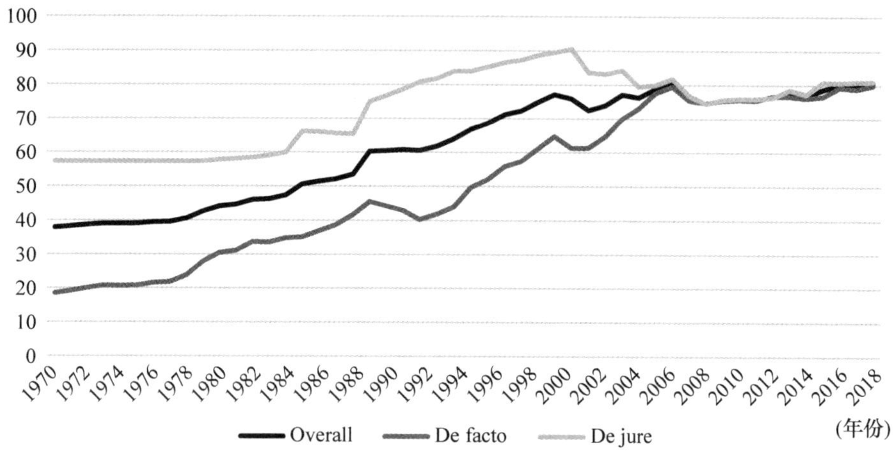

图 3-6 美国 KOF 金融全球化指数

美国 KOF 金融全球化指数以及后文中其他国家 KOF 金融全球化指数数据均来源于 Gygli 等：Gygli, S., Haleg, F., Potrafke, N. and J., Sturm, "The KOF Globalisation Index - revisited", *The Review of International Organizations*, Vol. 14, No. 3, 2019。

为经济与合作发展组织（OECD）的成员国并接受了 IMF 第八条款（即未经基金组织同意，成员国不得对贸易、非贸易等国际收支经常项目下的支付和资金转移加以限制），开始放开资本项目的交易。但在 20 世纪 70 年代的改革起步阶段，日本资本市场的整体管制情况处于较为严格的水平。进入 80 年代后，日本的国际环境发生巨大变化。出于国际贸易纷争，美国等发达经济体对日本政府在资本项目开放问题上开始施加较大压力，日本的金融自由化进程被迫加速。1980 年，日本政府彻底修改了 1949 年制定的《外汇及对外贸易管理法》，进一步加大了资本市场开放力度。1984 年日美政府共同组建的"美国日本日元—美元委员会"允许外国金融机构进入日本。1985 年和 1988 年两次修订了《证券交易法》，允许债券期货和股价指数期货交易，并于 1989 年允许利率、货币期货和期权交易。数据也显示这一阶段日本改革速度明显加快。如图 3-7 所示，1970 年以来，日本资本市场开放也经历了一段较长时间的波折。从 KAOPEN 指数来看，1970 年和 1971 年，日本对资本市场实现较为严格的管制，其 KAOPEN 指数为 -0.15。从 1972 年开始，日本开始逐步加大资本市场开放的力度和规模，

KAOPEN 指数也开始稳步上升。1983 年时达到了最大值 2. 32。指标基本保持了这个水平，并与美欧等发达国家接近。20 世纪 90 年代中后期，为了更好地应对外部冲击，如东南亚金融危机、墨西哥金融危机，日本对资本市场进行了一定程度的管控。KAOPEN 指数有所下降，但很快，2000 年以来 KEOPEN 指数又增长到 2. 32，进而一直保持着高水平的资本市场开放。

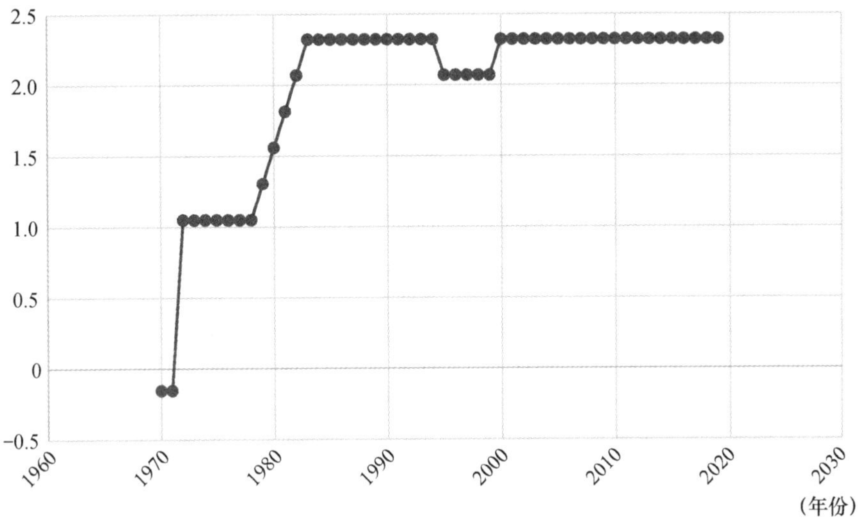

图 3 – 7　日本 KAOPEN 指数

KOF 金融全球化指数的表现与 KAOPEN 指数的走势类似，如图 3 – 8 所示。1970 年以来该指数一直上升，2000 年前后有所下降，但很快又保持了上涨的趋势。

三　德国的资本市场开放

德国的资本市场开放一直保持着较高的水平，如图 3 – 9 所示。1970 年以来，KAOPEN 指数一直取值为 2. 32，跟美国类似。这说明德国的资本市场开放一直走在前列。

但从实际效果来看，为了树立德国自身制造业的核心地位，防止外部金融市场的冲击，从事实的自由化来看，德国对资本市场一直保持着一定程度的管制，这一点可以从 KOF 金融全球化指数当中看出来，如图 3 – 10

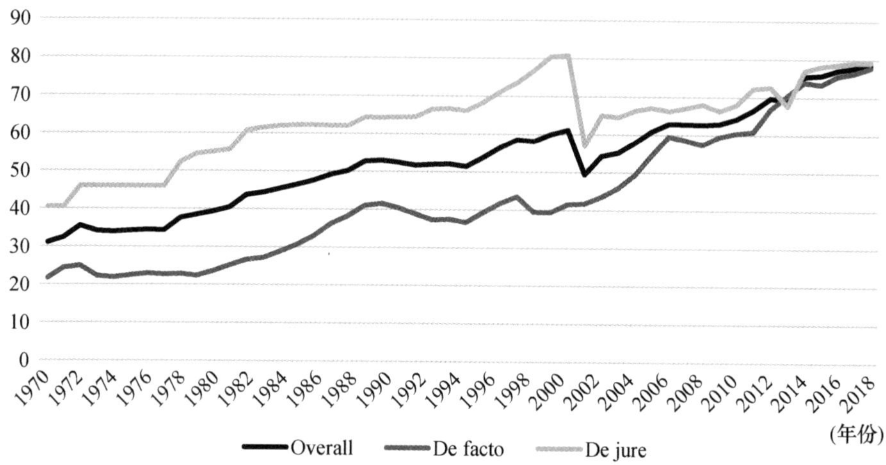

图 3-8　日本 KOF 金融全球化指数

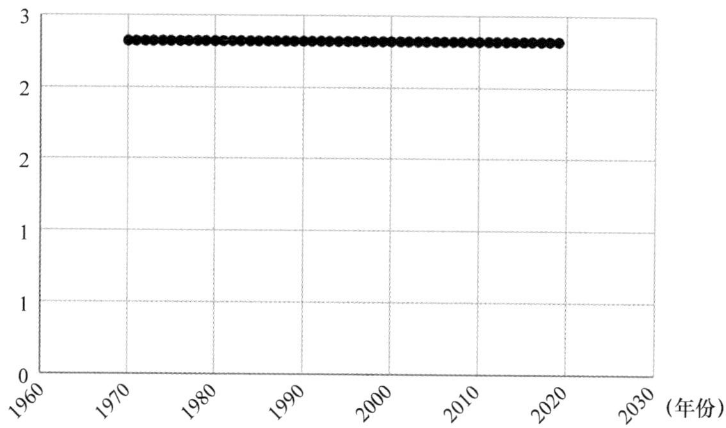

图 3-9　德国 KAOPEN 指数

所示。通过 KOF 金融全球化指数的走势可以看出，德国的法律层面金融全球化程度一直很高，为 90 左右。但是从事实的自由化和总的全球化指数来看，1970 年以来德国的金融全球化是逐步上升的。90 年代后期出现了较大程度的跃升，这主要是欧元区的建立以及货币整合的影响使得德国不得不加快资本项目改革步伐。进入 21 世纪后，德国的高自由度一直维持到 2008 年美国次贷危机前，在 2006 年达到顶点的 87 后，KOF 金融全球化指数开始走低，并基本维持在了80左右，这显示出德国政府为了防止危机的扩散和资本大进大出加强了对相关项目的管控程度。

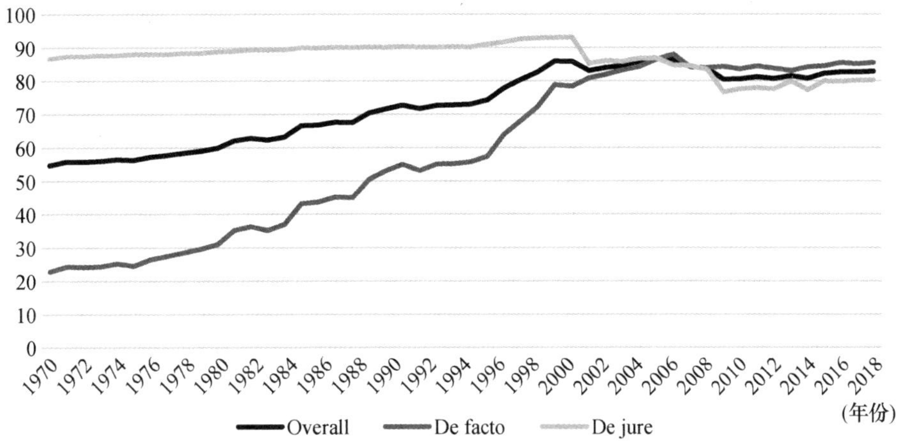

图3-10　德国KOF金融全球化指数

四　法国的资本市场开放

法国在20世纪50年代至60年代长期经历经常项目赤字，为了维持法郎币值稳定，法国政府长期实施严格的资本项目管制，虽然法国在1961年加入了IMF第八条款，但同时期的法郎贬值及资本外流现象让法国政府无暇考虑资本账户开放问题。如图3-11所示，1970的KAOPEN指数为-1.41，表明法国在政策和法规方面对资本流动的限制非常严格。自1974年开始，法国的开放进程开始加速。但是1974—1989年间，KAOPEN指数一直没有变，为-0.15。这说明法律层面并没有对资本市场进行强有力的开放。从20世纪90年代初期开始，KAOPEN指数开始直线上升，到了1994年就达到了2.32，之后一直维持该水平。

由图3-12的KOF金融全球化指数可以看出，1970年法国的事实自由化指数仅为24，远低于同期欧美发达国家。在20世纪80年代的后五年内，KOF金融全球化指数频繁起落，波动明显，但总体来看在持续上升。KOF金融全球化指数也在波动增长，在90年代整体处于（70，80）高位区间。可以认为法国的金融自由化法规进程是对之前不景气经济时期严格管制的“追加补偿”。在体系的改革完成后，法国顺利进入欧元新时代并

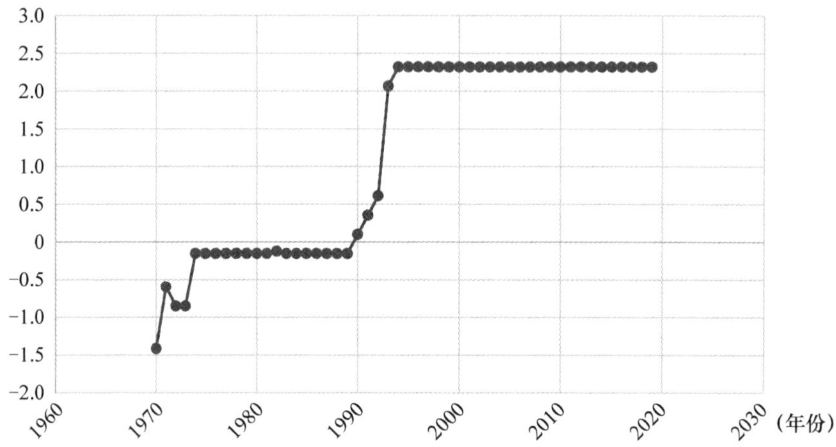

图 3－11　法国 KAOPEN 指数

将改革成果一直延续至今。

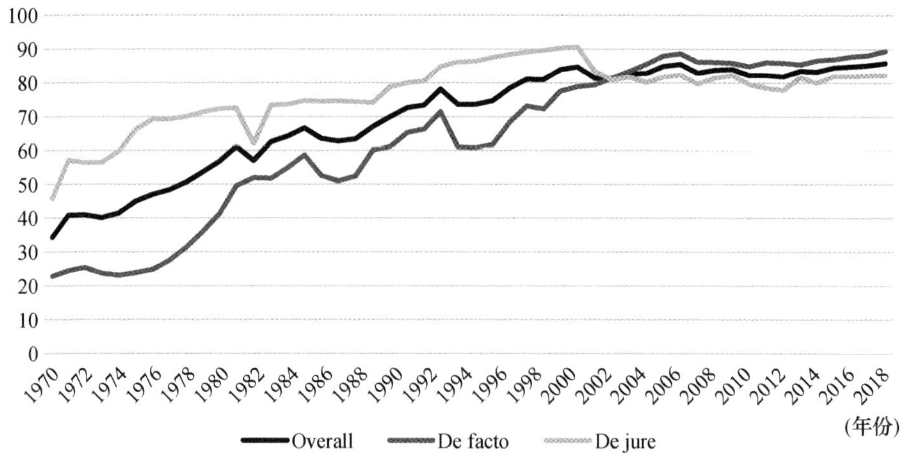

图 3－12　法国 KOF 金融全球化指数

五　英国的资本市场开放

总体来看，作为传统的金融强国和欧洲金融中心，英国的各项金融自由化指标均表现突出。如图 3－13 所示，从 KAOPEN 指数来看，20 世纪 70 年代，英国的 KAOPEN 指数还为负值，但 1983 年该国的 KAOPEN 指数便增长至2.32。英国作为高度发达的金融市场国家，金融立法和制度建设较为完善，其法规与制度都值得我们借鉴。

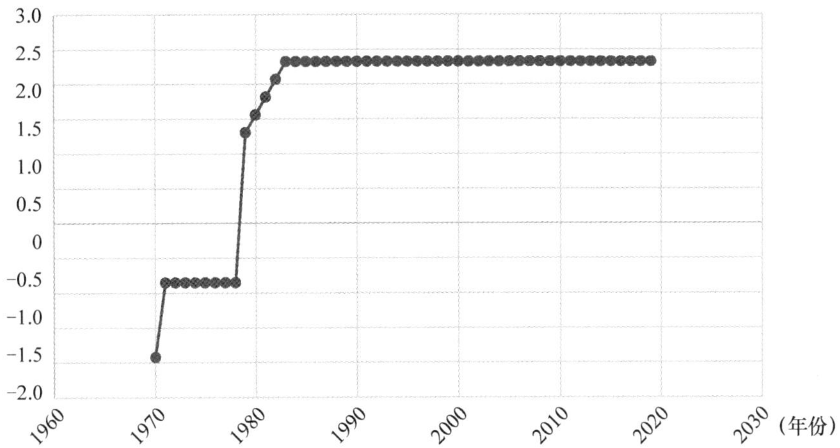

图3－13　英国KAOPEN指数

从KOF金融全球化指数来看，其发展变化较为平稳，如图3－14所示，从1970年的不到50开始平稳上升，进入2000年后便达到了较大值90，之后基本维持在该水平。

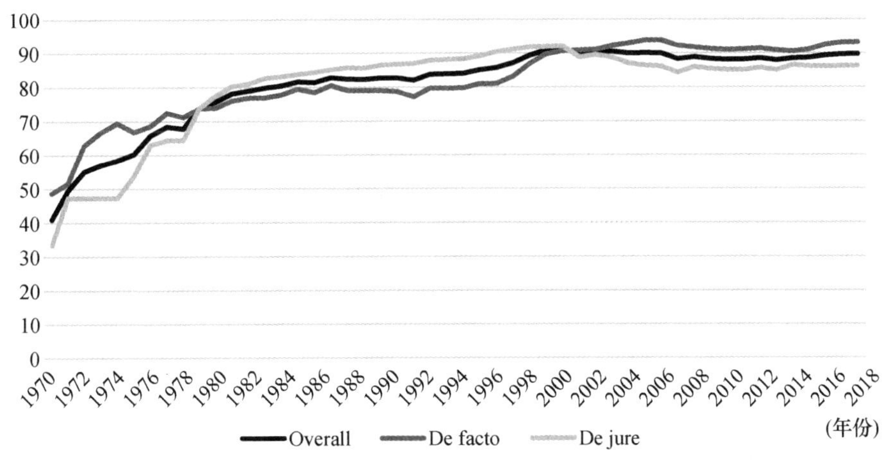

图3－14　英国KOF金融全球化指数

六　加拿大的资本市场开放

如图 3－15 所示，从 KAOPEN 指数来看，1970 年以来加拿大的资本市场开放进程较为迅速，1970 年以来 KAOPEN 指数一直为 2.32，这表明加拿大在起初便很少有制度上的资本项目管制措施。

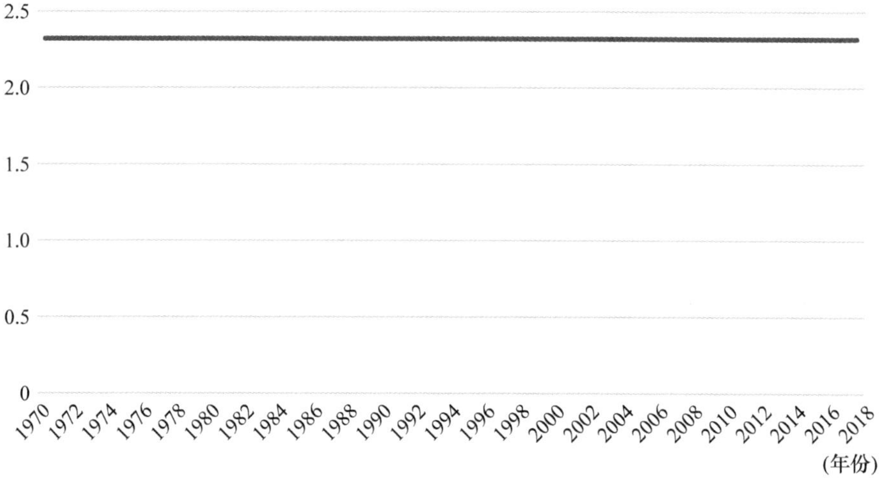

图 3－15　加拿大 KAOPEN 指数

从 KOF 金融全球化指数来看（见图 3－16），1990 年以前无论是总的指数，还是事实自由化指数和法律自由化指数，基本在 60 左右。但 1990 年以后，这三个指标开始加速增长。总体来看，进入 21 世纪后，KOF 金融全球化的这三个指标似乎基本维持在 80 以上，并呈现上升的趋势，这也表明加拿大的开放制度已经较为成熟。

七　意大利的资本市场开放

意大利的资本市场开放进程较为曲折，如图 3－17 所示。从 KAOPEN 指数来看，1970 年开始，受制于国内经济形势，意大利一直对资本项目严加管制，KAOPEN 指数一度下降到 －1.92。1980 年开始逐步加大了资本市场开放进程和力度，1994 年时达到最大值 2.32，之后便一直维持在该数值。

如图 3－18 所示，从 KOF 金融全球化指数来看，与 KAOPEN 指数的表

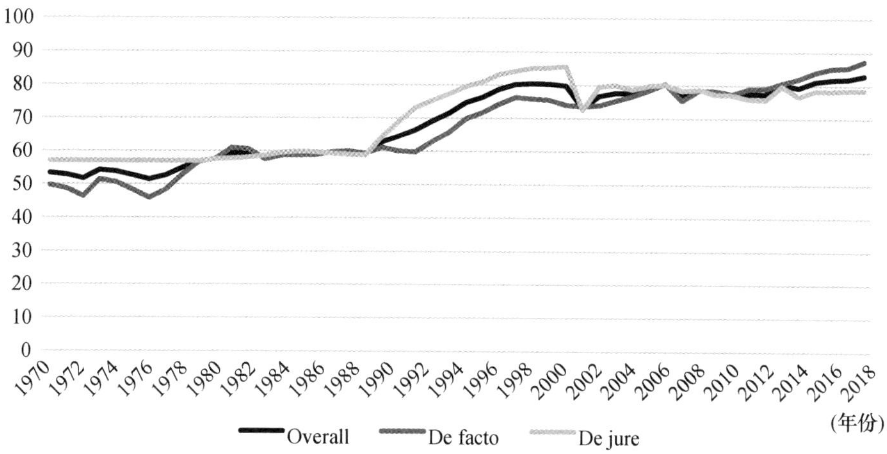

图 3－16　加拿大 KOF 金融全球化指数

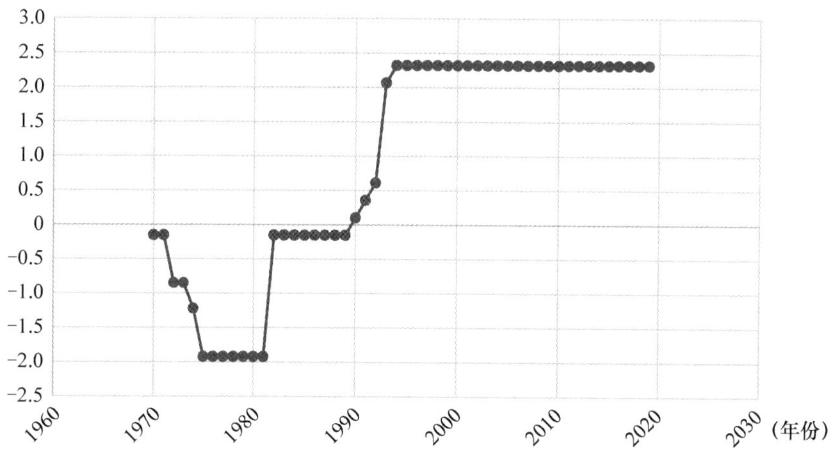

图 3－17　意大利 KAOPEN 指数

现类似，1970 年以来有所下降。1980 年开始 KOF 金融全球化的三个指标开始缓慢上涨。KOF 金融全球化指数在 2000 年达到最大值以后开始下降到 70，并基本维持在该水平。

八　以色列的资本市场开放

作为中东地区唯一的发达经济体，2000 年以前以色列的资本市场开放

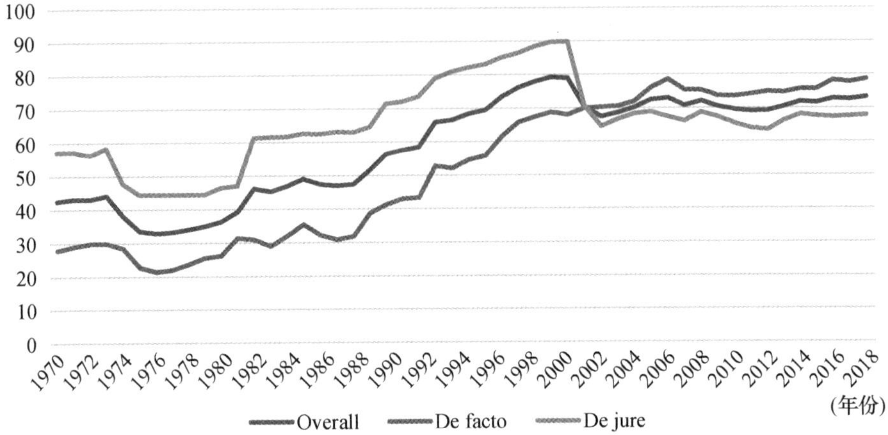

图 3-18　意大利 KOF 金融全球化指数

一直较为反复，如图 3-19 所示。20 世纪 70 年代开始放松管制，但 80 年代中后期又逐渐强化资本账目的管制。2000 年以来，重新加大了资本市场开放的进程。2006 年开始以色列的 KAOPEN 指数达到最大值 2.32，之后便一直维持在该水平。

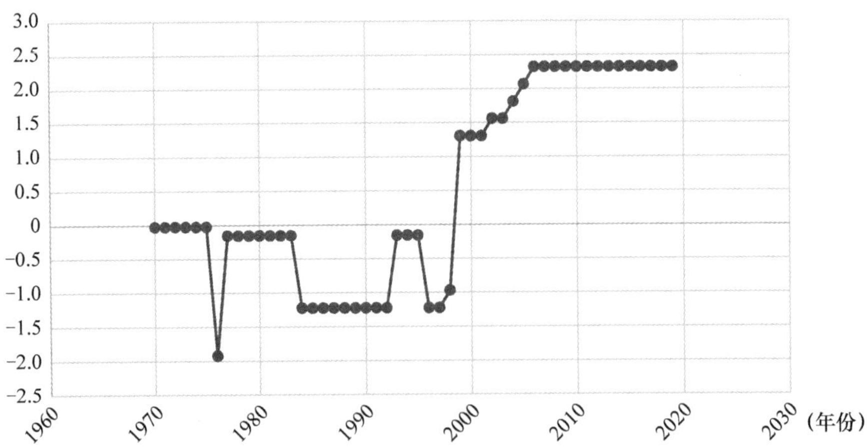

图 3-19　以色列 KAOPEN 指数

如图 3-20 所示，以色列的金融自由化改革发生于 20 世纪 90 年代，在此之前以色列的 KOF 金融全球化指数一直维持在（40，50）区间。90

年代中后期 KOF 金融全球化指数开始飞速上升，进程较为激进。21 世纪第一个十年内，以色列顺利完成全部资本项目自由化，KOF 金融全球化指数稳定在（70，80）区间。

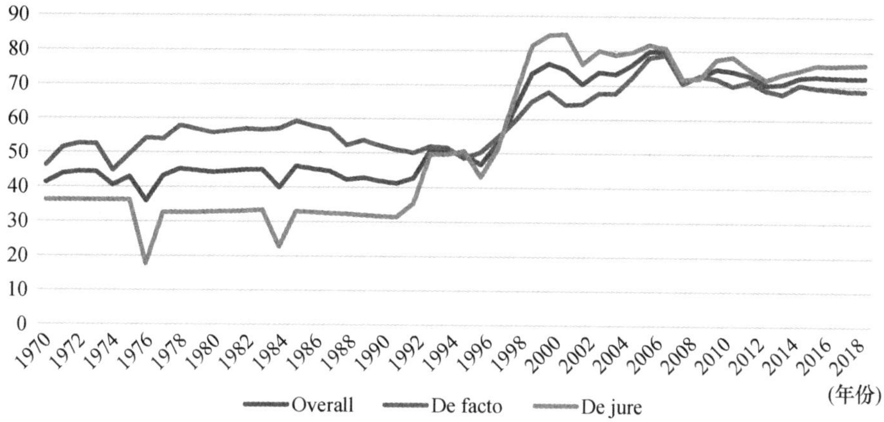

图 3－20 以色列 KOF 金融全球化指数

九 韩国的资本市场开放

韩国的资本市场开放进程前期保持渐进开放，后期越发激进。20 世纪 70 年代和 80 年代，韩国为发展国内经济采取了严格的国家资本管控，如图 3－21 所示，KAOPEN 指数基本维持在低位。2008 年美国金融危机后开始上升。2013 年、2014 年和 2015 年时维持在了 1. 12 的水平。但是 2016 年开始达到了最大值 2. 32，并一直维持在该水平。

如图 3－22 所示，从 KOF 金融全球化指数来看，进入 20 世纪 90 年代，大规模金融自由化以事实指标的攀升为先导，90 年代后段 KOF 金融全球化指数开始稳步上升。步入 21 世纪后，韩国的 KOF 金融全球化指数基本上维持了上升的态势，但目前为止并没有达到最高点。

总体来看，从本节关于发达国家资本市场开放的进程的描述中不难看出，除战后新兴发达国家（如以色列、韩国）外，发达国家整体均有深厚的资本市场发展历史与金融市场改革经验。尤其是 2000 年以来，发达国家加快了资本市场开放的进程。虽然在资本市场开放进程中出现了金融风险事件，但总的来说发达国家的转型过程较为成功。从全球来看，发达国家的资本市场开放程度仍然是最高的。

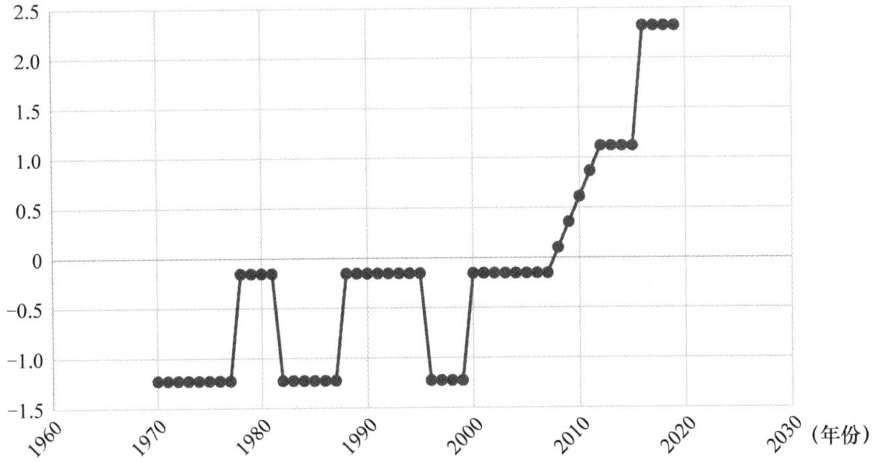

图 3-21　韩国 KAOPEN 指数

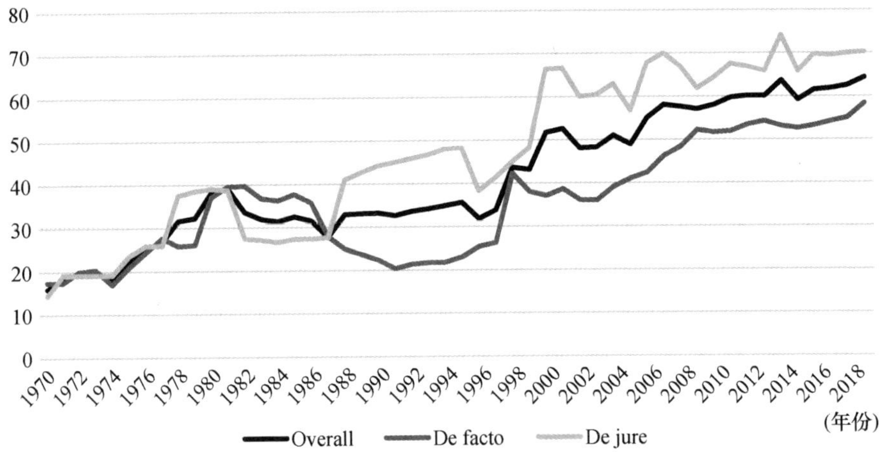

图 3-22　韩国 KOF 金融全球化指数

第二节　金砖国家资本市场开放的实践

金砖国家作为新兴市场经济体国家，其资本市场开放的进程也是引人注目的。从图 3-23 来看，虽然其资本市场开放进程和程度与发达国家相比仍有较大差距，但从资本流动层面来看，新兴市场经济体国家跨境资本流动规模占 GDP 的比重已经由 1970 年的不到 50 上升到了 2004 年的 180 左右。但新兴市场经济体国家的资本项目自由化整体来看表现为事实层面与法规层面脱节严重。从法律自由化来看，该数值一直在 0.2 左右。这说明虽然新兴市场经济体国家法律上实施了资本的管制，但从实际的资本流动来看，其跨境资本流动的规模较大。本节将以金砖国家为代表，通过剖析其改革进程来研究其特殊的资本市场开放现象。

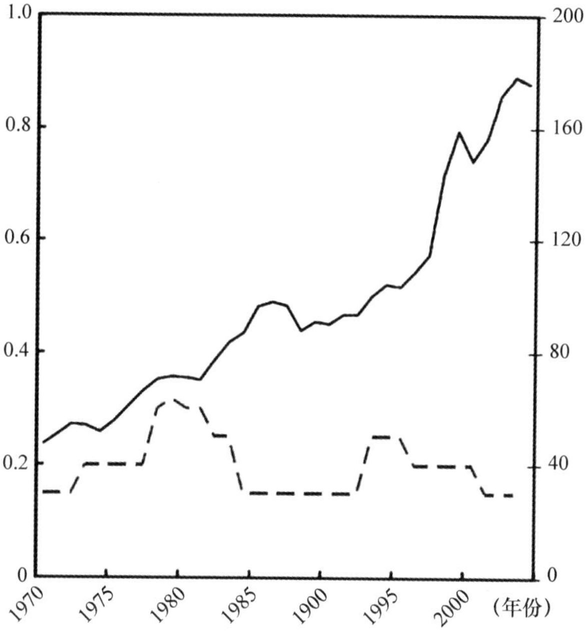

图 3－23　新兴市场经济体国家的国际金融一体化进程

数据来源于 Lane 和 Milesi－Ferretti 以及 Kose 等：Lane，P. R. and G. M. Milesi－Ferretti，"The External Wealth of Nations Mark Ⅱ：Revised and Extended Estimates of Foreign Assets and Liabilities，1970－2004"，*Journal of International Economics*，Vol. 73，No. 2，2007。

Kose，M. A.，Prasad，E.，Rogoff，K.，and Wei，S. J.，"Financial Globalization：a Reappraisal"，*IMF Staff Papers*，Vol. 56，No. 1，2009.

一　巴西的资本市场开放

巴西作为拉丁美洲第一大经济体，其资本市场建立较早，然而正式开展资本项目开放进程却很晚。以 1960 年《外资法》的颁布为标志，巴西的资本账户开放之路艰难起步。巴西颁布《外资法》的初衷是借世界资本市场利率低的契机借入外债发展经济。如图 3－24 所示，在巴西实现“增长奇迹”的 1968—1973 年间，KAOPEN 指数在 20 世纪 70 年代、80 年代一直维持在－1.92，这表明巴西的法规层面资本市场开放度在 20 年内并无明显进展。20 世纪 90 年代中后期巴西的资本市场开放进程开始加快。但 2009 年美国次贷危机以后，巴西又重新开始加大了资本项目的管制。

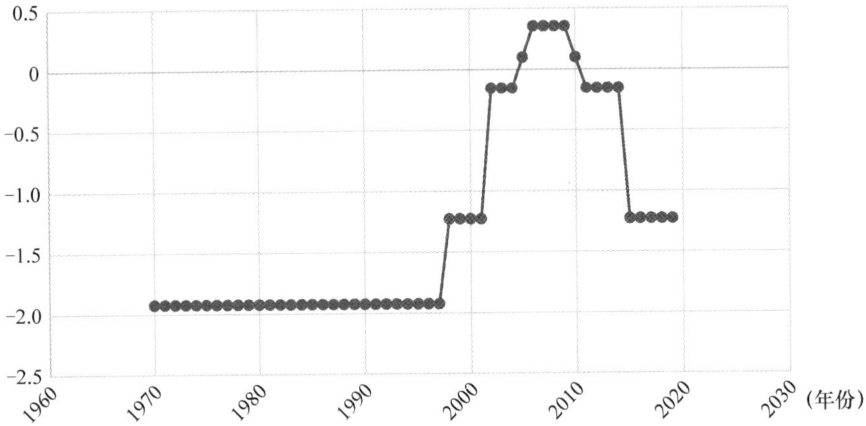

图 3－24　巴西 KAOPEN 指数

如图 3－25 所示，从 KOF 金融全球化指数来看，值得注意的是 KOF 金融全球化的三个指数在 1984 年达到区间最大值后一路走低，主要是由于先前的外债主导型经济发展模式破产，巴西陷入债务危机。巴西政府加大了对资本项目的管控，以防止危机因为资本外逃而进一步加剧。KOF 指数的下跌一直持续至 1991 年，此时债务危机阴影已经过去，巴西政府着手开展新一轮资本项目自由化改革，指数开始由谷底爬升。此轮改革一直持续至 2005 年巴西政府官方宣布实现资本项目自由化，可以看到 KOF 金融全球化指数在此区间内总体保持增长态势。与 KAOPEN 指数的表现一样，在 2010 年后，巴西又增强了资本账目管制，事实指标和法规指标均记录到了这一波回潮。总体来说，巴西的金融自由化较为坎坷，整体水平较低，但其符合国情的开放道路仍可为我们提供较多有益经验。

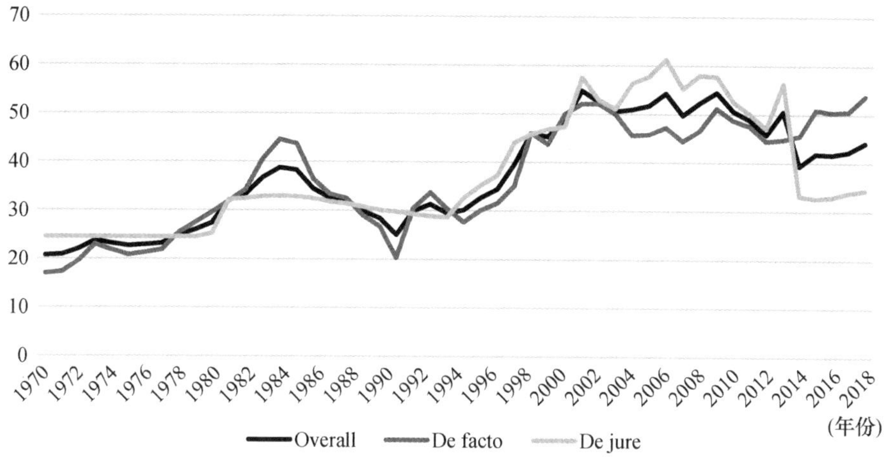

图 3 - 25 巴西 KOF 金融全球化指数

二 俄罗斯的资本市场开放

俄罗斯的资本账户开放始于苏联解体后叶利钦提出的激进式改革方案，其目的是快速从计划经济向自由市场经济过渡。1991 年，俄罗斯颁布了《俄罗斯联邦外国投资法》，在法律层面上规定了外国投资者在俄罗斯投资的程序、范围和优惠政策。1992 年，俄罗斯开始实行统一的经常项目浮动汇率制度，实现卢布在国内的可兑换。俄罗斯在 1996 年实现了经常账户可兑换。此后，俄罗斯继续推进资本市场对外开放进程，出台《自由经济区法》等法规，允许非居民通过设立“特定账户”直接交易短期的政府债券和联邦债券。所以在法规测度角度，俄罗斯在起步阶段就处于相对较高水平。如图 3 - 26 所示，20 世纪 90 年代俄罗斯的 KAOPEN 指数波动较大，但总体来看在转型国家中处于高位。同期 KOF 金融全球化指数也出现了显著增长，总指数由改革前 1990 年的 24 一跃至 2000 年的 48，如图 3 - 27 所示。总体来说该过程相当激进，留下了许多隐患。过于激进的金融自由化改革和“休克疗法”的不恰当实施直接导致了俄罗斯 1998 年的金融危机。危机阶段俄罗斯开始重整自己的自由化进程，法规层面管制开始收缩，KAOPEN 指数在 1998—2001 年间转为负值，KOF 金融全球化指数大幅起落，均显示出该时期的资本账户明显受到限制。危机后普京政府开始推行国家调控市场模式，激进的金融自由化改革进入渐进改革阶段。2004年，俄罗斯颁布了《货币自由化法》，明确了资本账户开放的时间表。但在2006年，俄罗斯宣布提前实现了资本账户的自由化，仅有国民经济重要部门投资受到严格管制。这一时期各方面指标实现回升，KOF金融全球化指数走势趋缓，KAOPEN指数稳定在-0.15。资本市场开放进程步入平稳轨道。进入21世纪第二个十年后，KAOPEN指数开始稳定增长，在2013年增长至最大值1.11，成就斐然。

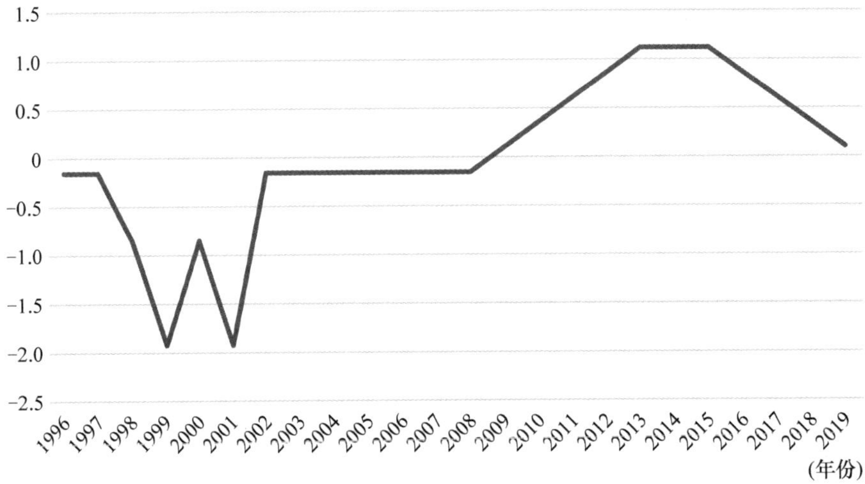

图3-26　俄罗斯KAOPEN指数

2014年受到油价下跌、欧美制裁等外部冲击影响，俄罗斯政府采取了一系列措施应对卢布的下跌，资本管制收紧。2014年，俄罗斯央行6次上调基准利率以调控抑制资本外流，对国有出口企业的美元净资产进行限制，监管多家大型商业银行的外汇交易柜台，打击市场投机，维护外汇市场稳定。这些行动反映在各项指标上便是KAOPEN指数在2014年后走低，至2019年降至0.10。KOF金融全球化指数保持有规律浮动，如图3-27所示。这些温和的资本管制在一定程度上缓解了危机，也反映出俄罗斯的金融自由化改革各方面日渐成熟。

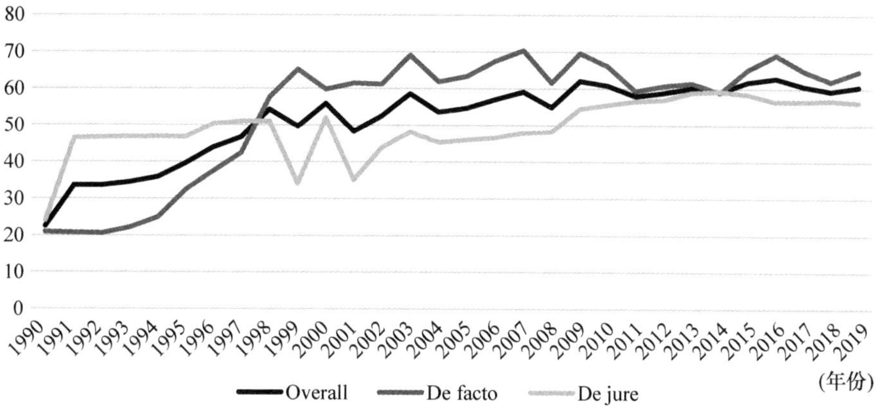

图 3－27　俄罗斯 KOF 金融全球化指数

三　南非的资本市场开放

南非的金融自由化起步处境较为特殊，20 世纪 80 年代南非政府因国内种族隔离制度而受到国际制裁。因此，为了维持国内经济稳定，南非政府采取严格的资本管制。如图 3－28 所示，1970 年以来南非的 KAOPEN 指数均维持在－1.22 左右。

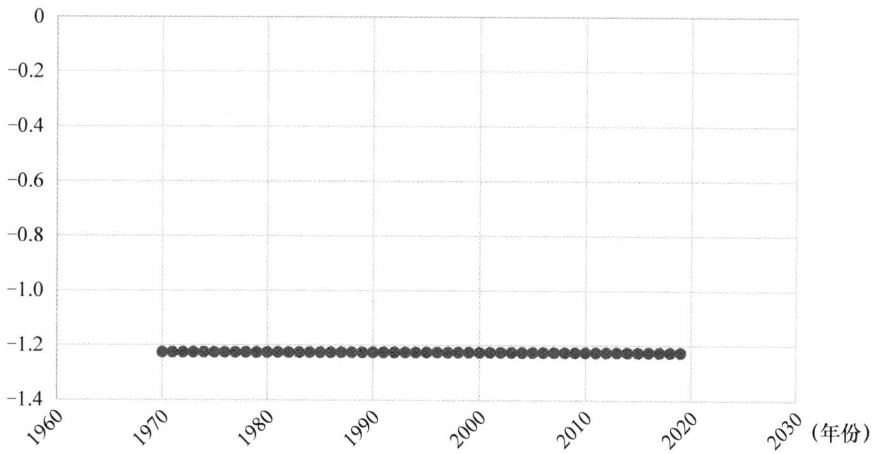

图 3－28　南非 KAOPEN 指数

KOF 金融全球化指数的表现有所不同。20 世纪 70 年代至 80 年代 KOF

金融全球化指数徘徊在（20，40）低水平区间，有数据显示受制裁影响，1980 年至 1993 年南非累计外商直接投资仅为 3 亿美元，因此不难理解 KOF 指数为何偏低。进入 90 年代政府改组后，国际制裁被取消，南非政府开始进行金融部门的兼并重组并与国际金融市场接轨，进行渐进式资本项目开放改革。90 年代后，南非 KOF 金融全球化指数保持平稳增长，在进入 21 世纪后徘徊在（10，70）区间。总体来看，虽然南非开启了金融自由化改革，但距离成功还有很长一段路要走，至今南非尚未实行完全的资本项目的自由化。

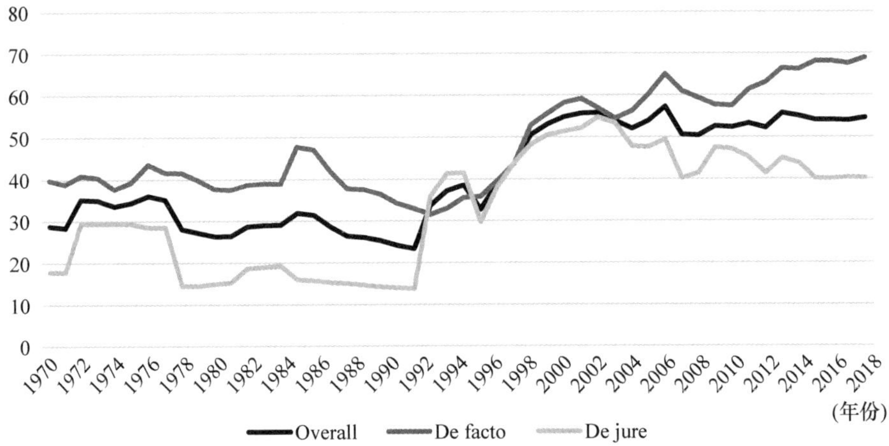

图 3－29　南非 KOF 金融全球化指数

四　印度的资本市场开放

印度的资本市场开放在金砖国家中并不算突出。如图 3－30 所示。印度的 KAOPEN 指数长年维持在 －1.22，并无显著政策性改革出现，因此印度的自由化进程主要表现在事实层面。

总体来看，印度的资本市场开放进程时的起点是很低的，如图 3－31 所示。20 世纪 70 年代和 80 年代 KOF 金融全球化指数稳定在 10 左右。进入 90 年代后增长开始加速，1990 年至 2000 年，KOF 金融全球化指数由 11 增长为 40。但是由于没有法规层面的配合，至今印度的事实开放指数依旧在 40 以下。

总体来看，金砖国家普遍面临较多的国内经济问题，如巴西经历过债

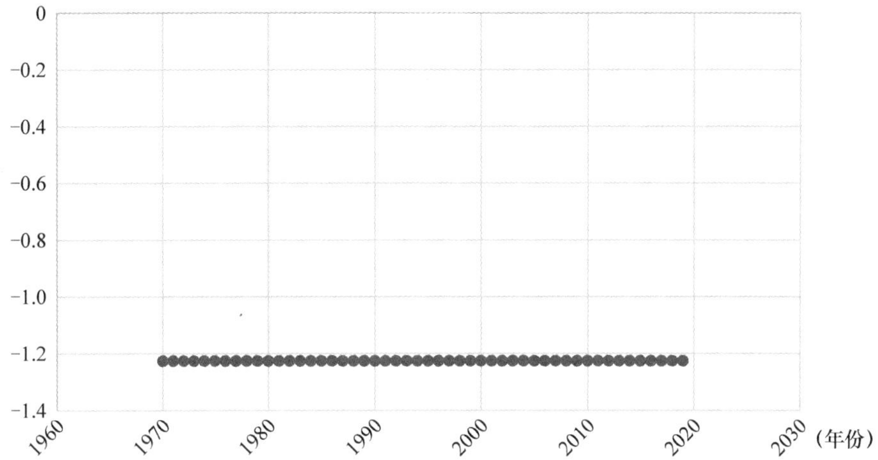

图 3－30　印度 KAOPEN 指数

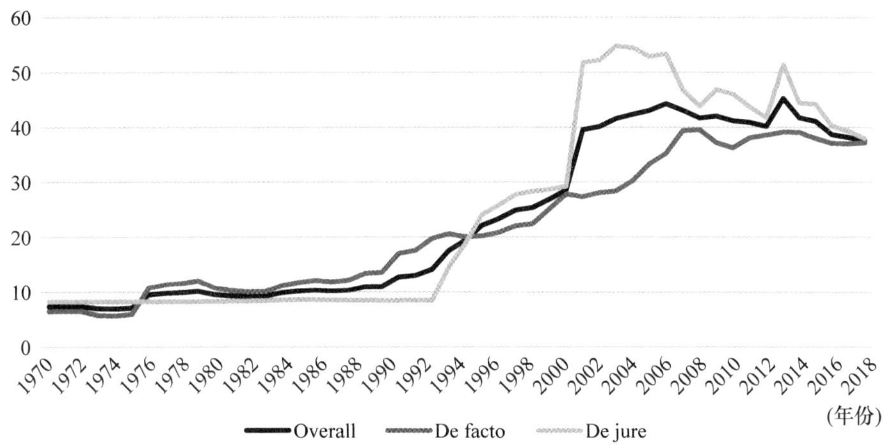

图 3－31　印度 KOF 金融全球化指数

务危机、俄罗斯为计划经济转型国家等，这些问题的存在阻碍了本国的资本市场开放进程。但是金砖国家经济体在解决自身问题后普遍进入资本市场开放改革快车道，在这其中政府的事实层面的放松管制起了较大作用。金砖国家经济体面临的下一阶段问题主要是法规层面的制度改革与建设，更好的制度建设将支撑起金砖国家的新一轮资本市场开放进程和经济的起飞。

第三节　其他发展中国家资本市场开放的实践

20 世纪 70 年代以来，发展中国家资本市场开放开始起步，经过几十年的发展，已经取得了一定的成就，如图 3 - 32 所示。根据 Kose 等的统计，[①] 虽然从法律的自由化来看，该指数基本上从 0.2 缓慢上升到了 2004 年的0.4，但是，事实的资本市场开放指标已经由 1970 年的 50 上升到了 2004 年的 130 左右。

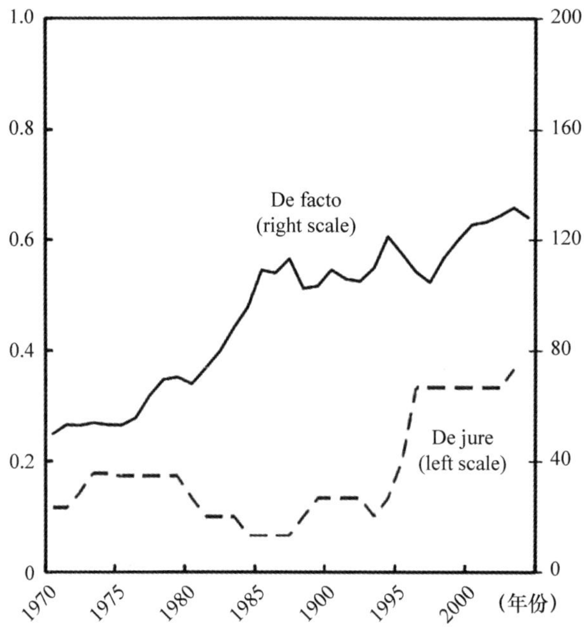

图 3 - 32　发展中国家的国家金融一体化进程

数据来源于 Lane 和 Milesi - Ferretti 以及 Kose 等：Lane，P. R. and G. M. Milesi - Ferretti，"The External Wealth of Nations Mark Ⅱ：Revised and Extended Estimates of Foreign Assets and Liabilities，1970 - 2004"，*Journal of International Economics*，Vol. 73，No. 2，2007；Kose，M. A.，Prasad，E.，Rogoff，K.，and Wei，S. J.，"Financial Globalization：a Reappraisal"，*IMF Staff Papers*，Vol. 56，No. 1，2009。

① Kose，M. A.，Prasad，E.，Rogoff，K.，and Wei，S. J.，"Financial Globalization：a Reappraisal"，*IMF Staff Papers*，Vol. 56，No. 1，2009.

图 3－33 描述的是根据 Abraham 和 Schmukler 的统计，[①] 发展中国家的证券、FDI 和债务的跨境资本流动规模占 GDP 的比重。可以看到，该比重已经由 1970 年的 30% 左右上涨到了 2009 年的 120% 左右。受美国次贷危机的影响，该比重开始有所下降。但总体来看，发展中国家的资本市场开放已经有了很大进步。与发达国家相比，仍然有较大差距。2006 年开始，发达国家跨境资本流动规模占 GDP 的比重基本维持在了 450%，远高于发展中国家水平。因此，发展中国家的资本市场开放还有很长一段路要走。本节将选取代表性的发展中国家，如墨西哥、泰国、智利和印度尼西亚等国家，对发展中国家的资本市场开放进行描述。

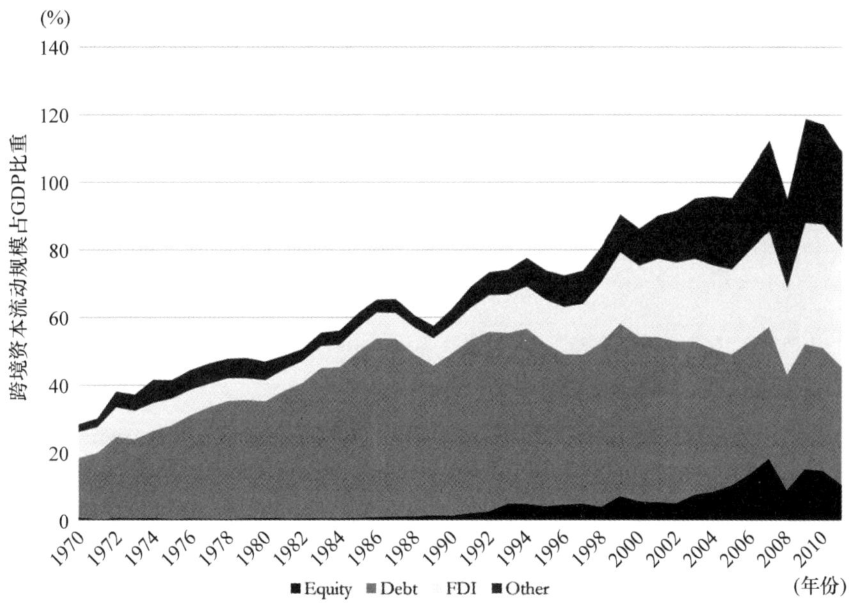

图 3－33 发展中国家的跨境资本流动占 GDP 比重

数据来源于 Abraham F. and S. L. Schmukler，"Financial Globalization：A Glass Half Empty?"，*Handbook of Finance and Development*，2018。

一 墨西哥的资本市场开放

从 KAOPEN 指数来看，如图 3－34 所示，20 世纪 70 年代墨西哥的资

① Abraham F. and S. L. Schmukler，"Financial Globalization：A Glass Half Empty?"，*Handbook of Finance and Development*，2018.

本市场开放程度较高，基本维持在 2.32 的高水平。进入 80 年代后，墨西哥的 KAOPEN 指数陡降至 1986 年的 -1.92 谷底后，到了 90 年代又回升至 -0.85，这种变化可以解读为墨西哥政府在 80 年代收紧了对资本账户的管制程度。进入 90 年代后，墨西哥的 KAOPEN 指数恢复正常水平，稳定在 1.04 左右。

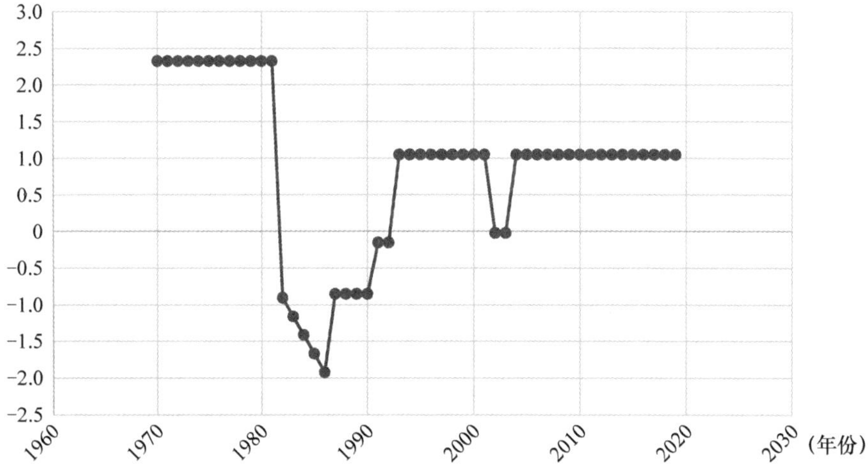

图 3-34　墨西哥 KAOPEN 指数

KOF 金融全球化指数的表现与 KAOPEN 指数的表现类似，如图 3-35 所示。20 世纪 70 年代较为稳定，80 年代波动比较大。1994 年爆发的墨西哥金融危机也使得 KOF 金融全球化指数显著下降。金融危机发生后，墨西哥政府开始健全金融体制。总的来说，虽然经历了一次金融危机，但墨西哥的资本市场开放程度在发展中国家中依然处于前列。

二　泰国的资本市场开放

20 世纪 70 年代泰国的资本市场开放水平较低，如图 3-36 所示。泰国政府在 1990 年 5 月接受了国际货币基金协议第八条款，并在 1990 年 5 月、1991 年 4 月、1993 年 5 月、1994 年 1 月连续 4 次采取政策措施，快速推进资本账户自由化进程。但是由于受到 20 世纪 90 年代东南亚金融危机的影响，泰国的资本市场开放程度一直很低，2010 年时 KAOPEN 指数甚至下降到了 -1.2。总体来看，泰国依然对资本账户实行较大程度的管制。

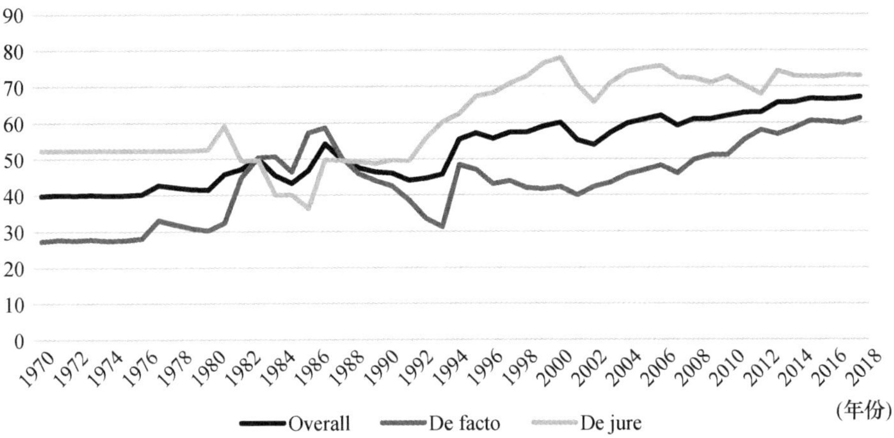

图 3－35　墨西哥 KOF 金融全球化指数

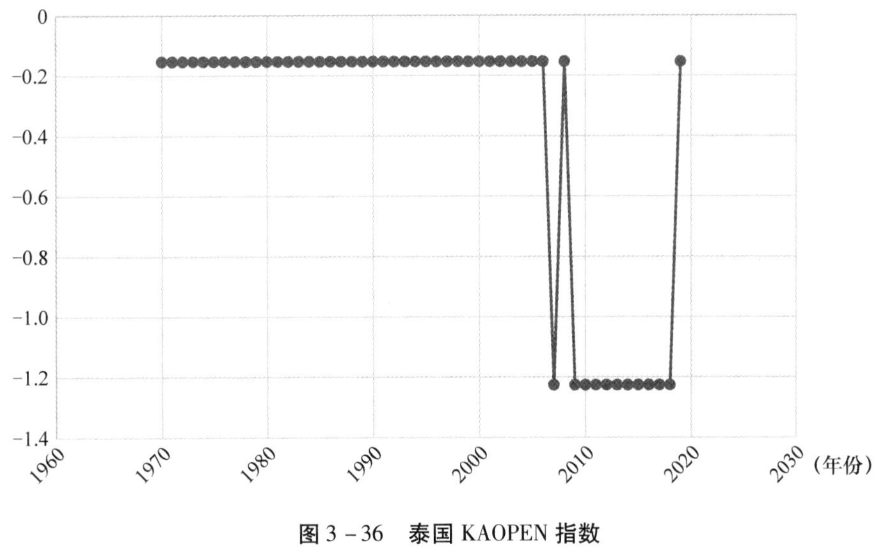

图 3－36　泰国 KAOPEN 指数

如图 3－37 所示，从 KOF 金融全球化指数来看，20 世纪 70 年代以来一直稳步上升。2000 年后 KOF 金融全球化指数有所下降，但很快基本维持在了（40，70）的水平。泰国的资本市场开放尚有较大改革空间，完善金融制度体系对于泰国来说是一个重要议题。

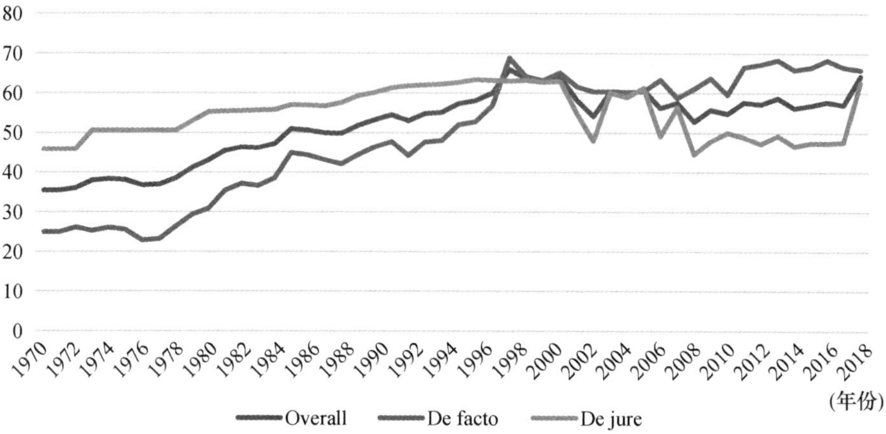

图 3－37　泰国 KOF 金融全球化指数

三　智利的资本市场开放

20 世纪 70 年代中期智利率先在拉美实行了新自由主义经济改革。从 1974 年起智利推出了开放个人和企业资本项目交易的许多措施。如允许外资银行在智利设立分支机构和开展业务，在对银行引入外资的期限和外资头寸实行一定限制的条件下允许通过银行引入外资等。这些改革在法规与事实两个维度上均得到了体现，如图 3－38 所示，KAOPEN 指数在 20 世纪 70 年代前半段尚在－1.92 低位，后半段便拉升至－0.15。如图 3－39 所示，KOF 金融全球化指数在 70 年代横跨两个区间，由 1973 年的 29 攀升至 1980 年的 50，略显激进。所有指标都显示智利这时期改革步伐较大，埋下了不少隐患，这些隐患在 80 年代集中爆发。

银行海外融资的放开导致流入智利的外资成倍增长，但也使得实际汇率大幅升值、经常项目急剧恶化。这迫使智利政府于 1982 年重新加强了对资本项目的控制并进行了为期 3 年的调整。在此时期，KAOPEN 指数重回－1.92 高监管状态并一直持续至 90 年代。KOF 金融全球化指数小幅下滑至（45，50）区间，但并没有出现大起大落。

随着智利经济状况的逐步好转，智利政府重新启动了资本项目开放进程。虽然 KAOPEN 指数在 20 世纪 90 年代没有出现显著变化。但在 KOF 金融全球化指数上可以看到智利的开放进程渐入佳境，在 1992 年该指数尚为

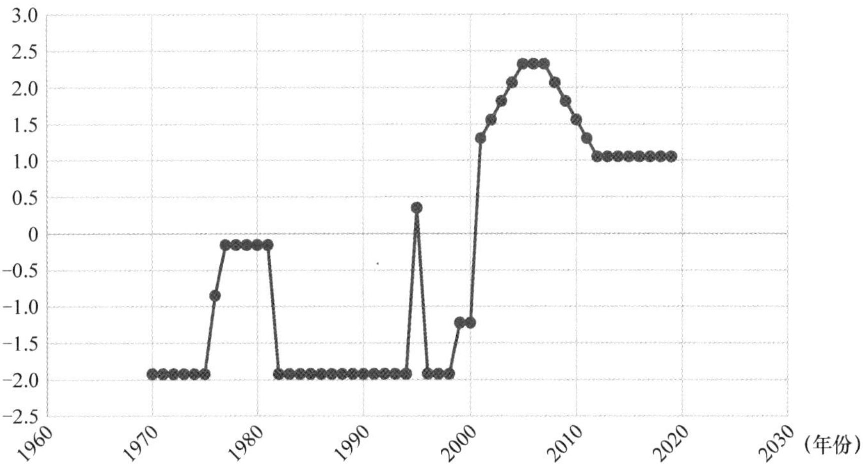

图 3－38　智利 KAOPEN 指数

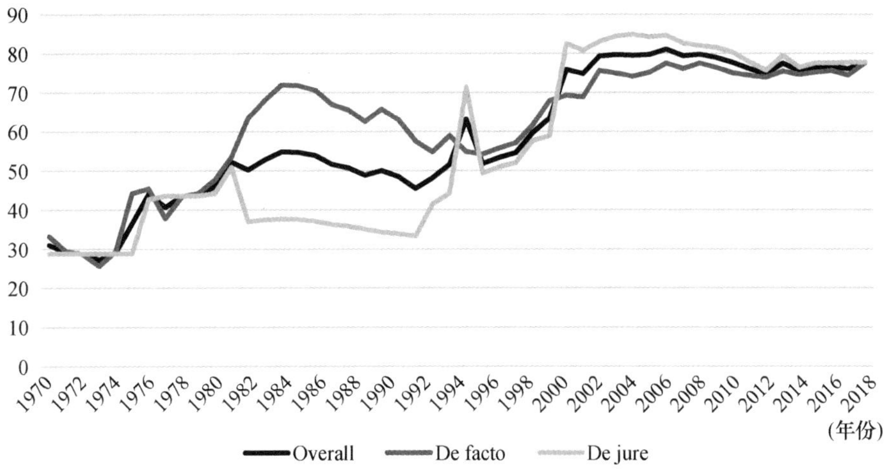

图 3－39　智利 KOF 金融全球化指数

45，但在 2001 年已经增长至 83，在事实层面智利的开放进程取得突出成绩。

进入 21 世纪后，智利的 KAOPEN 指数一度达到 2.32 开放程度，但随后由于美国次贷危机的影响又迫使智利政府加强管制，该指数回落至 1.04 并持续至今。KOF 金融全球化指数整体也基本维持在 80 左右，属于高水平开放程度。总体来说，智利的资本市场开放水平在发展中国家当中是比较高的。

四　印度尼西亚的资本市场开放

印度尼西亚的资本市场开放始于1967年，起步阶段印度尼西亚政府逐步放宽对资金流入的限制，不断扩大外商投资的准入领域。1982年和1988年先后实施的两次重大金融改革，初步建立了本国的市场化金融体系。此后，印度尼西亚开始逐步放松对外债和证券投资的管理。如图3－40所示，KAOPEN指数也随开放进程逐步走向高位，从1970年的0.36增长至20世纪70年代后期的1.11，进入80年代后达到2.32高开放水平。如图3－41所示，KOF金融全球化指数在温和管制下一直是稳定地增长。在随后的亚洲金融危机中，印度尼西亚遭遇了严重挫折，出现了大规模的资本外流，印度尼西亚政府加强了危机期间的资本项目管制。KAOPEN指数也明显降低，由1997年的1.81降至1998年的0.86。KOF金融全球化指数在1998年开始明显下降。

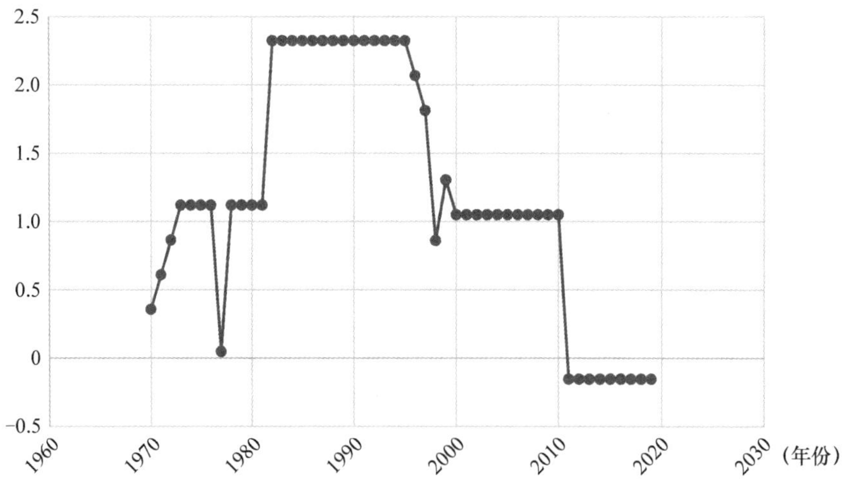

图3－40　印度尼西亚KAOPEN指数

亚洲金融危机之后，印度尼西亚加快了资本账户的开放进程，不断取消各种限制措施，鼓励外商直接投资。21世纪的第一个十年，印度尼西亚

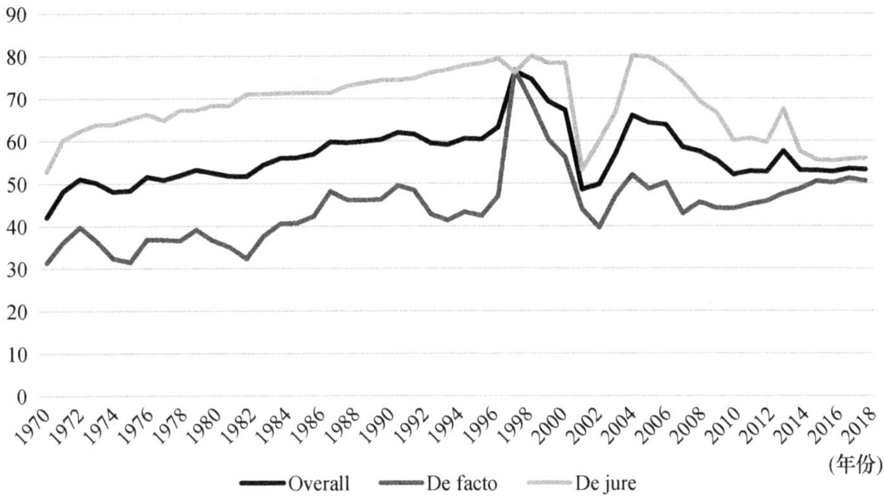

图 3-41 印度尼西亚 KOF 金融全球化指数

的 KAOPEN 指数维持在 0.86，KOF 金融全球化指数开始缓慢上升。2008 年美国次贷危机后，印度尼西亚的资本市场开放进程趋缓。

总体来看，发展中国家的资本市场开放进程差异较大。其中，智利、墨西哥等国家近年来资本市场开放进程较快，其他国家则较为缓慢。但总体也表现出来一些共同点，如金融危机过后各国一般会收紧本国的资本市场开放进程。发展中国家存在的问题是资本市场体量太小以及制度建设不健全，并与本国资本项目开放现状不匹配等，这导致其自身抗风险能力不足，很容易受到外来负面冲击的影响。如墨西哥、泰国在开放进程中均发生了金融危机，暴露出发展中国家资本市场开放的脆弱性。因此，对发展中国家的资本市场开放来说，在开放进程中降低系统性风险、抵御非系统性风险比盲目通过开放来追求一时的经济增长更为重要。

第四节 本章小结

通过采用 Chinn 和 Ito 构建的衡量资本市场开放程度的 KAOPEN 指数

以及 Gygli 等构建的修正后的 KOF 金融全球化指数,[①] 本章对发达国家、金砖国家以及其他发展中国家的资本市场开放进程进行了描述性分析，较为直观地刻画出了各种不同类型发展水平国家资本市场开放的实践经历与存在的问题。总体来看，从对发达国家资本市场开放的进程的描述中不难看出，除战后新兴发达国家（如以色列、韩国）外，发达国家整体均有深厚的资本市场发展历史与金融市场改革经验。尤其是2000 年来，发达国家加快了资本市场开放的进程。虽然在资本市场开放进程中出现了金融风险事件，但总的来说发达国家的转型过程较为成功。从全球来看，发达国家的资本市场开放程度仍然是最高的。而对金砖国家来说，普遍面临较多的国内经济问题，如巴西经历过债务危机、俄罗斯为计划经济转型国家等，这些问题的存在阻碍了金砖国家的资本市场开放进程。但是金砖国家在解决自身问题后均进入自由化改革快车道，在这其中政府的事实层面的放松管制起了较大作用。金砖国家经济体面临的下一阶段问题主要是法规层面的制度改革与建设，更好的制度建设将支撑起金砖国家的新一轮资本市场开放进程和经济的起飞。其他发展中国家资本市场开放进程差异较大，智利、墨西哥等国家近年来资本市场开放进程较快，其他国家则较为缓慢。但总体也表现出来一些共同点，如金融危机过后各国一般会收紧本国的资本市场开放进程。发展中国家存在的问题是资本市场体量太小以及制度建设不健全，并与本国资本项目开放现状不匹配等，这导致其自身抗风险能力不足，很容易受到外来冲击影响。如墨西哥、泰国在开放进程中均发生了金融危机，暴露出其他发展中国家资本市场开放的脆弱性。

因此，对发展中国家的资本市场开放来说，在推进资本市场开放的同时，要注意完善好本国的法律法规体系，提升金融业抵御风险的能力，才能更好地降低开放所引致的潜在风险，并享受开放所带来的收益。在一国进行资本市场开放的进程中，渐进式开放模式具有较强的稳定性和可操作性。同时要注意，完善好本国的法律法规体系及制度建设，要与同时的资本市场开放改革相适应。而且，法律监管或管制手段在抵御外来冲击、维护本国金融安全上不可或缺。

---

① Chinn, M. D. and H. Ito, "A New Measure of Financial Openness", *Journal of Comparative Policy Analysis*, Vol. 10, No. 3, 2008; Gygli, S., Haleg, F., Potrafke, N. and J., Sturm, "The KOF Globalisation Index – revisited", *The Review of International Organizations*, Vol. 14, No. 3, 2019.

第四章

跨境资本流动影响国家金融安全的理论基础

本章主要梳理了跨境资本流动与国家金融安全的相关研究文献。同时，通过构建理论分析框架，综合分析了跨境资本流动影响国家金融安全的作用机制，进而为后续的实证分析奠定基础。

第一节　相关文献

一　跨境资本流动的经济效应

关于跨境资本流动的经济效应，国内外众多学者从不同角度进行了广泛的研究。从宏观层面来看，学者们主要分析了跨境资本流动对经济发展和经济波动的影响。① Reinhart 和 Reinhart 的研究指出跨境资本流动对经济增长的促进作用在新兴经济体和发达经济体之间存在异质性。② Aizenman 等指出经济增长与跨境资本流动之间的关系取决于跨境资本流动的类型、国家经济结构和经济增长模式。③ 具体来看，FDI 能够显著促进经济增长，并且起到平抑波动的效果；而证券投资与经济增长的关系不显著；短期债务甚至在金融危

① Acharya, S. and J. Bengui, "Liquidity Traps, Capital Flows", *Journal of International Economics*, Vol. 114, 2018; Park, S. and J. Yang, "Relationships Between Capital Flow and Economic Growth: A Network Analysis", *Journal of International Financial Markets, Institutions and Money*, Vol. 72, 2021.

② Reinhart, C. M. and Reinhart, V. R., "Capital Inflows and Reserve Accumulation: The Recent Evidence", *NBER Working Paper*, No. w13842, 2008.

③ Aizenman, J., Y. Jinjarak, and D. Park, "Capital Flows and Economic Growth in the Era of Financial Integration and Crisis, 1990 - 2010", *Open Economies Review*, Vol. 24, No. 3, 2013.

机期间抑制经济增长。彭红枫等的研究则指出跨境资本流动对经济增长的影响存在门槛效应。① Park 和 Yang 分析了 2002 年至 2018 年 65 个国家/地区跨境资本流动的复杂结构，并验证了跨境资本流动的经济增长效应。② 此外，曾松林等还证实不同资本项目的流动对经济增长的影响是不同的。③ Islamaj 和 Kose 发现跨境资本流动主要通过促进全球金融市场的借贷来增加国际风险分担。④ 童相彬和张书华的研究表明跨境资本流动能够降低宏观经济波动，⑤ 但是何国华和陈晞却发现跨境资本流动会加剧金融波动。⑥

从中观层面来看，学者们主要分析了跨境资本流动对金融市场、外汇市场的影响。⑦ 已有研究发现跨境资本流动有助于消解金融市场存在的金融压抑，使真实利率下降到竞争性均衡水平。⑧ 进一步地，跨境资本流动可以加剧金融市场竞争，从而促使一国金融系统改革创新、提升效率、优化服务，促进该国金融市场的发展。⑨ 此外，跨境资本流动能够增加本国

---

① 彭红枫、商璨、肖祖沔：《分类资本账户开放、制度质量与经济增长》，《国际贸易问题》2020 年第 9 期。

② Park，S. and J. Yang，"Relationships Between Capital Flow and Economic Growth：A Network Analysis"，*Journal of International Financial Markets*，*Institutions and Money*，Vol. 72，2021.

③ 曾松林、吴青青、黄赛男：《极端国际资本流动的经济影响与政策启示——基于资本账户子项目的视角》，《国际金融研究》2021 年第 8 期。

④ Islamaj，F. and M. A. Kose，"What Types of Capital Flows Help Improve International Risk Sharing?"，*Journal of International Money and Finance*，Vol. 122，2022.

⑤ 童相彬、张书华：《跨境资本流动、系统性风险与宏观经济波动》，《经济体制改革》2021 年第 4 期。

⑥ 何国华、陈晞：《跨境资本流动会加大金融波动吗?》，《国际金融研究》2020 年第 3 期。

⑦ 杨海珍、李苏骁、史芳芳：《中国资本账户开放进程中跨境证券投资对国内金融市场的影响》，《经济理论与经济管理》2017 年第 10 期；彭红枫、祝小全：《短期资本流动的多重动机和冲击：基于 TVP - VAR 模型的动态分析》，《经济研究》2019 年第 8 期；钟永红、王雪婷：《跨境资本流动与汇率波动的长期动态关系分析》，《金融论坛》2019 年第 8 期；Pandolfi，L. and T. Williams，"Capital Flows and Sovereign Debt Markets：Evidence from Index Rebalancings"，*Journal of Financial Economics*，Vol. 132，No. 2，2019；路妍、张寒漪：《短期国际资本流动对人民币汇率波动的影响——基于 Markov Switching - VAR 方法的分析》，《商业研究》2020 年第 8 期。

⑧ Gruben，W. C. and D. McLeod，"Capital Account Liberalization and Inflation"，*Economics Letters*，Vol. 77，No. 2，2002.

⑨ Bekaert，G.，C. R. Harvey，and C. Lundblad，"Growth Volatility and Financial Liberalization"，*Journal of International Money and Finance*，Vol. 25，No. 3，2006；Eichengreen，B.，R. Gullapalli，and U. Panizza，"Capital Account Liberalization，Financial Development and Industry Growth：A Synthetic View"，*Journal of International Money and Finance*，Vol. 30，No. 6，2011；Naghavi，N. and W. Lau，"Financial Liberalization and Stock Market Efficiency：Causality Analysis of Emerging Markets"，*Global Economic Review*，Vol. 45，No. 4，2016.

政府的外在压力，进而为金融基础设施和政策制度的改革创造更大的激励。① 从信贷市场来看，Baskaya 等发现跨境资本流入规模比较大时会增加国内的信贷供给。Mara 等也证实了印度尼西亚的资本流入显著促进了该国的信贷规模。② 但是，资本流入的增加可能不利于金融或银行体系的稳定性。③ 杨海珍等就证实跨境资本净流入的上升减少了银行稳健性。④ 顾海峰和卞雨晨使用中国城商行的数据进行的实证研究表明，跨境资本流动通过银行流动性错配降低了银行的稳定性。⑤ 从外汇市场来看，陈中飞等证实在汇率高估或低估时，跨境资本流动对汇率失衡的影响是不一样的。王金明和王心培的研究也表明跨境资本双向流动会影响外汇市场的稳定。⑥

从微观层面来看，学者们研究了跨境资本流动对企业融资约束、投资效率、固定资产投资等因素的影响。总体而言，跨境资本流动能够缓解企业面临的融资约束，⑦ 这种缓解作用的渠道主要包括金融信贷、商业信用和股权融资等。⑧

① Bekaert, G., C. R. Harvey, and C. Lundblad, "Growth Volatility and Financial Liberalization", *Journal of International Money and Finance*, Vol. 25, No. 3, 2006；陆军、熊衍飞：《资本账户开放、制度质量与经济增长》，《金融论坛》2014 年第 11 期。

② Baskaya, Y. S., Giovanni, J. D., Kalemli - Ozcan, S., Peydró, J. L., and Ulu, M. F., "Capital Flows and the International Credit Channel", *Journal of International Economics*, Vol. 108, 2017；Mara, M. Y. I., Purwanto, N. M. A., Kurniati, I. N., Fauziah, N. R., and Aqmaliyah, E., "Capital Flow and Banking Credit in Indonesia", *Economic Modelling*, Vol. 95, 2021.

③ 顾海峰、于家珺：《跨境资本流动加剧了银行信贷风险吗——基于资本流入、流出与总量的考察》，《国际贸易问题》2020 年第 9 期。

④ 杨海珍、李苏骁、史芳芳：《中国资本账户开放进程中跨境证券投资对国内金融市场的影响》，《经济理论与经济管理》2017 年第 10 期。

⑤ 顾海峰、卞雨晨：《跨境资本流动、贷款集中与银行系统性风险：如何理解宏观审慎政策和国际金融环境的作用?》，《世界经济研究》2021 年第 10 期。

⑥ 陈中飞、范春嫦、李珂欣、李佳阳：《资本流动与汇率失衡——基于跨国经验的实证分析》，《金融论坛》2021 年第 6 期；王金明、王心培：《跨境资本双向流动影响外汇市场稳定吗》，《国际贸易问题》2021 年第 10 期。

⑦ Harrison, A. E., I. Love, and M. S. McMillan, "Global Capital Flows and Financing Constraints", *Journal of Development Economics*, Vol. 75, No. 1, 2004；Forbes, K. J., "One Cost of the Chilean Capital Controls: Increased Financial Constraints for Smaller Traded Firms", *Journal of International Economics*, Vol. 71, No. 2, 2007；Alfaro, L. and M. X. Chen, "The Global Agglomeration of Multinational Firms", *Journal of International Economics*, Vol. 94, No. 2, 2014.

⑧ 罗子嫄、靳玉英：《资本账户开放对企业融资约束的影响及其作用机制研究》，《财经研究》2018 年第 8 期。

Gelos 和 Werner 以及 Laeven 的研究表明，① 跨境资本流动对企业融资约束的缓解作用存在企业规模异质性，跨境资本流动对中小型企业融资约束的缓解作用更为显著。可能是因为大型企业在跨境资本流动之前已获得足够的信贷支持。另外，还有学者研究认为跨境资本流动能够提高企业全要素生产率，继而提高企业的投资效率。② Gopinath 等研究发现金融自由化显著降低了资本资源错配，进而提高了企业生产率。③ 张原劼和施建淮指出，银行业跨境资本净流入的波动性增加将会对企业的固定资产投资产生抑制作用。④ 与此同时，企业的金融资产将增加，而且这一现象在制造业企业和融资约束较高的企业中更为明显。李力等也对跨境资本流动与企业投资行为之间的关系进行了探讨，他们发现企业投资在短期资本流入的推动下有扩张趋势，而如果跨境资本流出就会导致企业投资的下降，而且这一现象在金融危机的情况下更加明显。⑤

二　国家金融安全的界定与指标构建

（一）国家金融安全的界定

国外文献中并没有与国家金融安全直接相关的概念，与之相近的概念是“金融稳定”（Financial Stability）。而且至今也没有取得对金融稳定的一致性认识，更多的是从金融稳定的反面“金融不稳定”（Financial Instability）、“金融脆弱性”（Financial Fragility）、“金融危机”（Financial Crisis）等方面进行论述。关于金融稳定比较权威的解释来自欧洲中央银行，

---

① Gelos, R. G. and A. M. Werner, “Financial Liberalization, Credit Constraints, and Collateral: Investment in the Mexican Manufacturing Sector”, *Journal of Development Economics*, Vol. 67, No. 1, 2002; Laeven, L., “Does Financial Liberalization Reduce Financing Constraints?”, *Financial Management*, Vol. 32, No. 1, 2003.

② Bonfiglioli, A., “Financial Integration, Productivity and Capital Accumulation”, *Journal of International Economics*, Vol. 76, No. 2, 2008; Bekaert, G., C. R. Harvey, and C. Lundblad, “Financial Openness and Productivity”, *World Development*, Vol. 39, No. 1, 2011.

③ Gopinath, G., Kalemli - Ozcan, E., Karabarbounis, L., and Villegas - Sanchez, C., “Capital Allocation and Productivity in South Europe”, *The Quarterly Journal of Economics*, Vol. 132, No. 4, 2017.

④ 张原劼、施建淮：《银行业跨境资本流动对企业投资的影响》，《国际经贸探索》2020 年第 7 期。

⑤ 李力、温来成、唐遥、张偲：《货币政策与宏观审慎政策双支柱调控下的地方政府债务风险治理》，《经济研究》2020 年第11 期。

其关于金融稳定的表述为：金融稳定是指一种金融环境，在这种环境下，金融体系的主要要素——金融机构、金融市场及金融基础设施——都能运行良好，面对各种冲击而不会降低储蓄向投资转化的效率。[①]

而国内对金融安全的讨论兴起于1997年亚洲金融危机之后，较早对金融安全进行界定的学者包括王元龙和梁勇。[②] 蒋海和傅建辉将王元龙的观点总结为货币资金融通安全观，将梁勇的观点总结为国家利益安全观。[③] 他们认为王元龙的观点强调金融安全的广泛性，凡是与影响金融体系正常运行的变量都属于金融安全的范畴；而梁勇的观点更强调国家金融主权，他们自身倾向于将金融安全描述为金融体系动态稳定运行状态，这一金融安全观来自刘沛和卢文刚。[④] 中国人民银行金融稳定分析小组在《中国金融稳定报告（2005）》中指出，[⑤] 金融稳定是指金融体系处于能够有效发挥其关键功能的状态。在这种状态下，宏观经济健康运行，货币和财政政策稳健有效，金融生态环境不断改善，金融机构、金融市场和金融基础设施能够发挥资源配置、风险管理、支付结算等关键功能，而且在受到内外部因素冲击时，金融体系整体上仍然能够平稳运行。顾海兵和夏梦给出了基于经济安全的国家金融安全观，认为金融安全是经济安全的子系统，金融安全的目的是有效服务于实体经济。张金清等基于部门流动性风险提出新的金融安全观，认为金融安全就是经济体中各部门流动性充裕，从而使金融体系保持正常运行的发展的状态。[⑥]

（二）国家金融安全的指标构建

国外学者更多的是构建一系列指标来对金融危机进行衡量。其中，国

---

① Duisenberg, W. F., "Europe's Contribution to the Stability of Financial Markets", *Intereconomics*, Vol. 36, No. 2, 2001.

② 王元龙：《我国对外开放中的金融安全问题研究》，《国际金融研究》1998年第5期；梁勇：《对外开放与维护我国的国家经济安全》，《学术月刊》1999年第7期。

③ 蒋海、傅建辉：《金融安全理论述评》，《学术研究》2008年第7期。

④ 刘沛、卢文刚：《金融安全的概念及金融安全网的建立》，《国际金融研究》2001年第11期。

⑤ 中国人民银行：《中国金融稳定报告（2005）》，2005年。

⑥ 顾海兵、夏梦：《基于国家经济安全的金融安全指标的选取研究》，《国家行政学院学报》2011年第5期；张金清、张剑宇、聂雨晴、孙大钊：《中国金融安全评估：2000—2019年——基于部门流动性资产负债表的分析框架》，《管理世界》2021年第6期。

际货币基金组织（IMF）总结亚洲金融危机经验后给出的关于金融危机预警指标比较具有代表性，选取的指标包括短期外债/外汇储备、经常项目逆差/GDP、消费占比、财政赤字/GDP、资本流入结构、汇率以及货币供应量等。① Kaminsky 等构建了包括过度借贷周期、银行挤兑等六大类 20 个指标体系来预测货币危机和银行危机。② Edison 在 Kaminsky 等的研究基础上，又增加了广义货币与外汇储备水平值比例等指标来预测金融危机。③进一步地，国内学者对国家金融安全研究得较多，学者们也通过一系列方法来构建国家金融安全指标体系。④ 如姜洪和焦津强就指出，应当考虑国际储备与外债总额的比例、当年还本付息额与国际储备的比例和短期外债与国际储备的比例来综合构建国家金融安全体系。⑤ 何建雄指出应从微观审慎指标、中间指标和宏观审慎指标三个层次来构建金融安全预警系统。刘锡良和孙磊在考察中国经济转轨时期的金融安全状况时，提出了包含 24 个金融经济指标在内的核心评价指标集。⑥ 顾海兵和夏梦给出了基于金融安全条件和金融安全能力的 13 个指标来综合构建金融安全体系，包括了外资银行在华资产占中国银行业金融机构总资产的比重、外债偿债率等。⑦郑柏清和周先波采用层次分析法构建了金融预警指数来衡量国家金融安全水平。⑧ 蒋海和苏立维通过采用微观金融稳健经营指标、宏观经济指标和国际金融市场指标三大类 17 个金融经济指标，并采用德尔菲法与主成分分

---

① Masson, P., "Contagion: Macroeconomic Models with Multiple Equilibria", *Journal of International Money and Finance*, Vol. 18, No. 4, 1999.

② Kaminsky, G., S. Lizondo, and C. M. Reinhart, "Leading Indicators of Currency Crises", *IMF Staff Papers*, Vol. 45, No. 1, 1998.

③ Edison, H. J., "Do Indicators of Financial Crises Work? An Evaluation of an Early Warning System", *International Journal of Finance & Economics*, Vol. 8, No. 1, 2003; Kaminsky, G., S. Lizondo, and C. M. Reinhart, "Leading Indicators of Currency Crises", *IMF Staff Papers*, Vol. 45, No. 1, 1998.

④ 叶莉、陈立文、王树强：《河北省金融安全监测预警系统的构建》，《统计与决策》2007 年第 20 期。

⑤ 姜洪、焦津强：《国家金融安全指标体系研究》，《世界经济》1999 年第 7 期。

⑥ 何建雄：《建立金融安全预警系统：指标框架与运作机制》，《金融研究》2001 年第 1 期；刘锡良、孙磊：《金融结构视角中的金融安全论》，《经济学动态》2004 年第 8 期。

⑦ 顾海兵、夏梦：《基于国家经济安全的金融安全指标的选取研究》，《国家行政学院学报》2011 年第 5 期。

⑧ 郑柏清、周先波：《金融安全、全球化与经济增长：来自发展中国家的经验》，《南方经济》2011 年第 7 期。

析法确定权重后估算中国金融安全指数。周海欧和肖茜给出了基于表现和能力的金融稳定测度指标体系，其中二级指标 2 个，三级指标 16 个。[①] 张安军以及贾晓俊和李孟刚分别使用熵值法和综合指数法构建了中国的国家金融安全预警体系。[②]

三　国家金融安全的影响因素

围绕影响国家金融安全的因素，学者们讨论比较多的是金融制度、金融开放以及金融自由化等方面。[③] 关于金融制度对国家金融安全的影响的相关研究，主要围绕汇率制度展开。传统汇率理论认为浮动汇率制度对外部冲击有一定的隔离作用，而且能够保证货币政策独立性，[④] 有利于国家金融安全。尤其是亚洲金融危机中，固定汇率制度成了货币危机和银行危机爆发的原因。[⑤] Stiglitz 就认为在资本账户开放的同时维持固定汇率制度，是引起 1997 年亚洲金融危机的重要原因。[⑥] 但是"三元悖论"受到了 Rey

---

① 蒋海、苏立维：《中国金融安全指数的估算与实证分析：1998—2007》，《当代财经》2009 年第 10 期；周海欧、肖茜：《我国金融稳定测度与因素分析（1994—2013）——基于"表现"和"能力"综合评价的视角》，《当代财经》2015 年第 1 期。

② 张安军：《国家金融安全动态监测分析（1992—2012 年）》，《国际金融研究》2014 年第 9 期；张安军：《国家金融安全动态预警比较分析（1992—2011 年）》，《世界经济研究》2015 年第 4 期；贾晓俊、李孟刚：《中国金融安全指数合成实证分析》，《当代财经》2015 年第 1 期。

③ Bhattacharya, S., Tsomocos, D. P., Goodhart, C., and Vardoulakis, A., "Minsky's Financial Instability Hypothesis and the Leverage Cycle", *Social Science Electronic Publishing*, 2011; Bouis, R., Rawdanowicz, L., Renne, J. P., Watanbe, S., and Christensen, A. K., "The Effectiveness of Monetary Policy Since The Onset of The Financial Crisis", *OECD Economics Department Working Papers*, 2013; Avgouleas, E., "Bank Leverage Ratios and Financial Stability: A Micro and Macroprudential Perspective", *Levy Economics Institute of Bard College Working Paper*, Vol. 849, 2015; 马勇、田拓、阮卓阳、朱军军：《金融杠杆、经济增长与金融稳定》，《金融研究》2016 年第 6 期。

④ Friedman, M. ed., *Essays in Positive Economics*, Chicago: University of Chicago Press, 1953; Mundell, R. A., "The Monetary Dynamics of International Adjustment Under Fixed and Flexible Exchange Rates", *The Quarterly Journal of Economics*, Vol. 74, No. 2, 1960; Obstfeld, M. and K. Rogoff, "Exchange Rate Dynamics Redux", *Journal of Political Economy*, Vol. 103, No. 3, 1995; Krugman, P., "Balance Sheets, the Transfer Problem, and Financial Crises", *International Tax and Public Finance*, Vol. 6, No. 4, 1999.

⑤ Reinhart, C. M., "Mirage of Floating Exchange Rates", *American Economic Review*, Vol. 90, No. 2, 2000.

⑥ Stiglitz, J. E., "Capital Market Liberalization, Economic Growth, and Instability", *World Development*, Vol. 38, No. 6, 2000.

的挑战，认为只要资本账户开放货币政策的独立性就很难保障，与汇率制度选择无关。[①] 朱琳和徐剑刚的实证研究发现，灵活的汇率制度能够在一定程度上减弱全球金融冲击的负面影响。[②] 此外，陈建青指出积极发展多层次资本市场有助于促进国家金融安全。[③]

关于金融开放的研究，学者们得出了不同的结论。一方面，研究认为金融开放会引起资产价格波动，汇率偏离实际水平，外汇储备过度粗放等，进而影响消费和进出口，从而加剧金融波动，[④] 而且在金融发展不健全时表现更为明显。[⑤] 另一方面，有学者认为金融开放对金融稳定的影响存在时间和区域异质性。[⑥] 时间上，短期来看金融开放加剧了金融波动，但长期来看金融开放提高了金融系统风险抵御能力，增强了金融安全水平。[⑦] 地区上来看，发达国家因为具有完善的金融市场、多元化的产品供给、有效的市场监管等，受金融开放的影响较小，但在发展中国家极易引发金融系统风险。还有学者专门研究某一特定领域开放对金融安全的影响，如王维安对银行业开放和国家金融安全的关系进行了探讨，认为银行业的开放会对国家的金融体制造成冲击。[⑧]

---

① Rey, H., "Dilemma Not Trilemma: The Global Financial Cycle and Monetary Policy Independence", *CEPR Discussion Papers*, 2015.

② 朱琳、徐剑刚：《汇率制度、全球金融冲击与新兴经济体短期跨境资本流动》，《中国流通经济》2018 年第 12 期。

③ 陈建青：《多层次资本市场与国家金融安全研究》，《学习与探索》2013 年第 10 期。

④ 马勇、王芳：《金融开放、经济波动与金融波动》，《世界经济》2018 年第 2 期。

⑤ Aghion, P., P. Bacchetta, and A. Banerjee, "Financial Development and the Instability of Open Economies", *Journal of Monetary Economics*, Vol. 51, No. 6, 2004; 贵丽娟、胡乃红、邓敏：《金融开放会加大发展中国家的经济波动吗？——基于宏观金融风险的分析》，《国际金融研究》2015 年第 10 期。

⑥ Klein, M. W. and G. P. Olivei, "Capital Account Liberalization, Financial Depth, and Economic Growth", *Journal of International Money and Finance*, Vol. 27, No. 6, 2008; Kaminsky, G. L. and S. L. Schmukler, "Short-run Pain, Long-run Gain: Financial Liberalization and Stock Market Cycles", *Review of Finance*, Vol. 12, No. 2, 2008.

⑦ 陈旺、黄家炜、汪澜：《金融开放与银行风险承担的异质性研究——基于 98 个国家的实证分析》，《国际金融研究》2020 年第 1 期。

⑧ 王维安：《银行业开放与国家金融安全》，《财经研究》2003 年第 12 期。

四　跨境资本流动与国家金融安全

跨境资本流动对金融体系稳定和外汇市场稳定具有重要影响,① 学者们也从不同视角进行了分析。关于跨境资本流入对国家金融安全的影响研究。有学者研究发现跨境资本流入对国家金融安全具有负面影响，主要通过以下途径：第一，汇率效应。资本大量流入，对本币的需求增加,② 引发外汇市场压力风险。③ 第二，破坏货币政策的有效性。④ 第三，资本流入突然中断通过金融摩擦和费雪效应引发金融危机。⑤ 第四，加剧金融业竞争，加大银行存贷期限错配程度，致使金融中介道德风险上升、金融机构过度借贷等冒险的行为。⑥ 通过“资产价格效应”，推动资产价格

---

① 谭小芬、李兴申：《跨境资本流动管理与全球金融治理》，《国际经济评论》2019 年第 5 期；金成晓、李岩松、姜旭：《跨境资本流动、宏观审慎管理与金融稳定》，《世界经济研究》2020 年第 3 期；王金明、王心培：《跨境资本双向流动影响外汇市场稳定吗》，《国际贸易问题》2021 年第 10 期；管涛、殷高峰：《开放没有回头路：中国应对资本流动冲击的经验及启示》，《国际经济评论》2022 年第 1 期；曹衷阳、关田田：《跨境资本流动对银行系统性风险影响的实证研究》，《河北经贸大学学报》2021 年第 6 期。

② Cardarelli, R., S. Elekdag, and M. A. Kose, “Capital Inflows: Macroeconomic Implications and Policy Responses”, *Economic Systems*, Vol. 34, No. 4, 2010；杨海珍、李苏骁、史芳芳：《中国资本账户开放进程中跨境证券投资对国内金融市场的影响》，《经济理论与经济管理》2017 年第 10 期。

③ 张春宝、石为华：《中国资本账户开放与外汇市场压力风险研究》，《世界经济与政治论坛》2015 年第 4 期。

④ 沈坤荣、汪建：《中国银行业开放的理论依据与预期效应研究》，《管理世界》2001 年第 5 期；王维安：《银行业开放与国家金融安全》，《财经研究》2003 年第 12 期；余永定：《货币金融理论与政策的重要创新——读盛松成等著〈社会融资规模理论与实践〉》，《中国金融》2014 年第 7 期；Rey, H., “Dilemma Not Trilemma: The Global Financial Cycle and Monetary Policy Independence”, *CEPR Discussion Papers*, 2015；严佳佳、曾金明：《跨境资本流动对货币政策有效性的影响研究——基于系统性风险视角的分析》，《经济理论与经济管理》2019 年第 8 期；高明宇、李婧：《短期跨境资本流动与货币政策独立性——基于新兴经济体的实证研究》，《现代经济探讨》2019 年第 10 期。

⑤ 范小云、潘赛赛、王博：《国际资本流动突然中断的经济社会影响研究评述》，《经济学动态》2011 年第 5 期；郑璇、罗明铭：《国际资本流动突然中断与货币危机——基于新兴市场国家的证据》，《财经科学》2016 年第 4 期。

⑥ 林毅夫、徐立新、寇宏、周叶菁、裴思纬：《金融结构与经济发展相关性的最新研究进展》，《金融监管研究》2012 年第 3 期；Boudias, R., “Capital Inflows, Exchange Rate Regimes and Credit Dynamics in Emerging Market Economies”, *International Economics*, Vol. 143, 2015；何国华、李洁：《跨境资本流动的国际风险承担渠道效应》，《经济研究》2018 年第 5 期；Dinger, V. and D. M. Te Kaat, “Cross - border Capital Flows and Bank Risk - taking”, *Journal of Banking & Finance*, Vol. 117, 2020；顾海峰、卞雨晨：《跨境资本流动、贷款集中与银行系统性风险：如何理解宏观审慎政策和国际金融环境的作用?》，《世界经济研究》2021 年第 10 期。

的上升,[①] 引发股市和房地产泡沫，最终导致金融危机。[②] 但也有学者认为跨境资本流入会提高国家金融安全。跨境资本流入会促进国内金融制度改革、优化金融结构，提高金融业运行效率和竞争力，推动金融监管改进,[③] 或通过竞争机制提高金融发展水平、增强政策有效性。[④] 关筱谨等也证实，跨境资本的流入在短期内降低了中国系统性金融风险水平。[⑤] 张瑜和朱衣豪使用 SV - TVP - VAR 模型进行的实证分析证实短期跨境资本流入会使系统性金融风险下降。[⑥] Phelan 和 Toda 通过构建含有两国的一般均衡模型并分析得出，跨境资本流入导致本国较低的利率和大规模的安全资产的供给。[⑦] 最后，跨境资本流入对国家金融安全的影响可能取决于资本流入国的市场环境条件。[⑧]

关于跨境资本流出对国家金融安全的影响研究。学者们普遍发现资本

---

① 刘莉亚:《境外“热钱”是否推动了股市、房市的上涨?——来自中国市场的证据》,《金融研究》2008 年第 10 期; Calvo, G., “Financial Crises and Liquidity Shocks a Bank - run Perspective”, *European Economic Review*, Vol. 56, No. 3, 2012; Tillmann, P., “Capital Inflows and Asset Prices: Evidence from Emerging Asia”, *Journal of Banking & Finance*, Vol. 37, No. 3, 2013; Taguchi, H., Sahoo, P., and Nataraj, G., “Capital Flows and Asset Prices: Empirical Evidence from Emerging and Developing Economies”, *International Economics*, Vol. 141, 2015.

② 李巍:《金融发展、资本账户开放与金融不稳定——来自中国的证据》,《财经研究》2007 年第 11 期; 李成、白璐:《资本项目开放、金融风险传导与危机临界点预测》,《金融论坛》2013 年第 4 期; Obstfeld, M., J. D. Ostry, and M. S. Qureshi, “A Tie That Binds: Revisiting the Trilemma in Emerging Market Economies”, *Review of Economics and Statistics*, Vol. 101, No. 2, 2019.

③ 范从来:《银行业开放:焦点、冲击和策略取向》,《南京社会科学》2000 年第 3 期; 徐振东:《百年国际直接投资:演化、贡献及启示》,《国际金融研究》2001 年第 5 期; 何德旭:《外资进入中国银行业:趋势、影响及对策》,《财经论丛》(浙江财经学院学报) 2004 年第 2 期; 杨大光、何静:《银行业开放与国家金融安全》,《中国流通经济》2007 年第 7 期; 谢丽华:《国际资本流入对中国银行业的影响及对策》,《亚太经济》2010 年第 6 期。

④ Ghosh, A., “Does the Policy Trilemma Still Hold? Fresh Evidence and Its Implications”, *International Journal of Monetary Economics and Finance*, Vol. 7, No. 2, 2014; Georgiadis, G. and A. Mehl, “Trilemma, Not Dilemma: Financial Globalisation and Monetary Policy Effectiveness”, *Social Science Electronic Publishing*, Vol. 222, 2015.

⑤ 关筱谨、任碧云、李坤青:《短期跨境资本流动对系统性金融风险的影响研究》,《经济体制改革》2021 年第 3 期。

⑥ 张瑜、朱衣豪:《短期跨境资本流入、资产价格与系统性金融风险》,《世界经济与政治论坛》2020 年第 3 期。

⑦ Phelan, G. and A. A. Toda, “Securitized Markets, International Capital Flows, and Global Welfare”, *Journal of Financial Economics*, Vol. 131, No. 3, 2019.

⑧ 赵征、黄宪:《跨国银行在新兴市场风险环境中的行为选择与综合影响》,《世界经济研究》2009 年第 5 期。

流出会恶化国家金融安全。资本外流引起本国外汇储备下降，本币急剧贬值，并诱发货币危机。[①] 资本外流还会使得国际收支恶化，产生通胀、偿债风险等诸多风险，扭曲一国金融结构、削弱宏观政策有效性，进而引发金融危机。[②] 对中国来说，资本外流通过“蝴蝶效应”，很可能会加剧整个金融体系的脆弱性，引发系统性风险，不利于国家金融安全。[③] 但还有学者研究发现跨境资本流出可以缓解新兴市场经济体国家的资本净流入压力，如经济过热、外汇升值等，[④] 从而提升国家金融安全。

关于跨境资本流动开放顺序对国家金融安全的影响研究。跨境资本流动的开放顺序会对国家金融安全产生重要影响，[⑤] 包括不同期限（如短期资本和长期资本），[⑥] 以及不同市场（如货币、资本以及证券市场）的跨境资本流动开放顺序等。基于外部性视角，Korinek 认为对新兴市场国家来说应开放那些产生负的外部性较少的市场，如 FDI、股票市场等，而对顺周期特性的资本流动，如外币债务市场，则应进行管制。[⑦] 张礼卿也认为直

---

① Petrov，I.，“Capital Outflow，the Debt - Payment Crisis，and Currency and Financial Policy Objectives”，*Problems of Economic Transition*，Vol. 42，No. 1，1999；Rajan，R. S.，“Crises，Private Capital Flows and Financial Instability in Emerging Asia”，*MPDD Working Paper*，2009；安起雷、李治刚：《国际短期资本流动对我国金融安全的影响及对策研究》，《宏观经济研究》2011 年第 2 期。

② Cuddington，J. T.，“Capital Flight：Estimates，Issues，and Explanations”，*Princeton Studies in International Finance*，Vol. 58，1986；Krugman，P. ed.，*What Happened to Asia*?，New Jersey：Princeton University Press，1999；项卫星、王达：《国际资本流动格局的变化对新兴市场国家的冲击——基于全球金融危机的分析》，《国际金融研究》2011 年第 7 期；李成、白璐：《资本项目开放、金融风险传导与危机临界点预测》，《金融论坛》2013 年第 4 期；余永定、肖立晟：《解读中国的资本外逃》，《国际经济评论》2017 年第 5 期。

③ 张明：《金融开放中的潜在风险》，《中国金融》2014 年第 14 期；张明：《中国面临的短期资本外流：现状、原因、风险与对策》，《金融评论》2015 年第 3 期；肖卫国、尹智超、陈宇：《资本账户开放、资本流动与金融稳定——基于宏观审慎的视角》，《世界经济研究》2016 年第 1 期；连平、刘健、鄂永健：《资本外流和人民币贬值的强化机制及其风险防范》，《世界经济研究》2017 年第 1 期。

④ Aizenman，J.，Y. Jinjarak，and D. Park，“Capital Flows and Economic Growth in the Era of Financial Integraion and Crisis，1990 - 2010”，*Open Economies Review*，Vol. 24，No. 3，2013.

⑤ 张明：《中国资本账户开放：行为逻辑与情景分析》，《世界经济与政治》2016 年第 4 期。

⑥ McKinnon，R. I. and H. Pill，“International Overborrowing：a Decomposition of Credit and Currency Risks”，*World Development*，Vol. 26，No. 7，1998；Allen，L.，“Global Financial System 1750 - 2000”，*University of Chicago Press Economics Books*，2004；郭威：《资本账户开放顺序的国际实践及对中国的启示》，《财经科学》2007 年第 8 期。

⑦ Korinek，A.，“Regulating Capital Flows to Emerging Markets：An Externality View”，*Journal of International Economics*，Vol. 111，2018.

接投资自由化应先于证券投资自由化。① 进一步地，对中国来说，陈炳才认为先开放银行、保险以及其他金融全部业务，最后是证券和短期资本市场。② 或者首先放开长期资本流动，再放开短期资本流动，③ 先开放债务投资，继而是股票投资。④ 中国人民银行调查统计司课题组和盛松成也认为中国的开放次序应是“先流入后流出、先长期后短期”，依次审慎开放不动产、股票及债券交易。⑤ 相反，李巍和张志超认为中国应首先开放债券市场，然后才是股票市场资本流动的放开。Nsouli 等还对跨境资本流入和跨境资本流出的开放顺序进行了探讨。张亦春和靳俐指出要循序渐进开放资本市场，以保障国内的金融安全。李杨和张东阳也指出应有序开放资本项目并培育国内金融市场，进而灵活应对跨境资本流动。⑥

五　关于金融市场发展对跨境资本流动影响国家金融安全的调节作用的研究

金融市场发展对资本账目可兑换和跨境资本流动具有重要影响。⑦ 学者们研究发现，金融市场发展水平会对资本账户开放对金融稳定的影响和

① 张礼卿：《资本账户开放的政策性框架：前提条件、速度和顺序》，《国际金融研究》1999 年第 11 期。

② 陈炳才：《中国金融服务业开放的条件、次序、重点与时机》，《金融研究》1999 年第 5 期。

③ Guitián, M., “The Challenge of Managing Global Capital Flows”, *Finance & Development*, Vol. 35, No. 2, 1998; Ishii, S., Habermeier, K., Canales - Kriljenko, J. I., Laurens, B., and Vadasz, J., “Capital Account Liberalization and Financial Sector Stability”, *IMF Occasional Papers*, Vol. 211, 2002.

④ 计国忠：《资本账户开放次序的比较研究及中国的选择》，《世界经济研究》2004 年第 2 期。

⑤ 中国人民银行调查统计司课题组、盛松成：《协调推进利率汇率改革和资本账户开放》，《中国金融》2012 年第 9 期。

⑥ 张亦春、靳俐：《论发展中国家的金融安全》，《当代财经》1999 年第 6 期；Nsouli, S. M., Rached, M., and Funke, N., “The Speed of Adjustment and the Sequencing of Economic Reforms: Issues and Guidelines for Policymakers”, *IMF Working Paper*, 2002；李巍、张志超：《不同类型资本账户开放的最优时点选择——基于金融稳定的视角》，《金融研究》2009 年第 11 期；李杨、张东阳：《人民币国际化进程中的国家金融安全研究》，《理论探讨》2017 年第 4 期。

⑦ 计国忠：《资本账户开放次序的比较研究及中国的选择》，《世界经济研究》2004 年第 2 期；李巍：《金融发展、资本账户开放与金融不稳定——来自中国的证据》，《财经研究》2007 年第 11 期；范小云、朱张元、肖立晟：《从净资本流动到总资本流动——外部脆弱性理论的新发展》，《国际金融研究》2018 年第 1 期。

资本流动波动性产生重要作用。[①] 金融市场发展水平越高，则金融市场冲击吸收能力越强，此时跨境资本流动引致危机发生可能性将会下降。相反，金融市场发展水平较低时跨境资本流动很可能导致金融资产价格异常波动，增加危机发生的可能性。[②] 进一步地，金融市场发展的提高意味着监管和信息披露改进，政府政策立场透明度和可信度增加，降低了跨境资本流动带来的风险溢价。[③] 最后，还可以减少金融开放所导致的货币和期限错配的可能性。[④] 实证研究也发现金融市场发展对跨境资本流动具有重要作用。[⑤] Gu 和 Huang 指出，在资本市场开放前必须先要提升国内的金融效率。[⑥] 陈奉先和李娜通过实证分析还发现资本账户开放对国际资本流动有一定的影响，会在一定程度上提高国际资本流动“突然停止”的可能性，而金融发展会对这一影响有所缓解。[⑦] 杨继梅等使用跨国层面的数据

---

① Aghion, P., P. Bacchetta, and A. Banerjee, “Financial Development and the Instability of Open Economies”, *Journal of Monetary Economics*, Vol. 51, No. 6, 2004; Caballero, R. J., “The ‘Other’ Imbalance and the Financial Crisis”, *SSRN Electronic Journal*, Vol. 32, No. 15636, 2010; Krishnamurthy, A., “How Debt Markets Have Malfunctioned in the Crisis”, *Journal of Economic Perspectives*, Vol. 24, No. 1, 2010; Alfaro, L., Chanda, A., Kalemli – Ozcan, S., and Sayek, S., “Does Foreign Direct Investment Promote Growth? Exploring the Role of Financial Markets on Linkages”, *Journal of Development Economics*, Vol. 91, No. 2, 2010; Broner, F. A. and J. Ventura, “Rethinking the Effects of Financial Liberalization”, *NBER Working Papers*, 2010; Park, B. and J. An, “Can Capital Account Liberalization Lessen Capital Volatility in a Country With ‘Original Sin’?”, *Asian Economic Papers*, Vol. 11, No. 2, 2012.

② 张春生、梁涛、蒋海：《我国资本项目的开放条件成熟了吗——基于金融市场的分析》，《经济学家》2017 年第 1 期。

③ Schneider, B., “Issues in Capital Account Convertibility in Developing Countries”, *Development Policy Review*, Vol. 19, No. 1, 2001.

④ Lardy, N. and P. Douglass, “Capital Account Liberalization and the Role of the Renminbi”, *Working Paper Series*, Vol. 111, No. 2888, 2011.

⑤ Portes, R. and H. Rey, “The Determinants of Cross – Border Equity Flows”, *Journal of International Economics*, Vol. 65, No. 2, 2005; Chinn, M. D. and H. Ito, “What Matters For Financial Development? Capital Controls, Institutions, and Interactions”, *Journal of Development Economics*, Vol. 81, No. 1, 2006; 王曦、陈中飞、王茜：《我国资本账户加速开放的条件基本成熟了吗?》，《国际金融研究》2015 年第 1 期；杨子晖、陈创练：《金融深化条件下的跨境资本流动效应研究》，《金融研究》2015 年第 5 期；陈中飞、王曦、王伟：《利率市场化、汇率自由化和资本账户开放的顺序》，《世界经济》2017 年第 6 期。

⑥ Gu, X. and B. Huang, “A New Approach to Capital Flows: Theory and Evidence”, *Economic Modelling*, Vol. 28, No. 3, 2011.

⑦ 陈奉先、李娜：《资本账户开放、金融发展与国际资本流动“突然停止”——基于全球 68 个经济体的实证考察》，《经济学家》2020 年第 11 期。

进行的实证研究也证实金融发展可以有效抑制金融开放带来的跨境资本流动失衡现象和波动性风险。①

综上，已有研究对丰富和发展相关理论体系做出突出贡献，也为本书奠定了良好基础，但仍存在若干需要完善的方面：一是现有研究主要集中于从整体上考察跨境资本流动对系统性风险、外汇市场压力、货币政策效果以及银行体系稳健性等因素的影响。而关于跨境资本流动如何影响国家金融安全的文献并不多，相应的影响机理也未展开深入挖掘和独立研究。进一步地，这种影响是否因国家之间的经济发展水平、收入水平以及制度质量等因素的差异而具有异质性，以往的学者并没有对以上问题进行深入探讨。二是关于跨境资本流动对国家金融安全影响的微观机制并没有深入进行探讨。厘清跨境资本流动影响国家金融安全的微观机制，对于提出更具针对性的政策建议无疑具有重要意义。三是学者们关于跨境资本流动对国家金融安全的影响并没有充分考虑金融市场发展在其中所起到的重要作用。异质性金融市场发展水平下，不同金融业对金融危机的化解能力明显不同。因此，异质性金融市场发展水平所导致的跨境资本流动对国家金融安全的影响存在显著区别，这种区别亟须研判。为此，"新时代"下随着中国金融开放进程加快，针对不同金融市场发展水平，深化跨境资本流动对国家金融安全影响的研究迫在眉睫。

第二节　跨境资本流动影响国家金融安全的理论机制

一　跨境资本流动影响国家金融安全的股票市场渠道

股票市场是金融市场的重要组成部分，股票市场有效发挥资源配置作用对国家金融安全与稳定具有重要意义。跨境资本流动一方面能够为股票市场增加流动性，提高资金流转效率，增加企业股权融资规模，② 缓解企

① 杨继梅、马洁、吕婕：《金融开放背景下金融发展对跨境资本流动的影响研究》，《国际金融研究》2020 年第 4 期。

② 肖涵、刘芳：《资本账户开放政策对公司融资行为的影响——基于沪港通政策的实证研究》，《经济经纬》2019 年第 3 期。

业融资约束,[①] 进而有利于股票市场发挥资源配置作用。[②] 同时，股票市场的发展为跨境资本流动提供了更多投资渠道和便利条件，有利于跨境资本配置。而且，跨境资本流动和股票市场的相互渗透还可以与实体经济的发展形成互补，降低跨境资本流动的盲目性和投机性，从而增强国家经济和金融实力，提升国家金融安全。但另一方面，跨境资本流动也可以加剧股票市场的波动性，甚至导致“泡沫”的出现，增加了资本市场风险的跨境传染性,[③] 影响金融安全与稳定。[④]

综上，跨境资本流动通过股票市场渠道对国家金融安全影响的方向取决于对跨境资本的利用和监管。因此，应发挥好股票市场的配置资源作用，促进跨境资本对企业融资约束的缓解作用，规避企业财务风险，降低跨境资本的投机性，增强实体经济流动性，增加实体经济的韧性和活力。同时，加强跨境资本监管，避免跨境资本的“脱实向虚”，避免金融泡沫的形成。通过以上措施，可以有效避免跨境资本流动引起的金融风险，增强国家金融安全。

二　跨境资本流动影响国家金融安全的银行业渠道

银行业作为金融服务业的核心之一，一头关联着微观主体企业的融资，另一头关联着国家金融体系的运营，对国家金融安全至关重要。首先，跨境资本流动一方面会加剧银行业竞争，降低银行特许经营权价值和银行业利润水平，从而促使银行为获取更高收益而提高风险承受水平，导致系统性金融风险增加;[⑤] 另一方面，跨境资本流动会加速银行业信贷

---

① Gupta, N. and K. Yuan, “On the Growth Effect of Dtock Market Liberalizations”, *The Review of Financial Studies*, Vol. 22, No. 11, 2009.

② Kim, S. and D. Y. Yang, “Do Capital Inflows Matter to Asset Prices? The Case of Korea”, *Asian Economic Journal*, Vol. 23, No. 3, 2009；范小云、张少东、王博：《跨境资本流动对股市波动的影响——基于分部门资本流动波动性视角的研究》,《国际金融研究》2020 年第 10 期。

③ 方意、邵稚权、黄昌利：《资本市场开放与跨境风险传染防控——基于沪港通的经验证据》,《国际金融研究》2021 年第 9 期。

④ Kaminsky, G. L. and S. L. Schmukler, “Short - Run Pain, Long - Run Gain: Financial Liberalization and Stock Market Cycles”, *Review of Finance*, Vol. 12, No. 2, 2008.

⑤ Hellmann, T. F., K. C. Murdock, and J. E. Stiglitz, “Liberalization, Moral Hazard in Banking, and Prudential Regulation: Are Capital Requirements Enough?”, *American Economic Review*, Vol. 90, No. 1, 2000.

扩张,[①] 推高金融杠杆，加剧资产泡沫，最终导致信贷过度扩张并造成银行体系的不稳定性。[②] 但是，跨境资本流动也可能会正向影响银行业发展，提升国家金融安全，即跨境资本流动可以有效降低贷款利率水平，从而减缓市场主体的财务压力，降低银行面临的信用违约风险，降低系统性金融风险。[③] 而且，跨境资本流动可以提高银行业治理水平和管理能力、降低银行业道德风险，增强银行业风险承受能力，从而加强金融稳定性。[④]

综上，跨境资本流动通过银行业渠道对国家金融安全影响的方向与银行业监管，以及跨境资本能否发挥“鲇鱼效应”有关。银行业的监管可以防范信贷规模过度扩张和资产泡沫形成。而且，跨境资本流动通过发挥“鲇鱼效应”可以降低银行道德风险，增强银行治理水平和风险管理能力。此时，跨境资本流动通过银行业渠道增强了国家金融安全。反之亦然。

三　跨境资本流动影响国家金融安全的外汇市场渠道

汇率波动是影响国家金融安全的重要因素,[⑤] 跨境资本流动会通过外汇市场影响国家金融安全。对短期跨境资本流动来说，同时大规模跨境资本流入或流出，会对汇率稳定性产生负面影响。[⑥] 当有大量跨境资本流入时，会导致国际收支顺差，本币面临升值压力，而本币升值会进一步引起大量资金的流入。一旦经济出现波动，就会有大量跨境资金流出，导致本币面临贬值压力，而本币贬值会进一步导致跨境资金的流出，加大外汇市

① 王曙光、张逸昕：《银行业外资引入与国家金融安全：基于宏观市场稳定性的实证分析》，《金融与经济》2016 年第 10 期。

② Mendoza, E. G. and M. E. Terrones, “An Anatomy of Credit Booms: Evidence from Macro Aggregates and Micro Data”, *National Bureau of Economic Research*, 2008; Schularick, M. and A. M. Taylor, “Credit Booms Gone Bust: Monetary Policy, Leverage Cycles, and Financial Crises, 1870 – 2008”, *American Economic Review*, Vol. 102, No. 2, 2012.

③ Laeven, L., “Does Financial Liberalization Reduce Financing Constraints?”, *Financial Management*, Vol. 32, No. 1, 2003; Boyd, J. H. and G. De Nicolo, “The Theory of Bank Risk Taking and Competition Revisited”, *The Journal of Finance*, Vol. 60, No. 3, 2005.

④ Schmukler, S. L., “Financial Globalization: Gain and Pain for Developing Countries”, *Federal Reserve Bank of Atlanta Economic Review*, Vol. 89, No. 2, 2004; 王道平：《利率市场化、存款保险制度与系统性银行危机防范》，《金融研究》2016 年第 1 期。

⑤ Reinhart, C. M. and Rogoff, K. S. eds., *This Time Is Different: Eight Centuries of Financial Folly*, New Jersey: Princeton University Press, 2009.

⑥ Erten, B. and Ocampo, J. A. eds., *Building a Stable and Equitable Global Monetary System*, United Nations: Department of Economics and Social Affairs, 2012.

场的波动风险，进而可能会导致金融危机的发生。[①] 对长期跨境资本流动来说，由于这些跨境资本一般不会发生突然撤资（sudden reversal），因而不会对外汇市场产生过大影响，从而也不会造成宏观经济和金融体系的不稳定。[②] 而且，跨境资本流出可以缓解资本净流入压力，如经济过热、外汇升值等，[③] 从而提升了国家金融安全。综上，跨境资本流动对外汇市场波动的影响与跨境资本类型密切相关，短期跨境资本流动对汇率稳定产生负面影响，长期跨境资本流动对汇率稳定影响较小。

四 跨境资本流动影响国家金融安全的货币政策效果渠道

传统经济学理论认为，一个国家无法保证完全的货币政策独立、完全的固定汇率和完全的资本自由流动三者同时成立。[④] 但是“三元悖论”受到了 Rey 的挑战，他认为只要资本账户是开放的，货币政策的独立性就很难保障，与汇率制度选择无关。[⑤] 首先，跨境资本流动会对货币供应量产生直接影响，[⑥] 从而破坏中央银行数量型工具的实施效果。其次，跨境资本流动会缓解紧缩性货币政策对经济增长和消费的不利影响，使利率上升的跨期替代效果有所减弱，从而破坏中央银行价格型工具的实施效果。尤其是短期跨境资本流动表现出的顺周期特征更为明显。[⑦] 当中央银行因为经济过热采取紧缩性货币政策时，短期跨境资本的大规模涌入会进一步加剧资产泡沫。当中央银行因为经济低迷采取扩张性货币政策时，短期跨境

---

① 王金明、王心培：《跨境资本双向流动影响外汇市场稳定吗》，《国际贸易问题》2021 年第 10 期。

② 李巍、张志超：《不同类型资本账户开放的最优时点选择——基于金融稳定的视角》，《金融研究》2009 年第 11 期。

③ Aizenman, J., Y. Jinjarak, and D. Park, “Capital Flows and Economic Growth in the Era of Financial Integration and Crisis, 1990 - 2010”, *Open Economies Review*, Vol. 24, No. 3, 2013.

④ Obstfeld, M. and K. Rogoff, “Exchange Rate Dynamics Redux”, *Journal of Political Economy*, Vol. 103, No. 3, 1995; Krugman, P., “Balance Sheets, the Transfer Problem, and Financial Crises”, *International Tax and Public Finance*, Vol. 6, No. 4, 1999.

⑤ Rey, H., “Dilemma Not Trilemma: The Global Financial Cycle and Monetary Policy Independence”, *CEPR Discussion Papers*, 2015.

⑥ 赵进文、张敬思：《人民币汇率、短期国际资本流动与股票价格——基于汇改后数据的再检验》，《金融研究》2013 年第 1 期。

⑦ 刘金全、毕振豫：《中国经济周期波动的驱动因素及其阶段性特征研究》，《经济问题探索》2018 年第 12 期。

资本的大规模流出也会进一步加剧国内流动性约束、投资不足进而加剧经济下行。因此，跨境资本流动，尤其是短期跨境资本流动的顺周期特征会在一定程度上影响货币政策的效果以及独立性，进而不利于国家金融安全。但是这种效果可能会受到汇率制度选择的影响。[①] 浮动或市场化的汇率制度能够降低跨境资本流动对货币政策独立性的影响。

五 跨境资本流动影响国家金融安全的资产定价渠道

资产价格的剧烈波动会给金融系统带来巨大冲击，从而影响金融稳定，继而引发金融危机。1991 年日本房地产泡沫破裂，给日本金融系统带来了巨大损失，也让日本经济长期处于低迷状态。2008 年美国次贷危机的爆发也与其国内房地产价格大幅波动有关。因此，资产的合理定价关系到国家的金融安全和经济发展。短期跨境资本的大规模流入或大规模流出会对一国的资产价格产生重要影响。一方面，跨境资本的大量流入会增加货币供给，可能会抬高资产价格，[②] 形成“泡沫”[③]。而当资产定价过高时，跨境投资者为了规避风险，可能会及时退出市场，又会引起大量的跨境资本流出，进而会加速“泡沫”破灭进程，引起金融风险，威胁国家金融安全。以中国房地产为例，跨境资本的流入推动中国房地产的价格上升，房地产价格的上升又会进一步吸引跨境资本的流入。房地产价格的过度波动会对银行系统等金融体系的风险管理产生影响，进一步威胁国家金融安全。而且资产价格在跨境资本流动和银行流动性之间发挥着中介作用，跨境资本流动还会对与房地产价格存在关联的债券和股票等其他金融资产价格产生影响，进而对整个金融系统的流动性风险产生影响。[④] 需要注意的是，长期跨境资本流动不一定导致资产价格的剧烈波动，但与跨境资本流动的方向密切相关。如果跨境资本流入/流出实体经济则不会推高/降低资

---

① 孙东升、兰弘、范林青：《资本账户开放、汇率浮动与货币政策选择》，《国际金融研究》2017 年第 12 期。

② Tillmann, P., “Capital Inflows and Asset Prices: Evidence from Emerging Asia”, *Journal of Banking & Finance*, Vol. 37, No. 3, 2013.

③ Wang, C., J. Hwang and C. Chung, “Do Short - term International Capital Inflows Drive China's Asset Markets?”, *The Quarterly Review of Economics and Finance*, Vol. 60, 2016.

④ 顾海峰、卞雨晨：《跨境资本流动、贷款集中与银行系统性风险：如何理解宏观审慎政策和国际金融环境的作用?》，《世界经济研究》2021 年第 10 期。

产价格，只有当跨境资本流入/流出金融部门时才会引起资产价格波动。①

综上，短期跨境资本流动会对资产价格产生影响，尤其可能会产生“泡沫”，而资产“泡沫”会对国家金融安全产生负面影响。所以跨境资本流动会通过影响资产价格对国家金融安全产生影响。但长期跨境资本不一定导致资产价格的剧烈波动，与跨境资本流动的方向密切相关。如果跨境资本流入/流出实体经济部门则不会推高/降低资产价格，只有当跨境资本流入/流出金融部门时才会引起资产价格波动。

六　跨境资本流动影响国家金融安全的金融市场发展渠道

金融发展是关系到一国金融安全的关键因素，一个国家的金融业越发达就越有能力维护自身的金融稳定，也更能够抵御外来风险。跨境资本的流动在一定程度上可以促进一个国家金融业的发展，进而维护国家的金融稳定和金融安全。跨境资本的流入可以对国内的金融体制改革发挥促进作用，② 但同时跨境资本的大量流入会对国家的金融体系产生冲击。尤其对于发展中国家来说，金融体系并不完善，受到跨境资本流动的冲击可能会更大，所以其为了应对外部冲击就会进行金融体制改革，进而维护金融稳定。而对于发达国家来说，其自身抵御外来风险的能力更强一些，所以跨境资本的流入会更进一步推动其金融发展，进而维护金融稳定。跨境资本流动还可以促进金融结构的优化。③ 金融结构的优化也可以为国家的金融安全发挥积极作用。与此同时，跨境资本流动可以提高金融业的运行效率，提升金融业的竞争力。④ 跨境资本流动还可以促进金融监管的不断改进。⑤ 而金融监管的改进以及金融业运行效率的提高都可以促进金融业的发展进而促进金融行业的稳定。

综上，跨境资本流动可以通过促进金融体制改革、推动金融结构优

---

① 张谊浩、裴平、方先明：《中国的短期国际资本流入及其动机——基于利率、汇率和价格三重套利模型的实证研究》，《国际金融研究》2007年第9期。

② 范从来：《银行业开放：焦点、冲击和策略取向》，《南京社会科学》2000年第3期。

③ 杨大光、何静：《银行业开放与国家金融安全》，《中国流通经济》2007年第7期。

④ 何德旭：《外资进入中国银行业：趋势、影响及对策》，《财经论丛》（浙江财经学院学报）2004年第2期；谢丽华：《国际资本流入对中国银行业的影响及对策》，《亚太经济》2010年第6期。

⑤ 徐振东：《百年国际直接投资：演化、贡献及启示》，《国际金融研究》2001年第5期。

化，提升金融竞争实力、提高金融运行效率、加强金融监管革新等渠道推动金融市场发展。而金融市场发展能够扩张市场融资渠道、降低企业融资成本、提高资源配置效率、增强冲击吸收能力、减少期限错配可能性、优化市场流动性，最终提高国家金融安全。由此，跨境资本流动能够通过推动金融市场发展来提升国家金融安全。

第三节　本章小结

本章围绕跨境资本流动与国家金融安全的关系，在文献梳理的基础之上建立了理论分析框架来综合阐述跨境资本流动影响国家金融安全的理论机制。总体来看，关于跨境资本流动经济效应的分析，国内外众多学者从宏观角度研究了跨境资本流动对经济发展和经济波动的影响，从中观角度研究了跨境资本流动对金融市场、外汇市场等的影响，从微观角度研究了跨境资本流动对企业融资约束、投资效率、固定资产投资等因素的影响。而关于国家金融安全的界定以及评价指标体系，学术界并未取得共识。围绕影响国家金融安全的因素，学者们讨论得比较多的是金融制度、金融开放以及金融自由化等因素。本章还从跨境资本流入、跨境资本流出、跨境资本流动开放顺序等方面梳理了跨境资本流动对国家金融安全影响的文献。

通过对文献梳理可以发现，跨境资本流动对国家金融安全影响的渠道众多、机制复杂，难以在统一的模型中进行分析。因此，本章从多方面阐述了跨境资本流动影响国家金融安全的潜在渠道，主要包括股票市场、银行系统、外汇市场、货币政策效果以及资产定价渠道等。从股票市场渠道来看，跨境资本流动通过股票市场渠道对国家金融安全影响的方向取决于对跨境资本的利用和监管。因此，在发挥股票市场配置资源作用、有效促进跨境资本流动对企业融资约束的缓解作用、规避企业财务风险、降低跨境资本的投机性、增强实体经济流动性以及增加实体经济韧性和活力的同时，加强跨境资本监管、避免跨境资本“脱实向虚”、避免金融泡沫的形成，可以有效增强国家金融安全。从银行业渠道来看，跨境资本流动通过银行业渠道对国家金融安全影响的方向与银行业监管，以及跨境资本能否发挥“鲇鱼效应”有关。银行业的监管可以防范信贷规模过度扩张和资产泡沫形成。而且，跨境资本流动通过发挥“鲇鱼效应”可以降低银行道德风险，增强银行治理水平和风险管理能力。此时，跨境资本流动通过银行渠道增强了国家金融安全。反之亦然。从外汇市场渠道来看，汇率波动是影响国家金融安全的关键因素，跨境资本流动可以通过外汇市场来影响国家金融安全。跨境资本流动对外汇市场波动的影响与跨境资本类型密切相关，短期跨境资本流动对汇率稳定产生负面影响，长期跨境资本流动对汇率稳定影响较小。从货币政策效果渠道来看，短期跨境资本流动的顺周期特征会在一定程度上影响货币政策的效果以及独立性，但是这种效果可能会受到汇率制度选择的影响，更为浮动或市场化的汇率制度能够降低跨境资本流动对货币政策独立性的影响。从资产定价渠道来看，短期跨境资本流动会对资产价格产生影响，进而对国家金融安全产生负面影响。但长期跨境资本不一定导致资产价格的剧烈波动。这与跨境资本流动的方向和本流入/流出的部门密切相关。如果跨境资本流入/流出实体经济则不会推高/降低资产价格，只有当跨境资本流入/流出金融部门时才会引起资产价格波动。最后，从金融市场发展渠道来看，跨境资本流动可以通过促进金融体制改革、推动金融结构优化，提升金融竞争实力、提高金融运行效率、加强金融监管革新等方式推动金融市场发展，进而提升国家金融安全。

第五章

跨境资本流动影响国家金融安全的经验分析

通过建立相应的实证模型，本章采用跨国层面的非平衡面板数据并构建相应的跨境资本流动指标、国家金融安全指标和其他指标，实证检验跨境资本流动对国家金融安全的实际影响。同时，本章还采用了微观企业层面的数据，从微观视角检验了跨境资本流动对金融安全的影响。

第一节　现实背景

扩大金融业高水平对外开放以促进跨境资本的流动是全球经济金融一体化的必然选择。跨境资本流动可以为国家经济金融的发展带来资金支持，优化金融资源配置。但是，跨境资本的流入和流出也使得一国的金融市场暴露于国际资本冲击下，进而影响到本国的外汇市场稳定①、抑制银行稳定以及引起宏观经济波动。② 此外，跨境资本流动冲击很可能会引发经济金融危机，③ 进而不利于一国的金融安全。因此，跨境资本流动与国

① 王金明、王心培：《跨境资本双向流动影响外汇市场稳定吗》，《国际贸易问题》2021 年第 10 期。

② 顾海峰、卞雨晨：《跨境资本流动、贷款集中与银行系统性风险：如何理解宏观审慎政策和国际金融环境的作用?》，《世界经济研究》2021 年第 10 期；童相彬、张书华：《跨境资本流动、系统性风险与宏观经济波动》，《经济体制改革》2021 年第 4 期。

③ 管涛、殷高峰：《开放没有回头路：中国应对资本流动冲击的经验及启示》，《国际经济评论》2022 年第 1 期。

家金融安全两者之间相辅相成。国家如果禁止跨境资本流动，真正的金融安全就不可能实现，而且这可能使一国的金融风险积累和隐藏，并在积累到一定程度后以金融危机的形式展现出来。而如果没有国家金融安全的保证，跨境资本流动就缺乏发展的基础，国家就不会享受到全球经济金融一体化所带来的利益。目前来看，促进跨境资本流动是世界各国提高金融竞争实力的客观要求。然而，跨境资本流动在给世界各国经济金融发展带来好处的同时，还可能会间接增强各国金融业的对外依存度，使本国更容易受到外部冲击的影响，并容易造成金融危机传染，不利于本国的金融安全。① 1994—1995 年的墨西哥金融危机、1997—1998 年的亚洲金融危机、1998 年的俄罗斯金融危机等危机的爆发都与国际资本的冲击有关。因此，综合分析跨境资本流动对国家金融安全的影响，对中国来说显得尤为重要。近年来，随着中国金融开放程度和开放规模的逐渐提高，如人民币国际化、外资进入金融业门槛的降低等，都可能会引发中国金融市场的不稳定性。为此，亟须把握跨境资本流动的总体发展趋势，密切关注国家金融安全问题。

本章将在第四章理论分析的基础上，进一步采用跨国层面的数据和微观企业数据来检验跨境资本流动对国家金融安全的实际影响。总体来看，本章余下的结构安排如下：第二部分为理论分析与研究假说。根据相关文献，分析跨境资本流动影响国家金融安全的理论机制，并提出研究假说；第三部分为实证策略，介绍实证模型、相关的变量以及数据来源；第四部分为基准的回归结果分析；第五部分为稳健性分析；第六部分为跨境资本流动对国家金融安全影响的微观层面分析；第七部分是本章的研究结论。总体来看，本章将在提出理论假设之后，通过构建国家金融安全和跨境资本流动的相应指标，实证检验跨境资本流动对国家金融安全的影响，并进行相应的稳健性检验，进而揭示出跨境资本流动与国家金融安全之间的具体关系。

① 钱小安：《金融开放条件下的金融安全问题》，《管理世界》2001 年第 6 期。

第二节 理论分析

目前跨境资本流动对国家金融安全的影响研究得到的结论并不统一。有学者认为跨境资本流动对国家金融安全具有负面影响。具体来看，从跨境资本流入角度分析，跨境资本的流入主要通过以下途径对国家金融安全产生负面影响：第一，汇率效应。资本大量流入，对本币需求增加，引发外汇市场压力风险。① 第二，破坏货币政策有效性。② 第三，资本流入突然中断通过金融摩擦和费雪效应引发金融危机。③ 第四，加剧金融业竞争，致使金融机构过度借贷等冒险行为。④ 通过“资产价格效应”，推动资产价格上升，引发股市和房地产泡沫，最终导致金融危机。⑤ 实证研究也证实

---

① Cardarelli, R., S. Elekdag, and M. A. Kose, “Capital Inflows: Macroeconomic Implications and Policy Responses”, *Economic Systems*, Vol. 34, No. 4, 2010；张春宝、石为华：《中国资本账户开放与外汇市场压力风险研究》，《世界经济与政治论坛》2015 年第 4 期；杨海珍、李苏骁、史芳芳：《中国资本账户开放进程中跨境证券投资对国内金融市场的影响》，《经济理论与经济管理》2017 年第 10 期。

② 沈坤荣、汪建：《中国银行业开放的理论依据与预期效应研究》，《管理世界》2001 年第 5 期；余永定：《货币金融理论与政策的重要创新——读盛松成等著〈社会融资规模理论与实践〉》，《中国金融》2014 年第 7 期；Rey, H., “Dilemma Not Trilemma: The Global Financial Cycle and Monetary Policy Independence”, *CEPR Discussion Papers*, 2015.

③ 范小云、潘赛赛、王博：《国际资本流动突然中断的经济社会影响研究评述》，《经济学动态》2011 年第 5 期；郑璇、罗明铭：《国际资本流动突然中断与货币危机——基于新兴市场国家的证据》，《财经科学》2016 年第 4 期。

④ 林毅夫、徐立新、寇宏、周叶菁、裴思纬：《金融结构与经济发展相关性的最新研究进展》，《金融监管研究》2012 年第 3 期；Boudias, R., “Capital Inflows, Exchange Rate Regimes and Credit Dynamics in Emerging Market Economies”, *International Economics*, Vol. 143, 2015.

⑤ Obstfeld, M. and K. Rogoff, “Exchange Rate Dynamics Redux”, *Journal of Political Economy*, Vol. 103, No. 3, 1995；李巍：《金融发展、资本账户开放与金融不稳定——来自中国的证据》，《财经研究》2007 年第 11 期；刘莉亚：《境外“热钱”是否推动了股市、房市的上涨？——来自中国市场的证据》，《金融研究》2008 年第 10 期；Calvo, G., “Financial Crises and Liquidity Shocks a Bank - run Perspective”, *European Economic Review*, Vol. 56, No. 3, 2012；Tillmann, P., “Capital Inflows and Asset Prices: Evidence from Emerging Asia”, *Journal of Banking & Finance*, Vol. 37, No. 3, 2013；Taguchi, H., Sahoo, P., and Nataraj, G., “Capital Flows and Asset Prices: Empirical Evidence from Emerging and Developing Economies”, *International Economics*, Vol. 141, 2015；李成、白璐：《资本项目开放、金融风险传导与危机临界点预测》，《金融论坛》2013 年第 4 期。

了上述结论。[①] 而从跨境资本流出来看，跨境资本流出主要通过影响资本外流和国际收支恶化来降低国家金融安全程度。资本外流引起本国外汇储备下降,[②] 本币急剧贬值,[③] 并诱发货币危机。资本外流还会使国际收支恶化，产生通胀、偿债风险等诸多风险,[④] 扭曲一国金融结构、削弱宏观政策有效性,[⑤] 进而引发金融危机。对中国来说，资本外流通过"蝴蝶效应"，很可能加剧整个金融体系的脆弱性，引发系统性风险，不利于国家金融安全。[⑥] Dinger 和 Kaat 发现跨境资本的流动总是伴随着较高的银行信贷供给，但却降低了贷款质量。[⑦]

基于以上分析，提出如下研究假设：

H1：跨境资本流动不利于国家金融安全，即随着跨境资本流动规模的增加，国家金融安全将会下降。

与此同时，也有学者认为跨境资本流动可以有效提高国家金融安全。跨境资本流入会促进国内金融制度改革、优化金融结构，提高金融业运行

---

① Reinhart, C. M. and Reinhart, V. R., "Capital Inflows and Reserve Accumulation: The Recent Evidence", *NBER Working Paper*, No. w13842, 2008.

② Petrov, I., "Capital Outflow, the Debt - payment Crisis, and Currency and Financial Policy Objectives", *Problems of Economic Transition*, Vol. 42, No. 1, 1999; Rajan, R. S., "Crises, Private Capital Flows and Financial Instability in Emerging Asia", *MPDD Working Paper*, 2009.

③ 安起雷、李治刚：《国际短期资本流动对我国金融安全的影响及对策研究》，《宏观经济研究》2011 年第 2 期。

④ Krugman, P. ed., *What Happened to Asia?*, New Jersey: Princeton University Press, 1999; 项卫星、王达：《国际资本流动格局的变化对新兴市场国家的冲击——基于全球金融危机的分析》，《国际金融研究》2011 年第 7 期。

⑤ Cuddington, J. T., "Capital Flight: Estimates, Issues, and Explanations", *Princeton Studies in International Finance*, Vol. 58, 1986; 李成、白璐：《资本项目开放、金融风险传导与危机临界点预测》，《金融论坛》2013 年第 4 期；余永定、肖立晟：《解读中国的资本外逃》，《国际经济评论》2017 年第 5 期。

⑥ 张明：《金融开放中的潜在风险》，《中国金融》2014 年第 14 期；张明：《中国面临的短期资本外流：现状、原因、风险与对策》，《金融评论》2015 年第 3 期；肖卫国、尹智超、陈宇：《资本账户开放、资本流动与金融稳定——基于宏观审慎的视角》，《世界经济研究》2016 年第 1 期；连平、刘健、鄂永健：《资本外流和人民币贬值的强化机制及其风险防范》，《世界经济研究》2017 年第 1 期。

⑦ Dinger, V. and D. M. Te Kaat, "Cross - border Capital Flows and Bank Risk - taking", *Journal of Banking & Finance*, Vol. 117, 2020.

效率和竞争力，推动金融监管改进，[①] 或通过竞争机制提高金融发展水平、增强政策有效性。[②] 除此之外，跨境资本流入对国家金融安全的影响可能取决于资本流入国的市场环境条件。[③] 还有学者研究发现跨境资本流出可以缓解新兴市场经济体国家的资本净流入压力，如经济过热、外汇升值等，[④] 从而提升了国家金融安全。

由此，提出第二个待检验的研究假设：

H2：跨境资本流动可以增强国家金融安全，即随着跨境资本流动规模的增加，国家金融安全将会上升。

因此，总体来看，跨境资本流动对国家金融安全存在着正、负两方面的影响。其实际影响取决于两者的综合效应。接下来，本章将采用跨国层面和企业层面的数据，对跨境资本流动对国家金融安全的实际影响进行实证检验。

第三节　实证设计

一　模型设定

参考 Hamdi 和 Jlassi 以及顾海峰和于家珺等学者的研究，[⑤] 本书构建如

---

① 范从来：《银行业开放：焦点、冲击和策略取向》，《南京社会科学》2000 年第 3 期；徐振东：《百年国际直接投资：演化、贡献及启示》，《国际金融研究》2001 年第 5 期；何德旭：《外资进入中国银行业：趋势、影响及对策》，《财经论丛》（浙江财经学院学报）2004 年第 2 期；杨大光、何静：《银行业开放与国家金融安全》，《中国流通经济》2007 年第 7 期；谢丽华：《国际资本流入对中国银行业的影响及对策》，《亚太经济》2010 年第 6 期。

② Ghosh, A., "Does the Policy Trilemma Still Hold? Fresh Evidence and Its Implications", *International Journal of Monetary Economics and Finance*, Vol. 7, No. 2, 2014; Georgiadis, G. and A. Mehl, "Trilemma, Not Dilemma: Financial Globalisation and Monetary Policy Effectiveness", *Social Science Electronic Publishing*, Vol. 222, 2015.

③ 赵征、黄宪：《跨国银行在新兴市场风险环境中的行为选择与综合影响》，《世界经济研究》2009 年第 5 期。

④ Aizenman, J., Y. Jinjarak, and D. Park, "Capital Flows and Economic Growth in the Era of Financial Integration and Crisis, 1990 – 2010", *Open Economies Review*, Vol. 24, No. 3, 2013.

⑤ Hamdi, H. and Jlassi, N. B., "Financial Liberalization, Disaggregated Capital Flows and Banking Crisis: Evidence from Developing Countries", *Economic Modelling*, Vol. 41, 2014；顾海峰、于家珺：《跨境资本流动加剧了银行信贷风险吗——基于资本流入、流出与总量的考察》，《国际贸易问题》2020 年第 9 期。

下的计量模型来对理论分析中的研究假设进行实证检验：

$$FinancialCrisis/NFS_{i,t} = \alpha_0 + \alpha_1 Flow_{i,t} + \beta' X_{i,t} + \mu_i + \lambda_t + \varepsilon_{i,t}$$

其中，关于国家金融安全的含义，学者们从金融运行、市场压力、金融风险、金融稳定等视角给出了界定。[①] 还有学者使用不同指标和方法构建了中国金融安全指标。[②] 总体来看，国家金融安全应综合考虑一国抵御国内外各种金融风险的能力。由此，本书主要从抵御金融危机风险、维护金融稳定视角来衡量国家金融安全。具体来看，主要从两个视角进行了衡量：一是参考戴国强和陈晨、尹雷和卞志村以及纪洋等的研究，[③] 采用金融危机发生的可能性，即用 $FinancialCrisis_{i,t}$ 变量来衡量。其表示 i 国 t 期是否爆发金融危机，如果爆发了金融危机，则赋值为 1，否则赋值为 0。爆发了金融危机，说明该国的金融体系受到了很大的负面冲击，进而国家金融安全水平也会下降。反之亦然。其次，参考姜洪和焦津强、顾海兵和夏梦以及张安军等学者的研究，[④] 本节用熵权法来计算国家金融安全程度，即为 $NFS_{i,t}$（National Financial Security）变量，如下所示：

$$NFS_i = \sum_{l}^{L} w_l y_{l,i}$$

---

① 张幼文：《金融安全的国际条件与国内条件》，《上海金融》1999 年第 7 期；雷家骕：《中国金融安全》，经济科学出版社 2000 年版；刘沛、卢文刚：《金融安全的概念及金融安全网的建立》，《国际金融研究》2001 年第 11 期；王元龙：《我国外汇储备合理规模的政策选择》，《财贸经济》2003 年第 7 期；王维安：《银行业开放与国家金融安全》，《财经研究》2003 年第 12 期；王芳、陈雨露：《经济体制改革与中国金融安全——问题、逻辑和对策》，《经济理论与经济管理》2006 年第 7 期；贺力平：《从国际和历史角度看国际资本流动与金融安全问题》，《国际经济评论》2007 年第 6 期；Balakrishnan，K. and D. A. Cohen，“Competition and Financial Accounting Misreporting”，*SSRN Electronic Journal*，2014；Baum，C. F.，M. Pundit，and A. Ramayandi，“Capital Flows and Financial Stability in Emerging Economies”，*Social Science Electronic Publishing*，2017；何德旭、史晓琳：《互联网时代的金融风险及其防范措施研究》，《中国社会科学院研究生院学报》2018 年第 2 期。

② 刘锡良、孙磊：《金融结构视角中的金融安全论》，《经济学动态》2004 年第 8 期；何德旭：《中国金融安全评论》，社会科学文献出版社 2014 年版；张安军：《国家金融安全动态预警比较分析（1992—2011 年）》，《世界经济研究》2015 年第 4 期。

③ 戴国强、陈晨：《金融消费者保护与金融危机——基于全球 142 个经济体的实证研究》，《财经研究》2015 年第 3 期；尹雷、卞志村：《利率市场化、存款保险制度与银行危机——基于跨国数据的实证研究》，《国际金融研究》2016 年第 1 期；纪洋、边文龙、黄益平：《隐性存保、显性存保与金融危机：国际经验与中国实践》，《经济研究》2018 年第 8 期。

④ 姜洪、焦津强：《国家金融安全指标体系研究》，《世界经济》1999 年第 7 期；顾海兵、夏梦：《基于国家经济安全的金融安全指标的选取研究》，《国家行政学院学报》2011 年第 5 期；张安军：《国家金融安全动态监测分析（1992—2012 年）》，《国际金融研究》2014 年第 9 期。

上式中，NFS_i是 i 国的国家金融安全体系得分，w_l表示组成国家金融安全体系得分中各指标的权重。参考顾海兵和夏梦、郑柏清和周先波、何德旭和娄峰、贾晓俊和李孟刚、肖斌卿等以及张安军、杨森和雷家骕等学者的研究，① 并基于数据的可得性，本书选定了 GDP 增长率、通货膨胀变化率、M2/GDP、外债偿债率、短期外债率等多个方面的指标对国家金融安全进行评价打分。具体步骤是：首先，使用熵权法计算指标的权重，其次进行赋值，客观地反映各指标的重要性，最后把 GDP 增长率等多个二级指标综合成国家金融安全体系得分综合指标。该指数取值越大，则表明国家金融安全水平越高。

此外，$Flow_{i,t}$表示 i 国 t 期的跨境资本流动变量，参考张广婷、刘柏等、顾海峰和于家珺以及顾海峰和卞雨晨的做法，② 采用国际收支平衡表中金融账户净值占 GDP 的比重来衡量。$X_{i,t}$代表一系列国家层面的控制变量。α_0是截距项，α_1和 β 是相应变量的待估计系数。方程中的μ_i表示不可观测的国家个体效应，λ_t表示时间固定效应，$\varepsilon_{i,t}$表示方程的随机扰动项。

二　数据与变量说明

（一）样本选择与数据描述

本书首先从宏观层面探究了跨境资本流动对国家金融安全的影响。基于数据的可得性，收集整理了全球 116 个国家 1991—2020 年的数据，构成了用于本节实证分析的非平衡面板数据。从国家分类来看，样本中共包含

① 顾海兵、夏梦：《基于国家经济安全的金融安全指标的选取研究》，《国家行政学院学报》2011 年第 5 期；郑柏清、周先波：《金融安全、全球化与经济增长：来自发展中国家的经验》，《南方经济》2011 年第 7 期；何德旭、娄峰：《中国金融安全指数的构建及实证分析》，《金融评论》2012 年第 5 期；贾晓俊、李孟刚：《中国金融安全指数合成实证分析》，《当代财经》2015 年第 1 期；肖斌卿、颜建晔、杨旸、张璞：《金融安全预警系统的建模与实证研究：基于中国数据的检验》，《国际商务》（对外经济贸易大学学报）2015 年第 6 期；张安军：《国家金融安全动态预警比较分析（1992—2011 年）》，《世界经济研究》2015 年第 4 期；杨森、雷家骕：《基于风险防范的中国宏观金融安全指数测度与分析》，《经济纵横》2019 年第 8 期。

② 张广婷：《新兴市场国家跨境资本流动的驱动因素研究——基于因子分析法的实证分析》，《世界经济研究》2016 年第 10 期；刘柏、张艾莲、胡思遥：《跨境资本流动、度量方法筛选与金融风险防范》，《南开经济研究》2019 年第 5 期；顾海峰、于家珺：《跨境资本流动加剧了银行信贷风险吗——基于资本流入、流出与总量的考察》，《国际贸易问题》2020 年第 9 期；顾海峰、卞雨晨：《跨境资本流动、贷款集中与银行系统性风险：如何理解宏观审慎政策和国际金融环境的作用?》，《世界经济研究》2021 年第 10 期。

了14个发达国家（地区）以及102个新兴市场经济体国家（地区）和发展中国家（地区）。其中，亚洲31个，欧洲18个，美洲24个，非洲36个，大洋洲7个。样本国家（地区）的具体分布情况如表5-1所示。

表5-1 **样本国家（地区）分布情况**

<table>
<tr><td rowspan="4">发达国家（地区）</td><td>亚洲</td><td>日本、韩国、以色列、中国香港、新加坡</td></tr>
<tr><td>欧洲</td><td>英国、捷克、冰岛、挪威、瑞典</td></tr>
<tr><td>美洲</td><td>美国、加拿大</td></tr>
<tr><td>大洋洲</td><td>澳大利亚、新西兰</td></tr>
<tr><td rowspan="5">新兴市场经济体国家（地区）和发展中国家（地区）</td><td>亚洲</td><td>中国、孟加拉国、巴林、文莱、不丹、老挝共和国、斯里兰卡、摩尔多瓦、马尔代夫、缅甸、越南、印度尼西亚、伊拉克、约旦、吉尔吉斯共和国、乌兹别克斯坦、阿曼、巴基斯坦、泰国、塔吉克斯坦、马来西亚、卡塔尔、科威特、黎巴嫩、加沙地区、东帝汶</td></tr>
<tr><td>欧洲</td><td>俄罗斯、阿塞拜疆、保加利亚、波斯尼亚和黑塞哥维那、白俄罗斯、格鲁吉亚、克罗地亚、匈牙利、北马其顿、黑山、罗马尼亚、乌克兰、塞尔维亚</td></tr>
<tr><td>美洲</td><td>巴西、阿根廷、安提瓜和巴布达、巴哈马群岛、玻利维亚、哥斯达黎加、巴巴多斯、智利、哥伦比亚、危地马拉、乌拉圭、多米尼加共和国、圭亚那、洪都拉斯、海地、牙买加、阿鲁巴岛、巴拿马、秘鲁、尼加拉瓜、苏里南、巴拉圭</td></tr>
<tr><td>非洲</td><td>南非、安哥拉、布隆迪、贝宁、布基纳法索、博茨瓦纳、科摩罗、佛得角、科特迪瓦、刚果共和国、阿尔及利亚、阿拉伯埃及共和国、几内亚、冈比亚、几内亚比绍、肯尼亚、利比里亚、莱索托、马里、莫桑比克、纳米比亚、多哥、利比亚、马达加斯加、赞比亚、毛里求斯、尼日尔、尼日利亚、卢旺达、塞内加尔、坦桑尼亚、乌干达、南苏丹、塞拉利昂、毛里塔尼亚、塞舌尔</td></tr>
<tr><td>大洋洲</td><td>汤加、斐济、瓦努阿图、巴布亚新几内亚、所罗门群岛</td></tr>
</table>

注：样本国家（地区）的分类标准参照了IMF官网2021年发布的《世界经济展望》（*World Economic Outlook*）。

（二）被解释变量——国家金融安全程度（FinancialCrisis/NFS）

如前所述，被解释变量国家金融安全指标的衡量主要运用了两种方法。第一种采用是否发生金融危机来衡量。发生过金融危机，则说明该国的金融体系受到了较大负面冲击，国家金融安全随之下降，反之亦然。因此，FinancialCrisis 取值为 1 表示该国爆发了金融危机，取值为 0 则表示该国没有爆发金融危机。借鉴 Gourinchas 和 Obstfeld 以及梅冬州和崔小勇的研究并考虑到数据的可得性，将金融危机划分为货币危机、主权债务危机和本地银行危机。[①] 数据来自 Laeven 和 Valencia 公布的 IMF 工作论文——《重新审视系统性银行危机》。[②] 只要该国在该年发生了货币危机、主权债务危机以及银行危机这三种危机的任何一种，就界定为爆发了金融危机。Laeven 和 Valencia 对全球 1970—2017 年间 151 次系统性银行危机进行了刻画。[③] 他们对系统性银行危机的定义为符合两个条件，即银行系统出现财务困境的重要迹象（表现为大量银行挤兑、银行系统损失或银行清算等），以及针对银行体系重大损失的重大银行政策干预措施。该指标对系统性银行危机的定义较为完整，因此许多国内外学者在进行实证研究时均采用了这个指标，如戴国强和陈晨、陈雨露等、Bodea 等以及 Levieuge 等。[④]

除此之外，本书还采用权重法来衡量国家金融安全水平，即基于数据可得性，选定了 GDP 增长率、通货膨胀变化率、M2/GDP、政府债务占 GDP 的比重等多个指标并基于熵权法计算出了各国的国家金融安全综合得分。相关数据来自世界银行 World Development Indicators（WDI）数据库、Global Financial Development Database（GFDD）数据库以及国际货币基金组织（IMF）的 IFS 数据库。

---

① Gourinchas, P. O. and Obstfeld, M., "Stories of the Twentieth Century for the Twenty – first", *American Economic Journal: Macroeconomics*, Vol. 4, No. 1, 2012；梅冬州、崔小勇：《制造业比重、生产的垂直专业化与金融危机》，《经济研究》2017 年第 2 期。

② Laeven, M. L. and M. F. Valencia, "Systemic Banking Crises Revisited", *IMF Working Papers*, Vol. 18, No. 206, 2018.

③ Laeven, M. L. and M. F. Valencia, "Systemic Banking Crises Revisited", *IMF Working Papers*, Vol. 18, No. 206, 2018.

④ 戴国强、陈晨：《金融消费者保护与金融危机——基于全球 142 个经济体的实证研究》，《财经研究》2015 年第 3 期；陈雨露、马勇、阮卓阳：《金融周期和金融波动如何影响经济增长与金融稳定?》，《金融研究》2016 年第 2 期；Bodea, C., C. Houle, and H. Kim, "Do Financial Crises Increase Income Inequality?", *World Development*, Vol. 147, 2021；Levieuge, G., Y. Lucotte, and F. Pradines – Jobet, "The Cost of Banking Crises: Does the Policy Framework Matter?", *Journal of International Money and Finance*, Vol. 110, 2021.

（三）解释变量——跨境资本流动（Flow）

本书的主要解释变量为国家跨境资本流动规模。参考张广婷、顾海峰和于家珺、Dinger 和 Kaat 以及顾海峰和卞雨晨的做法，[①] 采用国际货币基金组织（IMF）统计的国际收支平衡表中金融账户净值与 GDP 比值来衡量。该指标值越大则代表跨境资本净流动规模越大。

（四）其他控制变量（X）

其他国家层面的因素很可能会影响到国家金融安全水平，因此，参考马勇等、赵进文等、纪洋等以及 Hardy 和 Sever 等学者的研究，[②] 本书还控制了一系列国家层面的特征因素。具体来看，经济层面的变量，其反映的是一国经济整体情况，选取了经济增长率（Ggdp）、通货膨胀率（Infl）、金融化程度（M2）和人均实际 GDP（PerGDP）；金融层面的变量，其体现了一国金融体系面貌，选取了实际利率（Rate）、国内总储蓄率（Saving）和贸易开放度（Trade）；社会层面的变量，其反映的是国家基本的国情，选取了城镇化增长率（Urban）、人口增长率（Popul）和失业率（Unemploy）等。以上数据均来自世界银行的 WDI 数据库。具体如表 5－2 所示。

表 5－2　主要控制变量的定义说明

控制变量	评价指标	符号	变量说明
经济层面	经济增长率	Ggdp	各国 GDP 每年增长率
	通货膨胀率	Infl	按 CPI 指数年增长率衡量的通货膨胀率
	金融化程度	M2	广义货币 M2 占 GDP 比重
	人均实际 GDP	PerGDP	人均实际 GDP 取对数

① 张广婷：《新兴市场国家跨境资本流动的驱动因素研究——基于因子分析法的实证分析》，《世界经济研究》2016 年第 10 期；顾海峰、于家珺：《跨境资本流动加剧了银行信贷风险吗——基于资本流入、流出与总量的考察》，《国际贸易问题》2020 年第 9 期；Dinger，V. and D. M. Te Kaat，“Cross－border Capital Flows and Bank Risk－taking”，*Journal of Banking & Finance*，Vol. 117，2020；顾海峰、卞雨晨：《跨境资本流动、贷款集中与银行系统性风险：如何理解宏观审慎政策和国际金融环境的作用?》，《世界经济研究》2021 年第 10 期。

② 马勇、杨栋、陈雨露：《信贷扩张、监管错配与金融危机：跨国实证》，《经济研究》2009 年第 12 期；赵进文、苏明政、邢天才：《未预期收益率、传染性与金融危机——来自上海市场与世界市场的证据》，《经济研究》2013 年第 4 期；纪洋、边文龙、黄益平：《隐性存保、显性存保与金融危机：国际经验与中国实践》，《经济研究》2018 年第 8 期；Hardy，B. and Sever，C.，“Financial Crises and Innovation”，*European Economic Review*，Vol. 138，2021.

续表

控制变量	评价指标	符号	变量说明
金融层面	实际利率	Rate	按通货膨胀率调整后的利率
	国内总储蓄率	Saving	国内总储蓄/GDP
	贸易开放度	Trade	进出口贸易额/GDP
社会层面	城镇化增长率	Urban	城镇人口年增长率
	人口增长率	Popul	人口增长年度百分比
	失业率	Unemploy	总失业人数占劳动力总数的比例

数据来源：表内的数据均来自世界银行的 World Development Indicators（WDI）数据库。

第四节　实证结果分析

一　主要变量的描述性统计

表5－3报告了主要变量的描述性统计情况。总体来看，被解释变量国家金融安全水平用是否发生金融危机来衡量时，可以发现其均值仅为0.037，这表明在世界上绝大部分国家在近三四十年来国家金融安全是有保障的；当被解释变量用权重法来构造时，可以发现国家金融安全程度（NFS）的平均值为18.130，最小值为4.450，最大值为76.010，标准差为9.401，这表明样本中的不同国家之间的金融安全程度存在较大差异。跨境资本流动（Flow）的平均值是－0.015，最小值和最大值分别是－0.299和0.579，这表明样本中的国家之间跨境资本流动同样存在较大差异。

而对控制变量进行描述性统计后可以看出，各国GDP增长率（Ggdp）平均值为3.683，最小值为－13.190，最大值为19.220，标准差为3.935，这说明样本中的绝大数国家保持着正向的经济增长。M2/GDP实际衡量的是在全部经济交易中，以货币为媒介进行交易所占的比重，可以衡量经济体的金融化程度，从表5－3中可以看出各国的广义货币供应量M2占GDP的比重平均值为57.492，最小值为7.707，最大值为195.218，标准差为39.193，这说明样本中的大部分国家都具有了一定的金融深度。通货膨胀率（Infl）平均值为9.241，最小值为－9.255，最大值为307.339，中位数为4.987，标准差为22.587，这说明虽然仍有部分国家存在通货紧缩和极端通货膨胀的情况，但绝大部分国家的通货膨胀率趋于稳定。人均实际GDP（PerGDP）取对数后平均值为8.137，最小值为4.732，最大值为11.090，标准差为1.440，这说明样本中的人均GDP在取对数后仍有较大差异。实际利率（Rate）是指剔除通货膨胀率后储户得到利息回报的真实利率。一国的实际利率更高，则该国货币的信用度更高，对外国货币吸引力就越强。从表中可以看到实际利率平均值为6.834，最小值为-39.620，最大值为41.241，标准差为10.001，这说明样本中的国家之间信用度差别较大，对外国货币吸引力有着较大差距。国内总储蓄率（Saving）可以反映一国的社会积累水平，但过高的储蓄率会使经济活力不足，对金融市场的发展造成不良影响。从表中可以看到国内总储蓄率的平均值为18.806，最小值为-35.730，最大值为62.962，标准差为16.116，这说明样本中的国家之间国内总储蓄率差别较大，金融市场发展现状也存在较大不同。贸易开放度（Trade）反映了一国的进出口贸易额规模。从表中可以看到贸易开放度的平均值为85.847，最小值为11.160，最大值为312.175，标准差为52.145，可以说贸易开放度是样本国家之间差异最大的一个指标。城镇化增长率（Urban）反映了一国的城市化增长程度，而城市化程度越高的国家就越能便利地发展金融市场。从表中可以看到城镇化增长率的平均值为2.340，最小值为-1.237，最大值为10.405，标准差为1.815。城镇化增长率（Popul）有正有负，不同国家的城市化程度仍有不小差异。人口增长率（Popul）反映了一国的人口提升速度，从表中可以看到人口增长率的平均值为1.546，最小值为-1.444，最大值为6.559，标准差为1.287。可以看到人口增长率放缓是世界的主旋律，但仍有部分国家保持着高人口增长率。失业率（Unemploy）一直被视为反映整体经济状况表现的一个指标，失业率越低，则代表一国经济发展越健康。从表中可以看到失业率的平均值为7.619，最小值为0.580，最大值为26.596，标准差为5.034。这表明样本国家间经济的健康发展程度存在较大不同。

表5-3　　　　**变量的描述性统计**

变量名	样本量	平均值	标准差	最小值	中位数	最大值
FinancialCrisis	2373	0.037	0.189	0	0	1
NFS	1560	18.130	9.401	4.450	16.810	76.010

续表

变量名	样本量	平均值	标准差	最小值	中位数	最大值
Flow	2373	-0.015	0.100	-0.299	-0.0235	0.579
Ggdp	2373	3.683	3.935	-13.190	3.930	19.220
M2	2373	57.492	39.193	7.707	47.188	195.218
Infl	2373	9.241	22.587	-9.255	4.987	307.339
PerGDP	2373	8.137	1.440	4.732	8.143	11.090
Rate	2373	6.834	10.001	-39.620	5.900	41.241
Saving	2373	18.806	16.116	-35.730	19.167	62.962
Trade	2373	85.847	52.145	11.160	77.546	312.175
Urban	2373	2.340	1.815	-1.237	2.192	10.405
Popul	2373	1.546	1.287	-1.444	1.478	6.559
Unemploy	2373	7.619	5.034	0.580	6.190	26.596

二 相关性分析

本章还对被解释变量与解释变量之间的相关系数进行了检验，如表5-4所示。变量相关性检验显示，当国家金融安全程度用是否发生金融危机来衡量时，跨境流动资本变量（Flow）与国家金融安全（FinancialCrisis）的相关系数均在1%的水平上显著负相关。当国家金融安全程度用权重法来衡量时，跨境流动资本变量（Flow）与国家金融安全（NFS）的相关系数均在1%的水平上显著正相关。这表明跨境资本流动规模上升时，国家金融安全程度会更高，这初步证实了本章提出的基本假说H2，即跨境资本流动提升了国家金融安全。后续还将通过进一步的实证分析来验证该假设。

表5-4 **相关性分析**

	FinancialCrisis	NFS	Flow
FinancialCrisis	1.0000		
NFS	-0.107***	1.0000	
Flow	-0.042***	0.083***	1.0000

注：表中数字代表Pearson系数，*、**、***分别表示在10%、5%和1%的统计水平上显著。

三　多重共线性检验

考虑到线性回归模型中解释变量之间可能存在的相关关系，本书在进行计量回归分析之前进行了多重共线性检验。总体来看，估计模型中的方差膨胀因子值均低于10，说明各自变量之间不存在多重共线性问题。

四　基准回归结果

表5－5为跨境资本流动与国家金融安全关系的基准实证分析结果。第（1）列是跨境资本流动对是否发生金融危机的影响的基准回归结果，第（2）列是加入经济层面、金融层面、社会层面三个层面的控制变量之后所得到的回归结果。第（3）、第（4）列汇报的是更换被解释变量之后的跨境资本流动与国家金融安全关系的实证分析结果。第（3）列是跨境资本流动对国家金融安全程度的基准回归结果，第（4）列是加入经济层面、金融层面、社会层面这三个层面的控制变量之后所得到的回归结果。

表5－5　　基准估计结果

	(1)	(2)	(3)	(4)
	FinancialCrisis	FinancialCrisis	NFS	NFS
Flow	−0.0794*	−0.1048**	4.7045***	4.3509**
	(−1.8825)	(−2.3920)	(2.8529)	(2.4009)
Ggdp		−0.0071***		0.1925***
		(−3.4345)		(48.3201)
Infl		−0.0004		0.3257***
		(−1.3844)		(215.3298)
M2		0.0010*		0.2548***
		(1.6714)		(115.6328)
PerGDP		−0.0712***		0.2085
		(−3.5808)		(0.0819)
Rate		−0.0008		−0.3181***
		(−0.9628)		(−5.0374)
Saving		0.0015*		−0.0514
		(1.9044)		(−1.1938)

续表

	(1) FinancialCrisis	(2) FinancialCrisis	(3) NFS	(4) NFS
Trade		-0.0000 (-0.1712)		0.0330 (1.2127)
Urban		0.0069 (0.5253)		0.7387 (0.9730)
Popul		0.0071 (0.4646)		-0.9453 (-1.0286)
Unemploy		0.0003 (0.1082)		0.0599 (0.5086)
常数项	0.0429 (1.0214)	0.6318*** (3.3403)	22.4082 (1.1818)	27.9274*** (9.6707)
Year	控制	控制	控制	控制
Country	控制	控制	控制	控制
N	2373	2373	1560	1560
R^2	0.1019	0.1287	0.6943	0.7725

注：***、**、*表示估计结果在1%、5%、10%的水平上显著；括号内为使用稳健标准误计算的t值。

总体来看，从表5-5第（1）列中可以看到，跨境资本流动变量的系数为-0.0794，并且通过了10%的显著性水平检验。这说明跨境资本流动对发生金融危机具有负向显著影响。在加入经济层面、金融层面、社会层面这三个层面的控制变量后，影响系数波动较小，从-0.0794下降到了-0.1048，表明跨境资本流动对是否发生金融危机的影响较为稳健。而且，从第（2）列中可以看到，跨境资本流动的系数通过了5%的显著性水平检验。因此，通过基准回归可以初步得出：跨境资本流动显著抑制了金融危机发生的概率，从而提升了国家金融安全。这也证实了本章提出的研究假设H2。

再看更换被解释变量之后的跨境资本流动与国家金融安全之间的关系的实证分析结果。从表5-5的第（3）列中可以看到，跨境资本流动的系数通过了1%的显著性水平检验，系数为4.7045。这说明跨境资本流动对国家金融安全程度具有正向显著影响。跨境资本流动程度每提升 1 个单位，国家金融安全程度就会提升 4.7045 个单位。Schmukler 也指出，金融自由化可以增加信贷资金的可获得，改善金融基础设施和银行治理，提升金融安全。① Shehzad 和 De Haan 使用 1973—2002 年发达国家和发展中国家的数据进行的实证研究也证实金融自由化的改革减小了系统性危机发生的可能性。② 关筱谨等的研究进一步证实了跨境资本流入的增加在短期内降低了中国系统性金融风险水平。③ 总之，跨境资本流动可以促进国内金融制度改革、④ 优化金融结构，⑤ 提高金融业运行效率和竞争力，⑥ 推动金融监管改进，⑦ 提高金融发展水平、增强政策有效性，⑧ 缓解国家的资本净流入压力，如经济过热、外汇升值等，⑨ 最终提升了国家金融安全。在加入经济层面、金融层面、社会层面这三个层面的控制变量后，影响系数波动较小，从 4.7045 下降到了 4.3509，这表明跨境资本流动对国家金融安全的影响较为稳健。从表 5－5 第（4）列中可以看到，跨境资本流动的系数通过了 5% 的显著性水平检验。因此通过列（3）和列（4）的回归结果同样可以得出，跨境资本流动会对国家金融安全产生显著的正向促进影响，再次验证了研究假设 H2。

---

① Schmukler，S. L.，"Financial Globalization：Gain and Pain for Developing Countries"，*Federal Reserve Bank of Atlanta Economic Review*，Vol. 89，No. 2，2004.

② Shehzad，C. T. and Haan，J. D.，"Financial Liberalization and Banking Crises"，*ResearchGate*，2008.

③ 关筱谨、任碧云、李坤青：《短期跨境资本流动对系统性金融风险的影响研究》，《经济体制改革》2021 年第 3 期。

④ 范从来：《银行业开放：焦点、冲击和策略取向》，《南京社会科学》2000 年第 3 期。

⑤ 杨大光、何静：《银行业开放与国家金融安全》，《中国流通经济》2007 年第 7 期。

⑥ 何德旭：《外资进入中国银行业：趋势、影响及对策》，《财经论丛》（浙江财经学院学报）2004 年第 2 期；谢丽华：《国际资本流入对中国银行业的影响及对策》，《亚太经济》2010 年第 6 期。

⑦ 徐振东：《百年国际直接投资：演化、贡献及启示》，《国际金融研究》2001 年第 5 期。

⑧ Ghosh，A.，"Does the Policy Trilemma Still Hold? Fresh Evidence and Its Implications"，*International Journal of Monetary Economics and Finance*，Vol. 7，No. 2，2014；Georgiadis，G. and A. Mehl，"Trilemma，Not Dilemma：Financial Globalisation and Monetary Policy Effectiveness"，*Social Science Electronic Publishing*，Vol. 222，2015.

⑨ Aizenman，J.，Y. Jinjarak，and D. Park，"Capital Flows and Economic Growth in the Era of Financial Integration and Crisis，1990－2010"，*Open Economies Review*，Vol. 24，No. 3，2013.

第五节　稳健性检验

一　更换跨境资本流动的衡量方式

一般来说，国际直接投资具有周期长、波动小的特点，而短期资本流动则具有周期短、波动大的特点，两者会表现出较大的差异性。这种差异可能会导致其对国家金融安全的影响不同。相比较而言，短期资本流动对国家金融安全的影响要更大一些。因此，借鉴刘粮和陈雷衡量短期资本流动变量的做法，[①] 本书采用国际收支平衡表中金融账户差额剔除国际直接投资来表示短期跨境资本流动变量（SFlow），并重新进行了实证检验，结果如表5－6所示。

从表5－6第（1）列中可以看到，短期跨境资本流动的系数为负值，而且通过了10%的显著性水平检验。这说明短期跨境资本流动对发生金融危机具有负向显著影响。加入经济层面、金融层面、社会层面这三个层面的控制变量后，影响系数波动较小，从－0.0583下降到了－0.0626，并且在10%的水平上显著，如表5－6列（2）所示。因此，短期跨境资本流动显著抑制了金融危机的发生，提升了国家金融安全。

将国家金融安全变量更换为综合指数以后，重新进行了实证检验。从表5－6第（3）列中可以看到，短期跨境资本流动程度的系数通过了5%的显著性水平检验，系数为正值。在加入经济层面、金融层面、社会层面这三个层面的控制变量后，影响系数波动较小，从5.0357下降到了4.1548，在5%的显著性水平上显著。这表明短期跨境资本流动显著提升了一国的国家金融安全综合得分。因此，通过表5－6中列（3）和列（4）的估计结果可以得出，短期跨境资本流动也会对国家金融安全产生正向促进作用。

① 刘粮、陈雷：《外部冲击、汇率制度与跨境资本流动》，《国际金融研究》2018年第5期。

表 5－6　　　　更换跨境资本流动衡量方式后的估计结果

	(1) FinancialCrisis	(2) FinancialCrisis	(3) NFS	(4) NFS
SFlow	－0. 0583 * (－1. 7620)	－0. 0626 * (－1. 7927)	5. 0357 ** (2. 1582)	4. 1548 ** (2. 1204)
Ggdp		－0. 0070 *** (－3. 3774)		0. 1927 *** (72. 3587)
Infl		－0. 0003 (－0. 8830)		0. 2045 *** (180. 3658)
M2		0. 0011 * (1. 6989)		0. 2082 *** (123. 0215)
PerGDP		－0. 0704 *** (－3. 5610)		0. 2847 (0. 1059)
Rate		－0. 0007 (－0. 8585)		－0. 3095 *** (－5. 1251)
Saving		0. 0013 (1. 6337)		－0. 0452 (－1. 1364)
Trade		－0. 0000 (－0. 0488)		0. 0328 (1. 1838)
Urban		0. 0074 (0. 5604)		0. 7625 (1. 0326)
Popul		0. 0062 (0. 4040)		－0. 9977 (－1. 1317)
Unemploy		0. 0003 (0. 1379)		0. 0486 (0. 4287)
常数项	0. 0440 (1. 0457)	0. 6226 *** (3. 3217)	27. 6584 *** (9. 4404)	21. 7107 (1. 0694)
Year	控制	控制	控制	控制
Country	控制	控制	控制	控制
N	2372	2372	1559	1559
R^2	0. 1022	0. 1289	0. 6954	0. 7735

注：***、**、* 表示估计结果在 1%、5%、10% 的水平上显著；括号内为使用稳健标准误计算的 t 值。

二　使用滞后一期的跨境资本流动变量进行回归

考虑到遗漏变量等导致的潜在的内生性问题，本书使用滞后一期的跨境资本流动变量，对基准模型重新进行了回归估计，结果如表5－7所示。从表5－7的第（1）列中可以看到，滞后一期的跨境资本流动变量的系数为负值，在1%的显著性水平上显著。这说明滞后一期的跨境资本流动对发生金融危机具有显著的负向显著影响。加入经济层面、金融层面、社会层面这三个层面的控制变量后，列（2）显示滞后一期的跨境资本流动的系数仍然显著为负值。

表5－7中第（3）列和第（4）列汇报的是滞后一期的跨境资本流动变量对国家金融安全综合指数的影响。可以看到在列（3）和列（4）中，跨境资本流动变量的系数均为正值，分别在1%和5%的水平上显著。因此，滞后一期的跨境资本流动变量显著提升了国家金融安全综合得分，即使用滞后一期的跨境资本流动变量进行的实证结果仍然验证了研究假设H2。

表5－7　**使用滞后一期的跨境资本流动变量进行回归的结果**

	(1) FinancialCrisis	(2) FinancialCrisis	(3) NFS	(4) NFS
L. Flow	−0.1883*** (−4.1485)	−0.2004*** (−3.9104)	3.4716*** (3.3213)	4.5485** (2.4307)
Ggdp		−0.0074*** (−3.3608)		0.2718*** (50.1579)
Infl		0.0001 (0.3237)		0.3689*** (128.3695)
M2		0.0007 (0.9658)		0.1593*** (96.3781)
PerGDP		−0.0544** (−2.4041)		0.3742 (0.1590)
Rate		0.0004 (0.3944)		−0.2899*** (−5.0951)
Saving		0.0015 (1.5048)		−0.0556 (−1.3689)

续表

	(1) FinancialCrisis	(2) FinancialCrisis	(3) NFS	(4) NFS
Trade		-0.0000 (-0.1199)		0.0332 (1.2149)
Urban		0.0091 (0.5401)		0.8315 (1.0803)
Popul		0.0034 (0.1746)		-1.0706 (-1.1820)
Unemploy		-0.0005 (-0.2135)		0.0821 (0.6784)
常数项	-0.0061 (-0.2159)	0.4437** (2.0414)	21.1224*** (13.4476)	17.3260 (0.9847)
Year	控制	控制	控制	控制
Country	控制	控制	控制	控制
N	2244	2244	1473	1473
R^2	0.1191	0.1426	0.7511	0.8130

注：***、**、* 表示估计结果在1%、5%、10%的水平上显著；括号内为使用稳健标准误计算的t值。

三　更换估计方法——动态面板模型估计（Dynamic Panel Data Models）

考虑到上一期的国家金融安全很可能会影响到当期的国家金融安全水平。因此，本节在基准模型的基础上，加入国家金融安全变量的一阶和二阶滞后项，以控制模型可能存在的动态效应，并重新进行了实证分析。实证模型如下所示：

$$FinancialCrisi/NFS_{i,t} = \beta_0 + \beta_1 L.\ FinancialCrisi/NFS_{i,t} + \beta_2 L2.\ FinancialCrisi/NFS_{i,t} + \beta_3 Flow_{i,t} + \theta' X_{i,t} + \mu_i + \lambda_t + \varepsilon_{i,t}$$

其中，$FinancialCrisis_{i,t}$表示i国t期是否爆发金融危机，如果爆发则记为1，没有爆发则记为0，以此来衡量国家的金融安全程度；$NFS_{i,t}$表示用权重法来衡量的国家金融安全程度。$L.\ FinancialCrisis/NFS_{i,t}$表示国家金融安全程度的一阶滞后项，$L2.\ FinancialCrisis/NFS_{i,t}$表示国家金融安全程度的二阶滞后项。$Flow_{i,t}$表示 i 国 t 期国际收支平衡表金融账户净值与 GDP 的比值。$X_{i,t}$代表一系列控制变量。β_0是截距项，β_1、β_2和β_3是相应变量的估计系数。方程中的μ_i表示不可观测的国家个体效应，λ_t表示时间效应；$\varepsilon_{i,t}$表示随机扰动项。为了处理内生性问题，本书选择广义矩估计（Generalized Methods of Moments，GMM）方法进行了估计。而且，考虑到估计结果的稳健性，本书分别采用了系统 GMM 模型（SYS－GMM）和差分 GMM 模型（DIFF－GMM）分别来考察跨境资本流动对国家金融安全的影响，估计结果如表 5－8 和表 5－9 所示。

从表 5－8 第（1）列中可以看到，AR（1）和 AR（2）检验的 p 值表明，差分方程的残差存在一阶序列相关，但不存在二阶序列相关。因此，模型通过了自相关检验。Sargan 检验的 p 值大于 0.1，不能拒绝原假设。因此，Sargan 检验的结果表明工具变量是有效的，即系统 GMM 的估计结果是可靠的。通过采用系统 GMM 估计方法进行估计可以初步得出，列（1）中 Flow 的系数为－0.0704，在 1% 的水平上显著，即跨境资本流动显著抑制了金融危机发生的概率，提升了国家金融安全，这也证实了本章提出的研究假设 H2。

再看更换被解释变量之后的跨境资本流动与国家金融安全关系的实证分析结果。从表 5－8 第（2）列中可以看到，AR（2）检验拒绝了二阶序列相关假设。Sargan 检验也表明所有的工具变量都是有效的。在模型（2）中，Flow 的系数显著为正值，验证了跨境资本流动对国家金融安全的提升作用。

表 5－8 **系统 GMM 的估计结果**

	(1) FinancialCrisis	(2) NFS
L. FinancialCrisis	0.0654 *** (82.8552)	
L2. FinancialCrisis	−0.0104 *** (−24.9990)	
L. NFS		0.0683 *** (29.8889)

续表

	(1) FinancialCrisis	(2) NFS
L2. NFS		0.0220 *** (6.9187)
Flow	-0.0704 *** (-19.0121)	1.0604 *** (4.8695)
Ggdp	-0.0049 *** (-39.9907)	0.1814 *** (60.1425)
Infl	-0.0012 *** (-44.7350)	0.2115 *** (212.4905)
M2	0.0011 *** (27.2891)	0.2216 *** (118.5373)
PerGDP	-0.0247 *** (-26.3651)	-0.2022 ** (-2.5112)
Rate	-0.0007 *** (-22.3898)	0.0150 *** (6.1474)
Saving	0.0016 *** (29.7597)	-0.0246 *** (-5.5335)
Trade	0.0002 *** (16.6407)	0.0091 *** (6.0899)
Urban	-0.0169 *** (-22.2531)	-0.7020 *** (-5.6157)
Popul	0.0311 *** (33.6723)	0.4999 *** (2.9115)
Unemploy	-0.0026 *** (-12.3452)	0.0521 *** (4.4221)
常数项	0.1647 *** (24.0480)	4.6847 *** (6.9944)
AR (1)	0.0000	0.0000
AR (2)	0.7924	0.1510

续表

	(1) FinancialCrisis	(2) NFS
Sargan 检验	1.000	1.000
观测值	2117	1363

注：***、**、*分别表示在1%、5%、10%的水平上显著，括号内数字为相应的t值。AR(1)、AR(2)和Sargan检验分别提供检验的p值。L.代表变量的滞后一期，L2.代表变量的滞后两期。

动态面板数据模型除使用系统GMM方法进行估计以外，还可以采用差分GMM进行估计。为了获得较为稳健的估计结果，本小节还使用差分GMM重新对模型进行了估计，结果如表5-9所示。模型均通过了AR(2)检验和Sargan检验。例(1)的结果显示，跨境资本流动显著抑制了金融危机发生的概率。通过更换被解释变量并重新进行估计，例(2)的结果也显示，跨境资本流动显著提升了国家金融安全水平。这与前文的结论是一致的。

表5-9　**差分GMM的估计结果**

	(1) FinancialCrisis	(2) NFS
L. FinancialCrisis	0.0541*** (292.7003)	
L2. FinancialCrisis	-0.0208*** (-1.7e+02)	
L. NFS		0.0224*** (8.4443)
L2. NFS		0.0052*** (4.9456)
Flow	-0.1348*** (-1.3e+02)	1.1111* (1.8752)
Ggdp	-0.0037*** (-1.3e+02)	0.1614*** (53.2283)

续表

	(1) FinancialCrisis	(2) NFS
Infl	-0.0009*** (-62.9127)	0.2030*** (352.0374)
M2	0.0016*** (155.6728)	0.2169*** (132.2371)
PerGDP	-0.0953*** (-1.1e+02)	-0.8606*** (-15.9749)
Rate	-0.0003*** (-30.5520)	0.0061*** (3.3995)
Saving	0.0037*** (163.1173)	0.0083** (2.1135)
Trade	-0.0005*** (-44.3167)	0.0038*** (2.7690)
Urban	-0.0283*** (-40.6958)	-0.3772*** (-3.9924)
Popul	0.0485*** (49.3269)	0.5740*** (4.0547)
Unemploy	-0.0021*** (-45.2871)	-0.0905*** (-17.5907)
常数项	0.7132*** (90.0885)	11.1323*** (28.3736)
AR (1)	0.0000	0.0002
AR (2)	0.6044	0.2008
Sargan 检验	0.8398	1.000
N	1995	1272

注：***、**、*分别表示在1%、5%、10%的水平上显著，括号内数字为相应的t值。AR (1)、AR (2) 和Sargan检验分别提供检验的p值。L.代表变量的滞后一期，L2.代表变量的滞后两期。

总之，通过更换跨境资本流动的衡量方式、使用滞后一期的跨境资本流动变量进行估计以及使用动态面板模型的系统GMM和差分GMM模型分别进行估计，得到的实证结果均显示跨境资本流动规模的提高显著降低了金融危机发生的概率、提升了国家金融安全综合指数，即跨境资本流动提升了国家金融安全。因此，本章得到的研究结论是稳健的。

第六节　微观层面分析

前述实证分析采用的是 116 个国家跨国层面的数据，综合检验了跨境资本流动对国家金融安全的全面影响。但是，跨国层面的数据在一定程度上忽略了各国之间的较大差异性。因此，本节又通过采用微观企业层面的数据对跨境资本流动对金融安全的影响进行了实证检验。党的十八大以来，中国金融开放的进程逐步加快，跨境资本流动的规模也是迅猛发展。2014 年，“沪港通”交易制度的实施为本节的实证分析提供了一个良好的视角。“沪港通”交易制度实施的主要特点便是互联互通、双向开放。通过实施“沪港通”交易制度，两地投资者可以参与沪港股的股票，从而有效提升了资本流动的规模。因此，本节将“沪港通”制度作为准自然实验，实证检验了该制度的实施所带来的跨境资本流动对金融安全的影响。

一　模型设定

参考钟覃琳和陆正飞、陈运森和黄健峤、连立帅等以及戴鹏毅等学者的研究，[①] 本节构建如下的回归模型来对理论中的研究假设进行实证检验：

$$NPL_{i,t} = \alpha_0 + \alpha_1 + Open \times Post + \alpha_2 CONTROLS_{i,t} + \mu_i + \lambda_t + \varepsilon_{i,t}$$

其中，$NPL_{i,t}$表示第 i 家商业银行 t 期的不良贷款率。商业银行的不良贷款率是国家金融安全的重要组成部分。如果商业银行的不良贷款率较高，则金融体系的风险较大，相应的国家金融安全也就较低。而商业银行

① 钟覃琳、陆正飞：《资本市场开放能提高股价信息含量吗？——基于“沪港通”效应的实证检验》，《管理世界》2018 年第 1 期；陈运森、黄健峤：《股票市场开放与企业投资效率——基于“沪港通”的准自然实验》，《金融研究》2019 年第 8 期；连立帅、朱松、陈超：《资本市场开放与股价对企业投资的引导作用：基于沪港通交易制度的经验证据》，《中国工业经济》2019 年第 3 期；戴鹏毅、杨胜刚、袁礼：《资本市场开放与企业全要素生产率》，《世界经济》2021 年第 8 期。

的不良贷款率越低，则意味着商业银行竞争力比较强，因此金融安全程度也就比较高。顾海兵和夏梦也指出商业银行的不良贷款率是影响金融领域安全的重要因素。[①] Open 为“沪股通”的虚拟变量，Post 为“沪港通”启动时点的虚拟变量。本书主要关注 Open × Post 的回归系数α_1。若α_1显著为负值，则说明“沪港通”交易制度的实施显著降低了商业银行的不良贷款率，进而提升了金融安全。$Controls_{i,t}$代表一系列企业层面的控制变量。方程中的μ_i表示不可观测的企业个体效应，λ_t表示时间效应；$\varepsilon_{i,t}$表示随机扰动项。

二　变量定义和数据来源

关于 Open × Post 变量，若上市的商业银行为入选“沪港通”的股票样本，则定义 Open = 1，否则 Open = 0。由于“沪港通”政策于 2014 年 11 月正式启动实施，因此我们定义 2014 年之后为“沪港通”实施年份，即定义 Post = 1 表示 2014 年之后，其他年份定义 Post = 0。此外，影响商业银行不良贷款率的因素有很多，因此，参考王秀丽等与张乐和韩立岩的研究，[②] 选用了银行资产规模、银行资本充足率、银行资产收益率、银行经营效率、银行流动性水平、股权集中度、董事会规模、董事会独立性等变量作为主要控制变量。具体变量定义如表 5 – 10 所示。

表 5 – 10　　　　　控制变量定义说明

控制变量	评价指标	符号	指标及量化说明
财务层面	银行资产规模	Size	银行总资产规模取对数
	银行资本充足率	CAR	银行资本充足率
	银行盈利能力	ROA	银行资产收益率
	银行经营效率	CIR	银行成本收入比
	银行流动性水平	DPR	银行存贷比

① 顾海兵、夏梦：《基于国家经济安全的金融安全指标的选取研究》，《国家行政学院学报》2011 年第 5 期。

② 王秀丽、鲍明明、张龙天：《金融发展、信贷行为与信贷效率——基于我国城市商业银行的实证研究》，《金融研究》2014 年第 7 期；张乐、韩立岩：《混合所有制对中国上市银行不良贷款率的影响研究》，《国际金融研究》2016 年第 7 期。

续表

控制变量	评价指标	符号	指标及量化说明
管理层面	股权集中度	Owner	第一大股东持股比例
	董事会规模	Board	董事会人数 +1 取对数
	董事会独立性	INdepen	独立董事人数/董事会人数

数据来源：国泰安数据库。

本部分的数据主要来自国泰安 CSMAR 数据库，研究样本为 2012—2020 年 A 股沪市上市公司。由于本节考察的是“沪港通”交易制度的实施对上市商业银行不良贷款率的影响。因此，本节主要选取了上市商业银行作为实证样本。其中，进入“沪港通”交易制度的银行为实验组，其他上市的商业银行为对照组。进一步地，删除了 ST 的样本以及剔除其他数据缺失样本，并对连续型变量进行 1% 的 winsorize 处理。

三　实证结果分析

（一）主要变量的描述性统计

表 5 - 11 报告了本节主要变量的描述性统计情况。不良贷款率是指商业银行不良贷款占总贷款余额的比重，是衡量商业银行安全状况的重要指标之一。从表中可以看到不良贷款率（NPL）的平均值为 1. 35，最小值为 0. 43，最大值为 2. 47，标准差为 0. 39，这说明样本间的不良贷款率存在一定的差异。银行资产规模（Size）可以反映银行规模大小，从表中可以看到银行资产规模取对数后的平均值为 28. 41，最小值为 25. 12，最大值为 31. 14，标准差为 1. 60，这也反映出样本中不同的银行资产规模仍有不小差异。银行资本充足率（CAR）是一个银行的资本总额对其风险加权资产的比例，可以衡量银行抵御风险的能力，从表中可以看到资本充足率的平均值为 13. 13，最小值为 9. 88，最大值为 17. 53，标准差为 1. 56。这说明样本中的银行均有一定的抵御风险的能力。银行资产收益率（ROA）一直被视为反映银行盈利能力的一个指标，银行资产收益率越高，代表银行盈利能力越强，从表中可以看到银行资产收益率的平均值为 14. 56，最小值为 6. 81，最大值为 26. 65，标准差为 4. 11，这表明样本银行间盈利能力存在些许差异。银行成本收入比被视为反映银行经营效率（CIR）的指标，

它的平均值为29.89，最小值为12.38，最大值为56.57，标准差为4.64。这表明大部分样本银行可以保持不错的经营效率，但不同银行的经营效率存在较大差异。银行存贷比被视为反映银行流动性水平（DPR）的指标，它的平均值为70.50，最小值为38.97，最大值为99.95，标准差为10.57，这表明样本银行的存贷比都保持在较高的水平上。第一大股东占比比例可以反映出一家银行的股权集中度（Owner），它的平均值为25.48，最小值为4.31，最大值为67.72，标准差为17.14，可以看出这是样本间差异最大的一个指标，这表明样本银行间股权集中度差异极大。董事会规模（Board）的平均值为2.72，最小值为2.30，最大值为3.05，标准差为0.16。董事会独立性（INdepen）的平均值为0.37，最小值为0.27，最大值为0.50，标准差为0.04，这两个指标都差异不大。

表5-11　　主要变量的描述性统计

变量名	样本量	平均值	标准差	最小值	中位数	最大值
NPL	229	1.35	0.39	0.43	1.39	2.47
Open × Post	229	0.32	0.47	0	0	1
Size	229	28.41	1.60	25.12	28.62	31.14
CIR	191	29.89	4.64	12.38	29.82	56.57
CAR	181	13.13	1.56	9.88	13.04	17.53
DPR	126	70.50	10.57	38.97	70.64	99.95
ROA	225	14.56	4.11	6.81	13.76	26.65
Owner	228	25.48	17.14	4.31	20.00	67.72
Board	228	2.72	0.16	2.30	2.71	3.05
INdepen	228	0.37	0.04	0.27	0.36	0.50

（二）实证结果

表5-12汇报了“沪港通”交易制度的实施对商业银行不良贷款率影响的基准估计结果。模型（1）仅控制了Open × Post，并没有控制其他变量，此时Open × Post的系数为负值，在1%的水平上显著。模型（2）中控制了企业股东和董事会特征后，Open × Post的系数仍然显著为负值。模型（3）则控制了企业的财务信息，模型（4）中控制了所有企业层面因素。总体来看，交互项的系数在表5-12的四个模型中均显著为负值。因

此，“沪港通”交易制度的实施显著降低了商业银行不良贷款率，提升了金融安全。一般来说，“沪港通”交易制度的实施给企业带来的监管效应、信息披露效应，有效提升了企业管理水平，降低了商业银行的不良贷款率，即“沪港通”交易制度的实施所带来的跨境资本流动提升了金融安全。

表 5－12　　“沪港通”与商业银行不良贷款率

	(1) NPL	(2) NPL	(3) NPL	(4) NPL
Open × Post	-0.6255*** (-10.0813)	-0.6378*** (-12.1132)	-0.1687*** (-3.2922)	-0.1863** (-2.2054)
Owner		-0.0030 (-1.2230)		0.0095 (0.8915)
Board		-0.1734 (-0.9206)		-0.4348*** (-3.7132)
INdepen		0.3458 (0.8069)		-0.0274 (-0.1109)
Size			-0.6520*** (-3.7431)	-0.8139*** (-5.8064)
CIR			0.0001 (0.0191)	-0.0012 (-0.3825)
CAR			0.0324** (2.2818)	0.0333** (2.3629)
DPR			0.0167*** (6.9033)	0.0180*** (7.0002)
ROA			-0.0160 (-1.3155)	-0.0040 (-0.3109)
常数项	0.9486*** (21.9515)	1.3874** (2.3459)	17.3666*** (3.8331)	22.5516*** (6.3743)
Year	控制	控制	控制	控制
Firm	控制	控制	控制	控制
N	221	220	126	126
R^2	0.7057	0.7226	0.8606	0.8805

注：***、**、* 表示估计结果在 1%、5%、10% 的水平上显著；括号内为 t 值。

（三）平行趋势检验

双重差分模型在使用的时候一个重要的前提是符合平行趋势检验。因此，参考庞家任等的研究，[①] 本小节首先使用 2012—2014 年的样本进行了平行趋势检验。假设“沪港通”制度实施的起始年份为实际实施的前一年，即 2013 年，回归结果如表 5－13 所示。由于此时实际上并没有实施政策，Open × Post 的系数并不显著，符合理论预期。这说明在“沪港通”政策实施前，对照组和实验组的商业银行不良贷款率并没有显著差异。

表 5－13　　　　平行趋势检验结果 1

	(1) NPL	(2) NPL	(3) NPL	(4) NPL
Open × Post	－0.0830 (－2.1751)	－0.0458 (－0.6266)	－0.0552 (－1.2552)	－0.2189 (－1.3718)
Size		0.4181 (1.0024)		1.3455* (2.0973)
CIR		0.0110* (2.1023)		0.0057 (1.3216)
ROA		－0.0476*** (－3.7268)		－0.0372* (－1.8695)
CAR		－0.0105 (－1.2253)		－0.4492 (－0.7373)
DRA		－0.1678 (－0.9192)		0.2256 (0.1842)
Owner			－0.0135 (－1.3700)	－0.0175* (－1.9286)
Board			0.0365 (0.1325)	－0.1867 (－1.5886)
INdepen			0.2034 (0.2844)	0.6033 (1.0213)

① 庞家任、张鹤、张梦洁：《资本市场开放与股权资本成本——基于沪港通、深港通的实证研究》，《金融研究》2020 年第 12 期。

续表

	(1) NPL	(2) NPL	(3) NPL	(4) NPL
常数项	0.8069*** (33.8323)	-9.7754 (-0.8162)	1.0436 (1.4480)	-36.1290* (-1.9382)
Year	控制	控制	控制	控制
Firm	控制	控制	控制	控制
N	48	44	47	44
R^2	0.7477	0.8260	0.7588	0.8669

注：***、**、*表示估计结果在1%、5%、10%的水平上显著；括号内为t值。

本小节继续使用2012—2020年的全样本，假设“沪港通”制度实施的起始年份分别向后平推1年，即基准年份被设置为2015年，回归结果如表5-14所示。在加入控制变量前和加入控制变量后，Open × Post 2015的系数都显著为负，符合理论预期。这说明在“沪港通”政策实施后，实验组商业银行的不良贷款率受到“沪港通”的影响并发生了显著变化。

表5-14　**平行趋势检验结果2**

	(1) NPL	(2) NPL	(3) NPL	(4) NPL
Open × Post 2015	-0.6033*** (-9.6290)	-0.3450*** (-4.6634)	-0.6304*** (-10.9602)	-0.3718*** (-4.2236)
Size		-0.4833 (-1.5493)		-0.4972 (-1.6079)
CIR		0.0049 (1.5729)		0.0058 (1.5521)
CAR		0.0092 (0.6451)		0.0101 (0.6845)
DPR		0.0214 (1.2014)		0.0197 (1.1375)
ROA		-0.0601*** (-3.7737)		-0.0596*** (-3.7173)

续表

	(1) NPL	(2) NPL	(3) NPL	(4) NPL
Owner			-0.0020 (-0.7448)	0.0013 (0.1718)
Board			-0.2500 (-1.3446)	0.2057 (0.8597)
INdepen			0.3641 (0.8642)	0.1677 (0.4204)
常数项	0.9624*** (20.9770)	15.1212* (1.7986)	1.5952*** (2.7332)	14.8039* (1.7104)
Year	控制	控制	控制	控制
Firm	控制	控制	控制	控制
N	221	126	220	126
R^2	0.6956	0.8277	0.7154	0.8248

注：***、**、*表示估计结果在1%、5%、10%的水平上显著；括号内为t值。

假设“沪港通”制度实施的起始年份分别向后平推2年，即基准年份被设置为2016年，回归结果如表5-15所示。在加入控制变量前和加入控制变量后，Open×Post 2016的系数都显著为负值，符合理论预期。这说明在“沪港通”交易制度实施后，商业银行的不良贷款率受到“沪港通”的影响，并显著降低。

表5-15　　**平行趋势检验结果3**

	(1) NPL	(2) NPL	(3) NPL	(4) NPL
Open×Post 2016	-0.5098*** (-8.2940)	-0.0606*** (-3.4000)	-0.5461*** (-8.3134)	-0.1844*** (-2.8192)
Size		-0.5665* (-1.9229)		-0.3251 (-1.1066)
CIR		0.0018 (0.4494)		0.0044 (0.9493)

续表

	(1) NPL	(2) NPL	(3) NPL	(4) NPL
CAR		0.0138 (0.9146)		0.0029 (0.2491)
DPR		0.0325 * (1.7365)		-0.1724 (-1.5128)
ROA		-0.0579 *** (-3.6283)		-0.0749 *** (-5.4194)
Owner			-0.0026 (-0.9814)	-0.0056 (-1.3040)
Board			-0.3019 (-1.5348)	-0.3226 (-1.2666)
INdepen			0.2834 (0.6755)	-0.1468 (-0.4186)
常数项	0.9365 *** (19.5418)	17.2728 ** (2.1865)	1.7620 *** (2.8116)	12.4960 (1.5351)
Year	控制	控制	控制	控制
Firm	控制	控制	控制	控制
N	221	126	220	150
R^2	0.6871	0.8195	0.7077	0.7806

注：***、**、* 表示估计结果在1%、5%、10%的水平上显著；括号内为t值。

假设"沪港通"制度实施的起始年份分别向后平推3年，即基准年份被设置为2017年，回归结果如表5-16所示。总体来看，除列（2）的结果以外，在加入控制变量前和加入控制变量后，Open × Post 2017 的系数都显著为负值，与前述结果一样。这再次说明"沪港通"交易制度的实施显著降低了商业银行的不良贷款率。总之，上述实证结果说明，"沪港通"交易制度的实施对商业银行不良贷款率的影响不会因商业银行固有特征而改变，符合平行趋势假定。

表 5 - 16 平行趋势检验结果 4

	(1) NPL	(2) NPL	(3) NPL	(4) NPL
Open × Post 2017	-0.2220* (-2.0219)	-0.0362 (-0.6351)	-0.2421** (-2.1317)	-0.0532* (-0.8427)
Size		-0.3057 (-1.0900)		-0.3599 (-1.3624)
CIR		0.0035 (0.7813)		0.0035 (0.7692)
CAR		0.0074 (0.6425)		0.0018 (0.1475)
DPR		-0.1415 (-1.1226)		-0.1739 (-1.5053)
ROA		-0.0809*** (-6.0776)		-0.0784*** (-5.7822)
Owner			-0.0034 (-1.3169)	-0.0058 (-1.4536)
Board			-0.2364 (-1.2748)	-0.3227 (-1.2048)
INdepen			0.3809 (0.9614)	-0.1688 (-0.4709)
常数项	0.8487*** (11.6664)	10.8716 (1.4170)	1.4681** (2.5383)	13.5625* (1.8550)
Year	控制	控制	控制	控制
Firm	控制	控制	控制	控制
N	221	151	220	150
R^2	0.6713	0.7719	0.6908	0.7778

注：***、**、* 表示估计结果在 1%、5%、10% 的水平上显著；括号内为 t 值。

第七节 本章小结

当前，世界各国金融开放度越来越高、体系日益复杂，国家金融安全受到的挑战随之增加。因此，在此背景下，为了深入探究跨境资本流动对国家金融安全的影响，本章分别进行了宏观和微观层面的实证检验。在宏观层面，本章使用了116个国家1991—2020年的非平衡面板数据进行了实证检验。研究发现，跨境资本流动对国家金融安全具有明显的正向促进效应。本章用两种形式衡量了被解释变量国家金融安全程度。一方面，在用是否发生金融危机来衡量国家金融安全程度时，解释变量跨境资本流动对发生金融危机具有显著的抑制作用，这说明跨境资本流动会抑制金融危机的发生。另一方面，当采用权重法合并了GDP增长率、外债偿债率等多个二级指标来衡量国家金融安全程度时，解释变量跨境资本流动对国家金融安全的综合指数具有显著的促进作用。这说明跨境资本流动会提高国家金融安全程度。对基准回归结果进行一系列稳健性检验后，结论仍然成立。

在微观层面上，本章使用了来自国泰安CSMAR数据库的2012—2020年A股沪市上市商业银行数据，采用双重差分模型，探究了“沪港通”交易制度的实施对商业银行不良贷款率的影响。研究发现，参加“沪港通”对商业银行的不良贷款率具有显著的降低作用。在分别加入企业财务层面、管理层面的控制变量后，结论仍然成立。通过进行平行趋势检验，发现结论是稳健的。这说明从微观层面上看跨境资本流动也会降低国内银行的不良贷款率、提升金融安全。

本章的研究结论具有重要政策含义。一方面，金融市场开放所带来的跨境资本流动通过促进国内金融制度改革、优化金融结构，提高金融业运行效率和竞争力，推动金融监管改进，提高金融发展水平、增强政策有效性，以及缓解资本净流入压力等，可以有力地提升一国的金融安全水平。因此，对中国来说，“十四五”时期还应进一步加大资本市场开放的力度和规模，提升中国金融市场的竞争力，不断提高中国金融安全。另一方面，金融市场开放所带来的跨境资本流动也会给我国的经济发展带来一系列风险，如资本流动的突然中断、资本外逃等。因此，要不断完善监管机制和法律法规体系，积极应对跨境资本流动所带来的潜在风险。

第六章

跨境资本流动对国家金融安全的异质性影响分析

一国经济体量的增加使得其风险承担能力逐步增加。因此，随之而来的跨境资本流动影响国家金融安全的效果也会有所变化。本章重点分析了不同经济发展水平下跨境资本流动对国家金融安全的不同影响。此外，本章还从收入水平和制度质量视角分析了跨境资本流动对国家金融安全的异质性影响。

第一节　引言

前已论及，跨境资本流动显著提升了国家金融安全。但是，不同的国别特征，可能导致跨境资本流动影响国家金融安全的效果是有差异的。已有研究表明，跨境资本流动受推力和拉力共同驱动，[①] 在不同的经济发展水平国家表现出不同的特征。发展中经济体经济增速快，利息率高从而吸引资本流入。而发达经济体经济增速慢，利息率低从而导致资本流出。整体来看呈现出跨境资本由发达国家向发展中国家流动的态势。[②] 因此，跨境资本流动表现出的这种差异可能会对国家金融安全产生异质性影响。Reinhart 和 Reinhart 的研究就表明新兴经济体国家和发达经济体国家的国

---

① Fernandez－Arias, E.,"The New Wave of Private Capital Inflows: Push or Pull?", *Journal of Development Economics*, Vol. 48, No. 2, 1996.

② Ahmed, S. and A. Zlate,"Capital Flows to Emerging Market Economies: A Brave New World?", *Journal of International Money and Finance*, Vol. 48, 2014.

际资本异常流动对经济增长具有异质性影响。① 另外，目前关于跨境资本流动与银行业规模协同影响国家金融安全的分析当中，就存在两种观点，即“竞争—脆弱性”和“竞争—稳定性”观点。已有实证研究不乏两种观点支持者，而这很可能与国家发展阶段和国家制度质量有关。Cubillas 和 González 的研究就表明发展中国家制度质量较差，约束机制不足。② 因此，跨境资本流动促使银行为了获取更高收益而提高风险承受水平，加剧了系统性风险。但在发达国家，金融开放使得银行的竞争程度加剧，从而降低市场主体融资约束。Hou 和 Wang 的研究也发现在不同水平的制度质量下银行市场发展和银行稳定性之间具有异质性关系。③ 他们认为制度质量的改善可以减少银行市场化对银行稳定性的整体不利影响。

由此，跨境资本流动对国家金融安全的影响可能存在经济发展水平、收入水平和制度质量方面的异质性，需要进一步考察。本章是对前面章节内容的深化，通过进一步厘清跨境资本流动对国家金融安全可能存在的异质性影响，有助于更具针对性地运用研究结论构建跨境资本流动监管体系，构筑国家金融安全防线。“十四五”规划也指出，“十四五”时期是中国全面建成小康社会、实现第一个百年奋斗目标之后，乘势而上开启全面建设社会主义现代化国家新征程、向第二个百年奋斗目标进军的第一个五年。远景目标要求 2035 年中国人均国内生产总值达到中等发达国家水平。因此，准确识别不同发展阶段、不同收入水平下跨境资本流动对国家金融安全的异质性影响对于指导国家金融监管体系和国家金融安全防线的构建具有重要意义。

本章以第五章跨境资本流动影响国家金融安全的经验分析为基础，以 116 个国家的非平衡面板数据为样本，研究不同经济发展水平、不同收入水平和不同制度质量下跨境资本流动对国家金融安全的异质性影响。其中，相关变量和数据来源与第五章类似。本章主要使用了是否发生金融危机来衡量国家金融安全。根据 Laeven 和 Valencia 的研究，该变量的数据目

---

① Reinhart, C. M. and Reinhart, V. R., “Capital Inflows and Reserve Accumulation: The Recent Evidence”, *NBER Working Paper*, No. w13842, 2008.

② Cubillas, E. and F. González, “Financial Liberalization and Bank Risk - taking: International Evidence”, *Journal of Financial Stability*, Vol. 11, 2014.

③ Hou, X. and Q. Wang, “Institutional Quality, Banking Marketization, and Bank Stability: Evidence from China”, *Economic Systems*, Vol. 40, No. 4, 2016.

前截止到2017年。[①] 所以本章用到的样本为1991—2017年的跨国层面数据。具体来看，本章第二节分析不同经济发展水平下跨境资本流动对国家金融安全的异质性影响，研究发现跨境资本流动对发达国家的金融安全程度提升作用更为强烈。第三节分析不同收入水平下跨境资本流动对国家金融安全的异质性影响，研究发现跨境资本流动可以显著提升高收入水平国家和中高收入水平国家的金融安全程度。第四节分析不同制度质量下跨境资本流动对国家金融安全的异质性影响，研究发现跨境资本流动显著提升了中等制度质量水平和高制度质量水平国家的金融安全程度。第五节是本章的小结。

第二节　不同经济发展水平下跨境资本流动对国家金融安全的异质性影响

发展中国家和发达国家在跨境资本流动方面呈现出不同的运动趋势。长期以来，在国际分工和产业转移的大背景下，由于发达经济体资本充裕，而发展中国家经济增速快、投资机会多、投资回报高，因此，发达国家的金融项目处于逆差状态，而发展中国家处于顺差状态。又因为发达国家金融市场发达、金融产品丰富、金融工具多样，呈现出的跨境资本流动趋势是发达国家资本以直接投资方式流入发展中国家，发展中国家资本以间接投资方式流入发达国家。但是，发展中国家具有内在的金融脆弱性，金融市场易受世界经济不确定性影响，并体现出资本流动的剧烈波动。例如，2008年金融危机过后，大量跨境资本基于避险需求由发展中国家流入发达国家，这一趋势直到世界经济复苏后才得以停止。

发达国家和发展中国家的资本市场开放程度和金融市场发展程度之间也存在显著差别。Bekaert等的实证结果就表明金融开放的作用因不同国家金融市场成熟度、制度质量等因素而存在显著差异。[②] 发达国家和发展中

① Laeven, M. L. and M. F. Valencia, "Systemic Banking Crises Revisited", *IMF Working Papers*, Vol. 18, No. 206, 2018.

② Bekaert, G., C. R. Harvey, and C. Lundblad, "Growth Volatility and Financial Liberalization", *Journal of International Money and Finance*, Vol. 25, No. 3, 2006.

国家金融体系的国家竞争力、金融政策和金融制度的完善程度、内部控制体系的严密程度、监管体系和内部消除侵害机制的有效性存在显著差异。这些差异会对国家金融安全程度产生重要影响。熊衍飞等的实证结果也发现资本账户开放会显著降低发达国家的产出波动，但发展中国家和新兴市场经济体国家的产出波动则趋于上升。① 另外，发达国家和发展中国家在宏观政策有效性方面存在的差异也会导致跨境资本流动的效果显著不同。② 因此，本小节将样本国家分为发达国家（地区）、新兴市场经济体国家（地区）以及其他发展中国家（地区），然后进行分组回归，进而分别考察不同经济发展水平下跨境资本流动对国家金融安全的异质性影响。其中，发达国家（地区）与发展中国家（地区）的分类参照了 IMF 官网 2021 年发布的《世界经济展望》。③ 新兴市场经济体国家（地区）的选择按照 2009 年摩根斯坦利新兴市场指数所列出的新兴市场国家名单，其他国家（地区）则为其他发展中国家（地区）。其中，发达国家（地区）包括日本、韩国、以色列、新加坡、英国、捷克、冰岛、挪威、瑞典、美国、加拿大、澳大利亚以及新西兰等。新兴市场经济体国家（地区）包括中国、马来西亚、印度尼西亚、泰国、匈牙利、俄罗斯、巴西、智利、哥伦比亚、秘鲁以及南非等。其他发展中国家（地区）则为样本中剩余的孟加拉国、巴林、文莱以及不丹等。

一　发达国家（地区）跨境资本流动对国家金融安全的影响

表 6－1 汇报的是发达国家（地区）跨境资本流动与国家金融安全关系的实证分析结果。第（1）列是跨境资本流动对是否发生金融危机的影响的基准回归结果，第（2）列是只加入经济层面控制变量之后所得到的回归结果，第（3）列是只加入金融层面控制变量之后所得到的回归结果，第（4）列是只加入社会层面控制变量之后所得到的回归结果，第（5）列是加入经济层面、金融层面、社会层面这三个层面的所有控制变量之后所

① 熊衍飞、陆军、陈郑：《资本账户开放与宏观经济波动》，《经济学（季刊）》2015 年第 4 期。

② Obstfeld, M. and K. Rogoff, "Exchange Rate Dynamics Redux", *Journal of Political Economy*, Vol. 103, No. 3, 1995; Bekaert, G., C. R. Harvey, and C. Lundblad, "Growth Volatility and Financial Liberalization", *Journal of International Money and Finance*, Vol. 25, No. 3, 2006.

③ International Monetary Fund, *World Economic Outlook*, 2021.

得到的回归结果。

表6-1　　　　发达国家（地区）的回归结果

	(1) FinancialCrisis	(2) FinancialCrisis	(3) FinancialCrisis	(4) FinancialCrisis	(5) FinancialCrisis
Flow	-0.6386*** (-4.5306)	-0.6753*** (-3.8342)	-0.7374*** (-5.6803)	-0.6639*** (-4.7103)	-0.6812* (-1.8851)
Ggdp		-0.0147 (-1.5288)			-0.0153 (-1.4755)
Infl		0.0072 (1.1547)			0.0230*** (3.6080)
M2		-0.0001 (-0.0479)			0.0000 (0.0086)
PerGDP		-0.0214 (-0.2674)			-0.1364 (-1.0815)
Rate			0.0042 (0.7412)		0.0240** (2.3842)
Saving			0.0070 (1.2278)		0.0136 (1.5798)
Trade			-0.0005 (-0.6219)		0.0010** (2.0975)
Urban				-0.0057 (-0.1417)	-0.0172 (-0.4628)
Popul				0.0035 (0.0844)	0.0397 (1.0084)
Unemploy				-0.0028 (-0.5545)	-0.0012 (-0.2209)
常数项	0.0053 (0.2493)	0.2208 (0.2612)	0.0000 (0.0000)	0.0265 (0.9549)	0.0000 (0.0000)
Year	控制	控制	控制	控制	控制
Country	控制	控制	控制	控制	控制

续表

	(1) FinancialCrisis	(2) FinancialCrisis	(3) FinancialCrisis	(4) FinancialCrisis	(5) FinancialCrisis
N	294	294	294	294	294
R^2	0. 1868	0. 2306	0. 2000	0. 1882	0. 2941

注：***、**、* 表示估计结果在 1%、5%、10% 的水平上显著；括号内为 t 值。

从表 6 – 1 第（1）列中可以看到，跨境资本流动的系数通过了 1% 的显著性水平检验，系数为负值。这说明发达国家（地区）的跨境资本流动对发生金融危机具有负向显著影响。在分别加入经济层面、金融层面、社会层面三个层面的控制变量后，结果仍然是显著的，且影响系数波动较小，分别为 – 0. 6753、 – 0. 7374、 – 0. 6639。这表明跨境资本流动显著抑制了金融危机的发生概率。而在将经济层面、金融层面、社会层面三个层面的控制变量都加入模型后，从表 6 – 1 第（5）列中可以看到，跨境资本流动的系数为 – 0. 6812，通过了 10% 的显著性水平检验。因此，通过以上五个模型的回归可以初步得出结论：发达国家（地区）的跨境资本流动显著抑制了金融危机发生的概率，从而对国家金融安全产生正向促进作用。

二　新兴市场经济体国家（地区）跨境资本流动对国家金融安全的异质性影响

表 6 – 2 为新兴市场经济体国家（地区）跨境资本流动与国家金融安全关系的实证分析结果。第（1）列是跨境资本流动对是否发生金融危机的影响的基准回归结果，第（2）列是只加入经济层面控制变量之后所得到的回归结果，第（3）列是只加入金融层面控制变量之后所得到的回归结果，第（4）列是只加入社会层面控制变量之后所得到的回归结果，第（5）列是加入经济层面、金融层面、社会层面三个层面的控制变量之后所得到的回归结果。

表 6 – 2　　**新兴市场经济体国家（地区）的回归结果**

	(1) FinancialCrisis	(2) FinancialCrisis	(3) FinancialCrisis	(4) FinancialCrisis	(5) FinancialCrisis
Flow	– 0. 0569 (– 0. 2304)	– 0. 6528 ** (– 2. 2688)	– 0. 1988 (– 1. 0858)	– 0. 0288 (– 0. 1230)	– 0. 4186 ** (– 2. 3459)

续表

	(1) FinancialCrisis	(2) FinancialCrisis	(3) FinancialCrisis	(4) FinancialCrisis	(5) FinancialCrisis
Ggdp		-0.0213*** (-3.1225)			-0.0231*** (-2.6673)
Infl		0.0002 (0.7179)			0.0004 (1.5868)
M2		0.0010 (0.8720)			0.0010 (0.9111)
PerGDP		-0.0720 (-1.1320)			-0.0780 (-1.0385)
Rate			-0.0025 (-1.0322)		-0.0022 (-0.9882)
Saving			-0.0054 (-0.8679)		0.0049 (0.7783)
Trade			0.0018 (1.6170)		0.0003 (0.2901)
Urban				0.0265 (0.4586)	0.0189 (0.4543)
Popul				0.0813 (0.6816)	0.0583 (0.6143)
Unemploy				-0.0010 (-0.1728)	-0.0010 (-0.2429)
常数项	0.0320** (2.1899)	0.7250 (1.5016)	0.1848 (0.7963)	0.0124 (0.3977)	0.4452 (0.7945)
Year	控制	控制	控制	控制	控制
Country	控制	控制	控制	控制	控制
N	336	336	336	336	336
R^2	0.2085	0.3199	0.2747	0.2740	0.3390

注：***、**、*表示估计结果在1%、5%、10%的水平上显著；括号内为t值。

总体来看，从表6-2第（1）列中可以看到，跨境资本流动的系数并不显著。在只加入经济层面的控制变量后，从表第（2）列中可以看到，跨境资本流动的系数为负值，并且在5%的水平上显著。但从分别单独加入金融层面、社会层面这两个层面的控制变量后，结果仍然是不显著的。最后将经济层面、金融层面、社会层面三个层面的控制变量后都加入模型后，从表第（5）列中可以看到，跨境资本流动的系数为 -0.4186，在5%的水平上显著。此外，列（5）中 Flow 的系数要比表6-1中 Flow 的系数大，即相对新兴市场经济体国家（地区）而言，跨境资本流动对发达国家（地区）的国家金融安全的提升作用要更为强烈。总体来看，新兴市场经济体国家（地区）的跨境资本流动显著抑制了金融危机发生的概率，进而对国家金融安全产生正向促进影响。

三 其他发展中国家（地区）跨境资本流动对国家金融安全的影响

表6-3为其他发展中国家（地区）跨境资本流动与国家金融安全关系的实证分析结果。同前述一样，第（1）列汇报的是跨境资本流动对是否发生金融危机的基准回归结果，第（2）列汇报的是只加入经济层面控制变量之后所得到的回归结果，第（3）列汇报的是只加入金融层面控制变量之后所得到的回归结果，第（4）列汇报的是只加入社会层面控制变量之后所得到的回归结果，第（5）列汇报的是加入经济层面、金融层面、社会层面三个层面的控制变量之后所得到的回归结果。

表6-3　**其他发展中国家（地区）的回归结果**

	(1)	(2)	(3)	(4)	(5)
	FinancialCrisis	FinancialCrisis	FinancialCrisis	FinancialCrisis	FinancialCrisis
Flow	-0.0648*	-0.0292	-0.0859**	-0.0680*	-0.0686*
	(-1.6970)	(-0.7288)	(-2.3127)	(-1.7857)	(-1.8804)
Ggdp		-0.0043**			-0.0043**
		(-2.0958)			(-2.0905)
Infl		-0.0003			-0.0006*
		(-0.9815)			(-1.6872)
M2		0.0009			0.0013**
		(1.5924)			(2.0776)
PerGDP		-0.0777***			-0.0969***
		(-4.2179)			(-4.1737)

续表

	(1) FinancialCrisis	(2) FinancialCrisis	(3) FinancialCrisis	(4) FinancialCrisis	(5) FinancialCrisis
Rate			-0.0005 (-0.7087)		-0.0012 (-1.2524)
Saving			0.0007 (1.0145)		0.0015* (1.8047)
Trade			-0.0000 (-0.1222)		-0.0002 (-0.7052)
Urban				-0.0027 (-0.2074)	-0.0005 (-0.0393)
Popul				0.0104 (0.6847)	0.0120 (0.7934)
Unemploy				0.0012 (0.4156)	0.0002 (0.0760)
常数项	0.0848 (1.3956)	0.7789*** (4.1429)	0.0748 (0.9595)	0.0633 (1.0852)	0.9341*** (4.0531)
Year	控制	控制	控制	控制	控制
Country	控制	控制	控制	控制	控制
N	1743	1743	1743	1743	1743
R^2	0.1088	0.1253	0.1101	0.1096	0.1317

注：***、**、*表示估计结果在1%、5%、10%的水平上显著；括号内为t值。

从表第（1）列中可以看到，跨境资本流动的系数通过了10%的显著性水平检验，系数为-0.0648。这说明其他发展中国家（地区）的跨境资本流动对发生金融危机具有负向显著影响。在加入经济层面的控制变量后，结果并不显著。分别加入金融层面、社会层面这两个层面的控制变量后，结果是显著的，且影响系数波动较小，分别为-0.0859、-0.0680，这表明在发展中国家（地区）中跨境资本流动对是否发生金融危机的影响较为稳健。而在将经济层面、金融层面、社会层面三个层面的控制变量都加入模型后，从表第（5）列中可以看到，跨境资本流动的系数通过了10%的显著性水平检验，系数为-0.0686。跨境资本流动程度每提升1个单位，发生金融危机的概率就会降低0.0686个单位。通过对以上五个模型的回归可以初步得出：其他发展中国家的跨境资本流动显著抑制了金融危机发生的概率，从而对国家金融安全具有正向促进作用。

四　不同经济发展水平国家（地区）的异质性影响的小结

本节将所有样本分为发达国家（地区）、新兴市场经济体国家（地区）和其他发展中国家（地区），并进行分组回归，结果如表6-1、表6-2、表6-3所示。总体来看，在发达国家、新兴市场经济体国家以及其他发展中国家，跨境资本流动均可以显著提高国家金融安全程度。但总体而言，跨境资本流动对发达国家（地区）的金融安全的提升作用更为强烈，新兴市场经济体国家（地区）次之，其他发展中国家（地区）的提升作用最弱。这可能是因为发达国家（地区）的金融发展水平、信息披露水平较高，跨境资本流动可以有效缓解融资约束、提高投资效率。而且，发达国家（地区）建立了更完善的监管体系和风险规避体制，可以吸引更多的跨境资本流动，降低金融风险的发生，从而更好地发挥跨境资本流动对国家金融安全的促进作用。但在新兴市场经济体国家（地区）和其他发展中国家（地区），金融发展水平、信息披露水平相比发达国家（地区）较为落后，难以有效发挥跨境资本流动对国家金融安全的提升作用。所以，相比较而言，跨境资本流动对发达国家（地区）的金融安全程度的提升作用更为明显。

第三节　不同收入水平下跨境资本流动对国家金融安全的异质性影响

跨境资本流动与不同收入水平下的跨境资产配置密切相关。不同收入水平下家庭资产配置模式差异可能会导致跨境资本流动对国家金融安全产生异质性影响。一方面，收入水平越高跨境资产配置需要越高，跨境资本流动规模也就越大，越有利于发挥跨境资本流动对国家金融安全的正向促进作用。随着家庭收入水平的提高，出于多元化资产配置需求和追求更高收益率需求，跨境资产配置成为跨境资本流动的重要方式。另一方面，不同收入水平下家庭资产配置模式与风险偏好、杠杆水平、风险吸收能力等因素有密切联系，从而与金融稳定密切相关。Bertaut 和 Starr 的研究发现，随着收入水平的提高，家庭资产配置中风险资产比例也在提高。[①] 低收入水平家庭偏好配置流动性资产，中高收入水平家庭偏好配置房产等不动产，高收入水平家庭偏好配置风险资产。[②] 另外，不同收入水平下的跨境资产配置还与资本管制、金融发展水平、产权保护制度等因素密切相关。为了验证不同收入水平下跨境资本流动对国家金融安全的异质性影响，本节将样本国家分为高收入水平国家（地区）、中高收入水平国家（地区）、中低收入水平国家（地区）和低收入水平国家（地区），然后通过分组回归进行考察。其中，不同收入水平国家的划分参照世界银行的《世界金融发展数据库》（*Global Financial Development Database*）的划分结果。世界银行每年都会依据上一年世界各国的人均 GNI 数值，对高收入、中高收入、中低收入和低收入国家（地区）的标准做新的调整。2021 年的标准为：高收入国家（地区）标准调整至人均 GNI 超过 12695 美元；中高收入国家（地区）的标准调整至人均 GNI 在 4096 美元到 12695 美元之间；中低收入国家（地区）的标准调整至人均 GNI 在 4095 美元到 1046 美元之间；低收入国家（地区）标准调整至人均 GNI 低于 1046 美元。

一　高收入水平下跨境资本流动对国家金融安全的影响

表 6 -4 为高收入水平国家（地区）跨境资本流动与国家金融安全关系的实证分析结果。[③] 第（1）列汇报的是跨境资本流动对是否发生金融危机的基准回归结果，第（2）列汇报的是只加入经济层面控制变量之后所得到的回归结果，第（3）列汇报的是只加入金融层面控制变量之后所得到的回归结果，第（4）列汇报的是只加入社会层面控制变量之后所得到的回归结果，第（5）列是加入经济层面、金融层面、社会层面三个层面的控制变量之后所得到的回归结果。

---

① Bertaut，C. C. and M. Starr，“Household Portfolios in the United States”，*Social Science Electronic Publishing*，2000.

② Campbell，J. Y.，“Household Finance”，*The Journal of Finance*，Vol. 61，No. 4，2006.

③ 样本国家（地区）包括阿鲁巴岛、安提瓜和巴布达、澳大利亚、巴林、巴哈马群岛、巴巴多斯、文莱、达鲁萨兰国、加拿大、智利、捷克、英国、中国香港、克罗地亚、匈牙利、冰岛、以色列、日本、韩国、科威特、挪威、新西兰、阿曼、卡塔尔、新加坡、瑞典、塞舌尔、乌拉圭、美国。

表 6 – 4　　高收入水平国家（地区）的回归结果

	(1) FinancialCrisis	(2) FinancialCrisis	(3) FinancialCrisis	(4) FinancialCrisis	(5) FinancialCrisis
Flow	–0.1563* (–1.8904)	–0.1864** (–2.0676)	–0.1818* (–1.7342)	–0.1643* (–1.8976)	–0.2245* (–1.7841)
Ggdp		–0.0074** (–2.0098)			–0.0081** (–2.1059)
Infl		0.0011 (1.1115)			0.0014 (1.2837)
M2		–0.0007 (–0.5817)			–0.0005 (–0.4650)
PerGDP		–0.0270 (–0.5905)			–0.0438 (–0.8685)
Rate			0.0002 (0.1260)		0.0009 (1.1713)
Saving			0.0008 (0.5684)		0.0016 (0.7763)
Trade			0.0001 (0.3536)		0.0002 (0.8146)
Urban				0.0126 (0.7552)	0.0213 (1.2480)
Popul				–0.0117 (–0.5962)	–0.0192 (–0.9364)
Unemploy				–0.0017 (–0.4623)	–0.0002 (–0.0622)
常数项	–0.0169** (–2.5136)	0.2536 (0.5618)	–0.0505 (–1.0818)	–0.0053 (–0.2087)	0.3463 (0.6996)
Year	控制	控制	控制	控制	控制
Country	控制	控制	控制	控制	控制
N	632	632	632	632	632
R^2	0.1062	0.1338	0.1071	0.1078	01406

注：***、**、* 表示估计结果在 1%、5%、10% 的水平上显著；括号内为 t 值。

从表6-4第（1）列中可以看到，跨境资本流动的系数通过了10%的显著性水平检验，系数为负值。说明高收入水平国家跨境资本流动对金融危机的发生具有显著的抑制作用。跨境资本流动程度每提升1个单位，发生金融危机的概率就会降低0.1563个单位。在分别加入经济层面、金融层面、社会层面三个层面的控制变量后，结果仍然是显著的，且影响系数波动较小，分别为-0.1864、-0.1818、-0.1643。这表明在高收入水平国家（地区）中跨境资本流动对是否发生金融危机的负向影响较为稳健。而在将经济层面、金融层面、社会层面三个层面的控制变量都加入模型后，从表第（5）列中可以看到，跨境资本流动的系数通过了10%的显著性水平检验，系数为-0.2245。跨境资本流动程度每提升1个单位，发生金融危机的概率就会降低0.2245个单位。通过以上五个模型的回归可以初步得出：高收入水平的国家（地区）跨境资本流动显著抑制了金融危机发生的概率，从而对国家金融安全产生正向促进作用。

二　中高收入水平下跨境资本流动对国家金融安全的影响

表6-5为中高收入水平国家（地区）跨境资本流动与国家金融安全关系的实证分析结果。① 第（1）列是跨境资本流动对是否发生金融危机的基准回归结果，第（2）列是只加入经济层面控制变量之后所得到的回归结果，第（3）列是只加入金融层面控制变量之后所得到的回归结果，第（4）列是只加入社会层面控制变量之后所得到的回归结果，第（5）列是加入经济层面、金融层面、社会层面三个层面的控制变量之后所得到的回归结果。

总体来看，模型（1）、模型（2）、模型（3）、模型（4）和模型（5）中Flow的系数均为负值，但只有模型（5）中跨境资本流动的系数通过了10%的显著性水平检验。因此，通过对模型（5）的回归分析可以初步得出：中高收入水平的国家（地区）跨境资本流动显著抑制了金融危机发生

① 样本国家（地区）包括阿根廷、阿塞拜疆、保加利亚、波斯尼亚和黑塞哥维那、白俄罗斯、巴西、博茨瓦纳、中国、哥伦比亚、哥斯达黎加、多米尼加共和国、斐济、格鲁吉亚、危地马拉、圭亚那、伊拉克、牙买加、约旦、黎巴嫩、利比亚、摩尔多瓦、马尔代夫、北马其顿、黑山、毛里求斯、马来西亚、纳米比亚、巴拿马、秘鲁、巴拉圭、罗马尼亚、俄罗斯联邦、塞尔维亚、苏里南、泰国、汤加、南非。

的概率，从而提升了国家金融安全。但通过与高收入国家（地区）的样本进行对比分析可以得出，这种抑制作用对高收入国家（地区）要更为强烈一些。

表 6－5　　**中高收入水平国家（地区）ost 20 的回归结果**

	(1) FinancialCrisis	(2) FinancialCrisis	(3) FinancialCrisis	(4) FinancialCrisis	(5) FinancialCrisis
Flow	-0.0715 (-0.6716)	-0.0379 (-0.3227)	-0.1145 (-1.2065)	-0.0788 (-0.7610)	-0.1860 * (-1.6630)
Ggdp		-0.0052 (-1.2609)			-0.0061 (-1.4482)
Infl		-0.0001 (-0.5363)			-0.0002 (-0.7271)
M2		0.0024 *** (3.4551)			0.0027 *** (3.7630)
PerGDP		-0.1049 *** (-3.7653)			-0.1422 *** (-4.6650)
Rate			-0.0009 (-0.6684)		-0.0003 (-0.2066)
Saving			0.0005 (0.3403)		0.0041 ** (2.1904)
Trade			0.0006 (1.0206)		-0.0003 (-0.5498)
Urban				-0.0062 (-0.3191)	-0.0065 (-0.3745)
Popul				0.0269 (1.0286)	0.0257 (1.0591)
Unemploy				0.0058 ** (2.2522)	0.0050 ** (2.4647)
常数项	0.1662 (1.5119)	0.0000 (0.0000)	0.1514 (1.2872)	-0.0339 (-0.2384)	0.0000 (0.0000)

续表

	(1) FinancialCrisis	(2) FinancialCrisis	(3) FinancialCrisis	(4) FinancialCrisis	(5) FinancialCrisis
Year	控制	控制	控制	控制	控制
Country	控制	控制	控制	控制	控制
N	785	785	785	785	785
R^2	0. 1319	0. 1567	0. 1347	0. 1376	0. 1686

注：***、**、* 表示估计结果在1%、5%、10%的水平上显著；括号内为t值。

三 中低收入水平下跨境资本流动对国家金融安全的影响

表6－6为中低收入水平国家（地区）跨境资本流动与国家金融安全关系的实证分析结果。① 第（1）列是跨境资本流动对是否发生金融危机的基准回归结果，第（2）列是只加入经济层面控制变量之后所得到的回归结果，第（3）列是只加入金融层面控制变量之后所得到的回归结果，第（4）列是只加入社会层面控制变量之后所得到的回归结果，第（5）列是加入经济层面、金融层面、社会层面三个层面的控制变量之后所得到的回归结果。总体来看，表6－6中的5个模型中，Flow的系数均为负值，但是均不显著。因此，中低收入水平国家（地区）的跨境资本流动对国家金融安全不会产生显著影响。

表6－6 **中低收入水平国家（地区）的回归结果**

	(1) FinancialCrisis	(2) FinancialCrisis	(3) FinancialCrisis	(4) FinancialCrisis	(5) FinancialCrisis
Flow	－0. 0302 (－0. 4788)	－0. 0087 (－0. 1313)	－0. 0275 (－0. 4476)	－0. 0284 (－0. 4304)	－0. 0177 (－0. 2580)
Ggdp		－0. 0106** (－2. 4362)			－0. 0102** (－2. 3698)

① 样本国家（地区）包括安哥拉、贝宁、孟加拉国、玻利维亚、不丹、科特迪瓦、科摩罗、佛得角、阿尔及利亚、阿拉伯埃及共和国、洪都拉斯、海地、印度尼西亚、肯尼亚、吉尔吉斯共和国、老挝共和国、斯里兰卡、莱索托、缅甸、毛里塔尼亚、尼日利亚、尼加拉瓜、巴基斯坦、巴布亚新几内亚、西岸和加沙、塞内加尔、所罗门群岛、塔吉克斯坦、东帝汶、坦桑尼亚、乌克兰、乌兹别克斯坦、越南、瓦努阿图、赞比亚。

续表

	(1) FinancialCrisis	(2) FinancialCrisis	(3) FinancialCrisis	(4) FinancialCrisis	(5) FinancialCrisis
Infl		-0.0008 * (-1.8383)			-0.0009 (-1.3706)
M2		0.0010 (0.7894)			0.0013 (1.2285)
PerGDP		-0.0559 (-1.3721)			-0.0747 * (-1.8372)
Rate			0.0004 (0.2922)		-0.0003 (-0.1904)
Saving			0.0004 (0.3229)		0.0010 (0.8968)
Trade			-0.0003 (-0.6379)		-0.0005 (-1.1210)
Urban				0.0362 (1.3127)	0.0322 (1.1939)
Popul				0.0087 (0.2087)	0.0129 (0.3841)
Unemploy				-0.0058 (-0.9407)	-0.0068 (-1.0551)
常数项	0.0469 (0.6730)	0.0000 (0.0001)	0.2094 * (1.7851)	0.2823 *** (3.2072)	0.8341 *** (2.9534)
Year	控制	控制	控制	控制	控制
Country	控制	控制	控制	控制	控制
N	695	695	695	695	695
adj. R^2	0.1318	0.1738	0.1331	0.1412	0.1861

注：***、**、* 表示估计结果在 1%、5%、10% 的水平上显著；括号内为 t 值。

四 低收入水平下跨境资本流动对国家金融安全的影响

表 6-7 为低收入水平国家（地区）跨境资本流动与国家金融安全关

系的实证分析结果。[①] 第（1）列是跨境资本流动对是否发生金融危机的基准回归结果，第（2）列是只加入经济层面控制变量之后所得到的回归结果，第（3）列是只加入金融层面控制变量之后所得到的回归结果，第（4）列是只加入社会层面控制变量之后所得到的回归结果，第（5）列是加入经济层面、金融层面、社会层面三个层面的控制变量之后所得到的回归结果。总体来看，表 6 – 7 的各个模型中 Flow 的系数也是都不显著的。这说明，在低收入水平国家（地区），跨境资本流动对国家金融安全没有显著影响。

表 6 – 7　　　　**低收入水平国家（地区）的回归结果**

	(1) FinancialCrisis	(2) FinancialCrisis	(3) FinancialCrisis	(4) FinancialCrisis	(5) FinancialCrisis
Flow	−0.0160 (−0.2423)	−0.0114 (−0.2288)	−0.0114 (−0.1886)	−0.0276 (−0.3706)	−0.0118 (−0.2154)
Ggdp		−0.0019 (−0.4790)			−0.0021 (−0.4530)
Infl		0.0005* (1.7738)			−0.0006 (−0.3495)
M2		0.0129*** (3.9312)			0.0125*** (3.9523)
PerGDP		−0.0519 (−0.9040)			−0.0864 (−0.9795)
Rate			−0.0019 (−1.3912)		−0.0025 (−0.7542)
Saving			−0.0022 (−0.6309)		−0.0031 (−0.9311)
Trade			−0.0002 (−0.6624)		−0.0004 (−0.9041)

① 样本国家（地区）包括布隆迪、布基纳法索、刚果共和国、几内亚、冈比亚、几内亚比绍、利比里亚、马达加斯加、马里、莫桑比克、尼日尔、卢旺达、塞拉利昂、南苏丹、多哥、乌干达。

续表

	(1) FinancialCrisis	(2) FinancialCrisis	(3) FinancialCrisis	(4) FinancialCrisis	(5) FinancialCrisis
Urban				-0.0300 (-0.8006)	0.0070 (0.1225)
Popul				0.0305 (0.6723)	0.0021 (0.0348)
Unemploy				-0.0039 (-0.4750)	-0.0010 (-0.0905)
常数项	0.4364*** (8.1120)	0.5414 (1.3375)	0.4811*** (4.0141)	0.0827 (0.5329)	0.0000 (0.0000)
Year	控制	控制	控制	控制	控制
Country	控制	控制	控制	控制	控制
N	261	261	261	261	261
R^2	0.2579	0.3259	0.2650	0.2607	0.3373

注：***、**、*表示估计结果在1%、5%、10%的水平上显著；括号内为t值。

五　不同收入水平国家的异质性影响的小结

本节将所有样本分为高收入水平国家（地区）、中高收入水平（地区）、中低收入水平（地区）和低收入水平（地区），并进行分组回归，结果如表6-4、表6-5、表6-6、表6-7所示。总体来看，在高收入水平（地区）、中高收入水平（地区），跨境资本流动可以显著提高国家金融安全程度，但是在中低收入水平国家（地区）、低收入水平国家（地区），这种影响并不明显。这是因为高收入水平国家（地区）、中高收入水平国家（地区）的金融发展水平较高，提高了国家内部家庭的金融参与度和风险资产配置比例。此外，较高的收入水平也会扩大跨境资本流动规模，从而更好地发挥跨境资本流动对国家金融安全程度的促进作用。但在中低收入水平国家（地区）和低收入水平国家（地区），金融发展水平、收入水平较低，使得国家内家庭的金融参与度较低，难以发挥跨境资本流动的作用。所以，相比较而言，跨境资本流动显著提升了高收入水平国家（地区）和中高收入水平国家（地区）的金融安全程度。

第四节　不同制度质量下跨境资本流动对国家金融安全的异质性影响

制度可以通过降低交易费用、[①] 稳定预期、[②] 减少不确定性等功能促进经济发展已经得到经济学家的证实。[③] 关于制度质量影响跨境资本流动和国家金融安全关系的研究也越来越丰富。[④] 研究发现，富有弹性的汇率制度可以缓和外部冲击、平抑跨境资本流动波动性，[⑤] 提高国家抵御金融周期冲击的能力。[⑥] 高制度质量也可以通过稳定预期和减少不确定性，有效降低投资交易中的信息不对称以及可能引发的道德风险，从而吸引和稳定国际证券资本流动。[⑦] Alfaro 等通过对包含 122 个经济体的样本数据进行回归发现，高制度质量可以降低跨国资本流动的波动率。[⑧] 魏尚进也指出制度质量会影响到跨境资本流动的结构，进而影响金融危机发生的概率。[⑨] 但 Mercado 和 Park 对亚洲发展中国家和其他新兴经济体样本数据进行回归时发现，制度质量对跨境资本流动的波动并没有显著影响。[⑩] 一般来说，

---

① Schultz, T. W., "Institutions and the Rising Economic Value of Man", *American Journal of Agricultural Economics*, Vol. 50, No. 5, 1968.

② Alchian, A. A. and H. Demsetz, "Production, Information Costs, and Economic Organization", *The American Economic Review*, Vol. 62, No. 5, 1972.

③ North, D. C. "Institutions", *The Journal of Economic Perspectives*, Vol. 5, No. 1, 1991; Acemoglu, D., S. Johnson, and J. A. Robinson, "The Colonial Origins of Comparative Development: An Empirical Investigation", *American Economic Review*, Vol. 91, No. 5, 2001.

④ Klein, M. W. and J. C. Shambaugh, "Rounding the Corners of the Policy Trilemma: Sources of Monetary Policy Autonomy", *American Economic Journal: Macroeconomics*, Vol. 7, No. 4, 2015; Obstfeld, M., J. D. Ostry, and M. S. Qureshi, "A Tie That Binds: Revisiting the Trilemma in Emerging Market Economies", *Review of Economics and Statistics*, Vol. 101, No. 2, 2019.

⑤ 刘粮、陈雷：《外部冲击、汇率制度与跨境资本流动》，《国际金融研究》2018 年第 5 期。

⑥ 谭小芬、虞梦微：《全球金融周期与跨境资本流动》，《金融研究》2021 年第 10 期。

⑦ 阙澄宇、孙小玄：《金融发展、制度质量与国际证券资本流动》，《财贸经济》2021 年第 5 期。

⑧ Alfaro, L., Kalemli - Ozcan, S., and Volosovych, V., "Capital Flows in a Globalized World: The Role of Policies and Institutions", *Social Science Electronic Publishing*, 2007.

⑨ 魏尚进：《跨境资本流动：构成、危机和控制》，《学习与实践》2021 年第 7 期。

⑩ Mercado Jr, R. V. and C. Park, "What Drives Different Types of Capital Flows and Their Volatilities in Developing Asia?", *International Economic Journal*, Vol. 25, No. 4, 2011.

高制度质量意味着政权稳定、政府高效廉洁，从而能够有效降低跨境资本流动的政治风险。高制度质量也意味着制度稳定，政策随意变更的风险较小，从而有效降低跨境资本流动的政策风险。高制度质量也表明市场交易制度健全、司法制度完善，从而能够有效减少市场操纵、内幕交易以及“寻租”等行为，降低跨境资本流动的交易风险。风险水平的降低，能够吸引跨境资本流入，发挥跨境资本对国家金融安全的促进作用。因此，为了验证不同制度质量下跨境资本流动对国家金融安全的异质性影响，本节将样本国家分为高制度质量水平国家、中等制度质量水平国家以及低制度质量水平国家，然后通过分组回归进行考察。

一　制度质量测度

首先，采用权重法构造国家的制度质量得分体系，按照如下公式进行打分：

$$SQ_i = \sum_{l}^{L} w_l z_{l,i}$$

在上式中，SQ_i是第 i 国的制度质量得分，w_l表示组成国家制度质量得分中各指标的权重，其中 l = 1，2，…，6。参考以往研究，本节从 6 个角度对样本中国家的制度质量进行度量，六个变量分别为“公民话语权与政府问责制”、“政治稳定程度”、“政府效率程度”、“监管质量”、“法律规则”与“腐败控制程度”。这 6 个变量的数据使用的是全球治理指数（The World - wide Governance Indicators)，指数值越高意味着制度建设越完善。该数据来自世界银行。[①] 该指数的取值在 -2.5—2.5 之间，但这一区间并不完全严格，有极少量数据落在该区间外，如“政治稳定程度”打分的最小值为 -3.181。之后将各项逐一相加，把公民话语权与政府问责制等 6 个二级指标综合成国家制度质量综合指标。制度变量的具体介绍如表 6 - 8 所示。

表 6 - 8　**国家制度质量变量说明**

制度变量	符号	指标量化说明
公民话语权与政府问责制	Voice	反映了一国的民主程度和公民表达意见的自由程度

① 数据来源于世界银行的全球治理指数（The World - wide Governance Indicators）：https：//databank. worldbank. org/source/worldwide - governance - indicators。

续表

制度变量	符号	指标量化说明
政治稳定程度	Pol_ sta	反映了一国的政权稳定程度
政府效率水平	Gov_ eff	反映了一国政策制定和执行质量
监管质量	Reg_ qua	反映了对政府监管私营部门能力的看法
法律规则	Rule_ law	反映了公民对社会规则正常运行的信任程度
腐败控制程度	Con_ corr	反映了对公共权力在多大程度上被用来谋取私利的看法

其次，对国家制度变量进行描述性统计分析，具体结果如表 6 - 9 所示。公民话语权与政府问责制（Voice）的平均值为 - 0.005，最小值为 - 2.226，最大值为 1.801，标准差为 1.021。说明样本中的国家间民主程度差异极大，并且所有国家的民主情况均值为负，这说明仍有相当多的国家处在并不民主的制度下；从表中可以看出各国的政治稳定程度平均值为 - 0.017，最小值为 - 3.181，最大值为 1.943，标准差为 0.979。说明样本中的国家在政治稳定度上也存在着较大差别；政府效率水平的平均值为 0.052，最小值为 - 2.475，最大值为 2.354，中位数为 - 0.097，标准差为 1.016。说明绝大部分国家的政府效率水平都有待提高，并且不同国家间政府工作效率差距较大；监管质量的平均值为 0.027，最小值为 - 2.347，最大值为 2.226，标准差为 1.007。说明大部分国家的监管质量可以起到一定作用，但不同国家间监管质量仍有很大差距；从表中可以看到法律规则平均值为 0.010，最小值为 - 2.009，最大值为 2.130，标准差为 1.038。说明样本中的国家大部分有着比较令群众放心的法律规则，但仍有部分国家的法律规则存在着较大漏洞；从表中可以看到腐败控制程度的平均值为 0.073，最小值为 - 1.905，最大值为 2.470，标准差为 1.047，说明样本中的国家之间大部分能控制住腐败，但仍有部分国家之中存在着大大小小的腐败行为。最后综合以上六个指标合成了一个综合的制度质量衡量指标（SQ），来衡量不同国家间的制度质量。从表 6 - 9 中可以看到制度质量变量的平均值为 0.110，最小值为 - 12.740，最大值为 11.820，标准差为 5.639。因此，六个指标合起来之后，样本中的国家之间的制度质量有较大差距。虽然大部分国家有着正向的制度质量，但不同国家间的制度质量差距非常大。

表6－9　国家制度变量描述性统计

变量名	样本量	平均值	标准差	最小值	中位数	最大值
Voice	1829	-0.005	1.021	-2.226	0.004	1.801
Pol_ sta	1832	-0.017	0.979	-3.181	0.092	1.943
Gov_ eff	1836	0.052	1.016	-2.475	-0.097	2.354
Reg_ qua	1836	0.027	1.007	-2.347	-0.100	2.226
Rule_ law	1840	0.010	1.038	-2.009	-0.158	2.130
Con_ corr	1837	0.073	1.047	-1.905	-0.146	2.470
SQ	1820	0.110	5.639	-12.740	-0.781	11.820

最后，将所有样本国家按照得出的制度质量总得分进行分级，共分为三个层级。其中，得分小于－5的国家为低制度质量水平国家（地区），得分介于－5和5之间的国家为中等制度质量水平国家（地区），得分大于5的国家为高制度质量水平国家（地区）。

二　高制度质量下跨境资本流动对国家金融安全的影响

表6－10为高制度质量水平国家（地区）跨境资本流动与国家金融安全关系的实证分析结果。第（1）列是跨境资本流动对是否发生金融危机的基准回归结果，第（2）列是只加入经济层面控制变量之后所得到的回归结果，第（3）列是只加入金融层面控制变量之后所得到的回归结果，第（4）列是只加入社会层面控制变量之后所得到的回归结果，第（5）列是加入经济层面、金融层面、社会层面三个层面的控制变量之后所得到的回归结果。

表6－10　高制度质量水平国家（地区）的回归结果

	(1) FinancialCrisis	(2) FinancialCrisis	(3) FinancialCrisis	(4) FinancialCrisis	(5) FinancialCrisis
Flow	-0.0331*** (-3.0275)	-0.0502** (2.3887)	-0.0178** (-2.2113)	-0.0033*** (-3.0254)	-0.0506*** (-2.9213)
Ggdp		-0.0083* (-1.7301)			-0.0093* (-1.7030)
Infl		-0.0001 (-0.2558)			-0.0012* (-1.6910)

续表

	(1) FinancialCrisis	(2) FinancialCrisis	(3) FinancialCrisis	(4) FinancialCrisis	(5) FinancialCrisis
M2		0. 0010 (1. 3489)			0. 0011 (1. 4748)
PerGDP		-0. 0015 (-0. 0264)			-0. 0219 (-0. 2927)
Rate			-0. 0007 (-0. 5795)		-0. 0027 (-1. 5240)
Saving			-0. 0000 (-0. 0016)		0. 0015 (1. 3017)
Trade			0. 0002 (0. 2931)		0. 0001 (0. 1797)
Urban				0. 0418 (0. 8924)	0. 0495 (1. 2590)
Popul				-0. 0313 (-0. 6225)	-0. 0460 (-0. 9828)
Unemploy				0. 0015 (0. 2049)	0. 0057 (0. 7531)
常数项	-0. 0109 (-0. 3537)	0. 0097 (0. 0189)	-0. 0405 (-0. 3097)	-0. 0510 (-0. 7616)	0. 1237 (0. 1997)
Year	控制	控制	控制	控制	控制
Country	控制	控制	控制	控制	控制
N	386	386	386	386	386
R^2	0. 2292	0. 2338	0. 2359	0. 2309	0. 2706

注：***、**、* 表示估计结果在 1%、5%、10% 的水平上显著；括号内为 t 值。

从表第（1）列中可以看到，跨境资本流动的系数为负值，并且通过了 1% 的显著性水平检验。这说明高制度质量水平国家的跨境资本流动对金融危机的发生具有显著的抑制作用。在分别加入经济层面、金融层面、社会层面这三个层面的控制变量后，结果仍然显著。将经济层面、金融层面、社会层面这三个层面的控制变量都加入模型后，第（5）列的结果显示跨境资本流动的系数为负值并通过了 1% 的显著性水平检验。通过以上五个模型的回归可以初步得出：高制度质量水平国家（地区）的跨境资本流动能够显著提升国家金融安全。

三　中等制度质量下跨境资本流动对国家金融安全的影响

表6－11为中等制度质量水平国家（地区）跨境资本流动与国家金融安全关系的实证分析结果。第（1）列是跨境资本流动对是否发生金融危机的基准回归结果，第（2）列是只加入经济层面控制变量之后所得到的回归结果，第（3）列是只加入金融层面控制变量之后所得到的回归结果，第（4）列是只加入社会层面控制变量之后所得到的回归结果，第（5）列是加入经济层面、金融层面、社会层面三个层面的控制变量之后所得到的回归结果。

表6－11　　中等制度质量水平国家（地区）的回归结果

	(1) FinancialCrisis	(2) FinancialCrisis	(3) FinancialCrisis	(4) FinancialCrisis	(5) FinancialCrisis
Flow	-0.1049* (-1.7296)	-0.0650* (-1.8787)	-0.1140** (-1.7426)	-0.0978** (-2.1886)	-0.1074** (-1.9543)
Ggdp		-0.0078* (-1.8705)			-0.0076* (-1.8217)
Infl		0.0000 (0.0373)			-0.0006 (-0.4883)
M2		0.0009 (0.9766)			0.0011 (1.1655)
PerGDP		-0.0892*** (-3.0095)			-0.1269*** (-4.0547)
Rate			-0.0008 (-0.5664)		-0.0012 (-0.6907)
Saving			0.0001 (0.0855)		0.0021 (1.3795)
Trade			-0.0003 (-1.0090)		-0.0007* (-1.7582)
Urban				-0.0361* (-1.7488)	-0.0298 (-1.5147)

续表

	(1) FinancialCrisis	(2) FinancialCrisis	(3) FinancialCrisis	(4) FinancialCrisis	(5) FinancialCrisis
Popul				0.0388 (1.4590)	0.0394 (1.6035)
Unemploy				-0.0015 (-0.3451)	-0.0023 (-0.5091)
常数项	-0.0055 (-1.5296)	0.0000 (0.0002)	0.0537 (0.9019)	0.1285 (1.3436)	0.0000 (0.0000)
Year	控制	控制	控制	控制	控制
Country	控制	控制	控制	控制	控制
N	1012	1012	1012	1012	1012
R^2	0.1499	0.1791	0.1511	0.1532	0.1874

注：***、**、* 表示估计结果在1%、5%、10%的水平上显著；括号内为t值。

从表第（1）列中可以看到跨境资本流动的系数也为负值，并且通过了10%的显著性水平检验。这说明中等制度质量水平国家（地区）跨境资本流动对金融危机的发生具有显著的抑制影响。在分别加入经济层面、金融层面、社会层面三个层面的控制变量后，结果仍然是显著的。将经济层面、金融层面、社会层面三个层面的控制变量都加入模型后，从表第（5）列中可以看到，跨境资本流动的系数通过了5%的显著性水平检验，系数为-0.1074。通过以上模型的回归可以初步得出：中等制度质量水平国家（地区）的跨境资本流动显著抑制了金融危机的发生概率，从而对国家金融安全产生正向促进作用。

四 低制度质量下跨境资本流动对国家金融安全的影响

表6-12为低制度质量水平国家（地区）跨境资本流动与国家金融安全关系的实证分析结果。第（1）列是跨境资本流动对是否发生金融危机的基准回归结果，第（2）列是只加入经济层面控制变量之后所得到的回归结果，第（3）列是只加入金融层面控制变量之后所得到的回归结果，第（4）列是只加入社会层面控制变量之后所得到的回归结果，第（5）列是加入经济层面、金融层面、社会层面三个层面的控制变量之后所得到的

回归结果。总体来看，在表6-12的5个模型中，Flow的系数均不显著。这说明在低制度质量水平的国家（地区），跨境资本流动对国家金融安全不会产生显著影响。

表6-12　　　　**低制度质量水平国家（地区）的回归结果**

	(1) FinancialCrisis	(2) FinancialCrisis	(3) FinancialCrisis	(4) FinancialCrisis	(5) FinancialCrisis
Flow	0.0276 (0.3051)	-0.0474 (-0.5712)	0.0836 (0.7586)	0.0038 (0.0434)	0.0047 (0.0747)
Ggdp		-0.0022 (-0.7170)			-0.0034 (-1.0925)
Infl		0.0054** (2.4122)			0.0083** (2.4296)
M2		0.0014 (1.0991)			0.0011 (0.8379)
PerGDP		-0.0146 (-0.2246)			0.0485 (0.6813)
Rate			-0.0006 (-0.2370)		0.0051 (1.3253)
Saving			-0.0028 (-1.3296)		-0.0021 (-1.1716)
Trade			0.0006 (0.5553)		0.0006 (0.5474)
Urban				0.0551 (0.9554)	0.0412 (0.6930)
Popul				-0.0517 (-0.8711)	-0.0399 (-0.6565)
Unemploy				-0.0104** (-2.1518)	-0.0110** (-2.0561)
常数项	0.0506 (0.6258)	0.0888 (0.1403)	0.0356 (0.2303)	0.1396 (1.5675)	-0.5245 (-0.7379)
Year	控制	控制	控制	控制	控制
Country	控制	控制	控制	控制	控制

续表

	(1) FinancialCrisis	(2) FinancialCrisis	(3) FinancialCrisis	(4) FinancialCrisis	(5) FinancialCrisis
N	422	422	422	422	422
R^2	0. 2852	0. 3501	0. 2905	0. 3023	0. 3940

注：***、**、* 表示估计结果在1%、5%、10%的水平上显著；括号内为 t 值。

五　制度质量的异质性影响的小结

本节根据制度变量得分将所有样本分为了高制度质量水平国家、中等制度质量水平国家和低制度质量水平国家，并重新进行了估计。结果如表6－10、表6－11、表6－12 所示。总体来看，在中等制度质量和高制度质量水平国家（地区），跨境资本流动可以显著提高国家金融安全程度，但在低制度质量水平国家（地区），这种影响并不明显。这可能是因为中等制度质量和高制度质量水平国家（地区）政权稳定、政府高效廉洁，政策不会随意变更，而且市场交易制度健全、司法制度完善，从而能够有效降低跨境资本流动面临的政治、政策和交易风险，促进跨境资本流动，并有助于发挥跨境资本流动对国家金融安全程度的促进作用。但是，低制度质量水平国家（地区）往往存在政权稳定性差、政府腐败程度高、行政效率低，或者市场经济体制不健全、交易规则不完善、政策稳定性较差、司法系统效率较低等问题。这些问题降低了跨境资本流动意愿，提高了跨境资本流动波动率，从而不利于国家金融安全。所以，相比较而言，跨境资本流动显著提升了中等制度质量和高制度质量水平国家（地区）的金融安全程度。

第五节　本章小结

本章在已有章节对跨境资本流动与国际金融安全的关系进行理论分析和实证检验的基础上，深入探究了跨境资本流动对国家金融安全的异质性影响。本章首先基于已有文献梳理和理论分析，提出不同经济发展水平、不同收入水平和不同制度质量水平下跨境资本流动对国家金融安全的影响存在异质性。然后将样本国家按照不同经济发展水平分为发达国家（地区)、新兴市场经济体国家（地区）和其他发展中国家（地区），按照不同收入水平分为高收入水平国家（地区）、中高收入水平国家（地区）、中低收入水平国家（地区）和低收入水平国家（地区），按照不同制度质量水平分为高制度质量水平国家（地区）、中等制度质量水平国家（地区）和低制度质量水平国家（地区），进行分组回归，进而实证检验可能存在的异质性影响。研究结果如下。

首先，在发达国家（地区）、新兴市场经济体国家（地区）以及其他发展中国家（地区），跨境资本流动均可以显著提高国家金融安全程度。但总体而言，跨境资本流动对发达国家（地区）的金融安全的提升作用更为强烈，新兴市场经济体国家（地区）次之，其他发展中国家（地区）的提升作用最弱。这可能是因为发达国家（地区）的金融发展水平、信息披露水平较高，可以有效缓解融资约束、提高投资效率。发达国家建立起来的较为完善的监管体系和风险规避体制，吸引了更多的跨境资本流动，降低了金融风险的发生，从而更好地发挥跨境资本流动对国家金融安全的促进作用。但在新兴市场经济体国家（地区）和其他发展中国家（地区），金融发展水平、信息披露水平相比发达国家较为落后，难以发挥跨境资本流动的作用。所以，相比较而言，跨境资本流动对发达国家（地区）的金融安全程度的提升作用更为明显。

其次，高收入水平国家（地区）和中高收入水平国家（地区）的跨境资本流动可以显著提高国家金融安全程度，但是在中低收入水平国家（地区）和低收入水平国家（地区）这种影响并不明显。可能是因为高收入水平国家（地区）和中高收入水平国家（地区）的金融发展水平较高，有效提高了国内家庭的金融参与度和风险资产配置比例。此外，高收入也会扩大跨境资本流动规模，从而更好地发挥跨境资本流动对国家金融安全程度的促进作用。但在中低收入水平国家（地区）和低收入水平国家（地区），金融发展水平、收入较低，使得其国内家庭的金融参与度较低，难以发挥跨境资本流动的提升作用。

最后，本章根据制度变量得分将所有样本分为了高制度质量水平国家（地区）、中等制度质量水平国家（地区）和低制度质量水平国家（地区）三部分，并重新进行了估计。结果表明，在中等制度质量和高制度质量水平国家（地区），跨境资本流动可以显著提高国家金融安全程度，但在低制度质量水平国家（地区），这种影响并不明显。这可能是因为中等制度质量和高制度质量水平国家（地区）政权稳定、政府高效廉洁，政策不会随意变更，而且市场交易制度健全、司法制度完善，从而能够有效降低跨境资本流动面临的政治、政策和交易风险，促进跨境资本流动，并有助于跨境资本流动发挥对国家金融安全的促进作用。但是，低制度质量水平国家（地区）往往存在政权稳定性差、政府腐败程度高、行政效率低，以及市场经济体制不健全、交易规则不完善、政策稳定性较差、司法系统效率较低等问题。这些问题的存在降低了跨境资本流动意愿，提高了跨境资本流动波动率，从而不利于国家金融安全。所以，相比较而言，跨境资本流动显著提升了中等制度质量和高制度质量水平国家（地区）的金融安全水平。

以上研究结论表明，中国在运用跨境资本流动构筑国家金融安全防线时，需要准确识别国家所处不同经济发展阶段、不同收入水平和制度质量，因地因时制宜，做到有的放矢。要准确把握中国经济发展每个时期的阶段特征，紧紧围绕国家金融安全这一目标进行统筹谋划、精细部署。而且要精准设计好金融市场发展制度、金融市场开放制度、金融监管体系以及其他制度体系，要做到张弛有度，一方面要避免无序开放和盲目开放带来的金融乱局，另一方面也要避免过度监管带来的金融困局。

第七章

金融市场发展对跨境资本流动影响国家金融安全的调节作用分析

各国金融市场发展水平的不同，其对跨境资本流动所带来的风险冲击的吸收能力也会有很大不同，即不同金融市场发展水平下，跨境资本流动对国家金融安全的影响是不同的。因此，本章着重分析了金融市场发展对跨境资本流动影响国家金融安全的调节作用。

第一节 引言

金融市场发展，尤其是金融市场化改革进程，与资本市场开放总是相辅相成、相互促进的。总体来看，发展兼具流动性和稳定性的国内金融市场，容纳更多的跨境资本流入，能够充分发挥跨境资本效益，有利于一国金融稳定和国家金融安全。① 同时，资本市场开放下的跨境资本流动使得外资能够更多参与一国的金融市场，一方面有利于优化投资者金融资产配置，保护金融消费者合法权益；另一方面有利于营造良好的竞争环境，引进已有的国际经验，促进市场主体提质增效。② 还有利于借鉴国际监管经验，持续推动审慎监管，增强防范和管控金融风险能力。③ 资本市场开放

---

① Eichengreen, B. ed., *Globalizing Capital*, New Jersey: Princeton University Press, 2019.

② Eichengreen, B. ed., *Globalizing Capital*, New Jersey: Princeton University Press, 2019.

③ 李社环、余光、周蓉：《论金融自由化、金融危机和金融监管》，《世界经济文汇》1999年第6期；曹胜亮：《金融开放、金融安全与涉外金融监管》，《中南财经政法大学学报》2014年第3期。

下跨境资本流动构建的新市场环境有利于丰富风险管理和评估的技巧和经验,[①] 从而增强国家金融安全。

一般来说，金融市场发展水平的提高和金融体系国际竞争力的增强会使得本国的金融政策、金融制度更加完善，令国家拥有更加严密的内部控制体系、更完善的监管体系，从而降低金融危机发生的风险，并更好地促进跨境资本流动。因此，金融市场发展与跨境资本流动在维护国家金融安全方面存在着协调促进的作用。然而，当前中国金融市场发展同资本市场开放相互协调与促进的效果并不如意。金融市场的剧烈波动往往导致跨境资本的大量流出，跨境资本外流又进一步加剧了中国金融市场波动。尽管中国采取了加强资本流动管制的措施，但是对跨境资本流动的管制会进一步降低外资参与中国金融市场的激励，减缓金融市场化改革进程。因此，深入探究跨境资本流动与金融市场发展的协调促进作用，对于增强金融风险的管控能力以及确保国家金融安全具有重要意义。

本章主要研究金融市场发展对跨境资本流动提升国家金融安全的调节效应，是对第五章实证分析跨境资本流动与国家金融安全关系的进一步深化。从一国金融市场发展视角重新审视跨境资本流动与国家金融安全之间的关系，有助于深化理解金融市场发展与国家金融安全的认识，准确理解金融市场发展与跨境资本流动的协调促进机制，从而充分厘清跨境资本流动影响国家金融安全的逻辑链条。进一步地，通过实证检验金融市场发展程度对跨境资本流动与国家金融安全关系的调节作用，充分辨识金融市场发展的各项调节机制，对指导中国金融市场改革和资本市场开放进程，防范和化解金融风险、增强国家金融安全也具有一定的参考意义。

本章以第五章“跨境资本流动影响国家金融安全的经验分析”为基础，以 116 个国家于 1991—2020 年的面板数据为样本，采用面板数据双向固定效应模型的实证分析方法研究金融市场发展对跨境资本流动影响国家金融安全的调节机制。总体来看，本章余下的结构安排如下：第二部分为理论分析与研究假说。根据相关文献，分析了金融市场发展对跨境资本流动影响国家金融安全调节作用的理论机制，并提出研究假说；

---

① Demirgüç - Kunt, A. and E. Detragiache, “The Determinants of Banking Crises in Developing and Developed Countries”, *IMF Staff Papers*, Vol. 45, No. 1, 1998.

第三部分为实证策略，介绍了实证模型、相关的变量以及数据来源；第四部分为实证结果分析；第五部分进行了稳健性检验；第六部分是本章的研究结论。

第二节 理论分析与研究假说

关于金融市场发展对跨境资本流动影响国家金融安全的调节作用的研究，学术界进行了一系列探讨，大多数研究认为金融市场发展对跨境资本流动影响国家金融安全具有正向且重要的影响。具体来看，金融市场发展对资本账目可兑换和跨境资本流动具有重要影响。① 学者们的研究发现，金融市场发展水平会影响资本账户开放对金融稳定和资本流动波动性的作用效果。② 金融市场发展水平越高，则金融市场冲击吸收能力越强，此时跨境资本流动引致危机发生的可能性将会下降。相反，金融市场发展水平较低时跨境资本流动很可能导致金融资产价格异常波动，增加危机发生的可能性。③ 进一步地，金融市场发展的提高意味着监管和信息披露改进，政府政策立场透明度和可信度增加，降低了跨境资本流动带来的风险溢价。④ 最后，金融市场发展还可以减少金融开放所导致的货币和期限错配

---

① 计国忠：《资本账户开放次序的比较研究及中国的选择》，《世界经济研究》2004 年第 2 期；李巍：《资本账户开放、金融发展和经济金融不稳定的国际经验分析》，《世界经济》2008 年第 3 期；范小云、朱张元、肖立晟：《从净资本流动到总资本流动——外部脆弱性理论的新发展》，《国际金融研究》2018 年第 1 期。

② Aghion, P., P. Bacchetta, and A. Banerjee, "Financial Development and the Instability of Open Economies", *Journal of Monetary Economics*, Vol. 51, No. 6, 2004; Caballero, R. J. and A. Krishnamurthy, "Global Imbalances and Financial Fragility", *American Economic Review*, Vol. 99, No. 2, 2009; Alfaro, L., Chanda, A., Kalemli - Ozcan, S., and Sayek, S., "Does Foreign Direct Investment Promote Growth? Exploring the Role of Financial Markets on Linkages", *Journal of Development Economics*, Vol. 91, No. 2, 2010; Broner, F. A. and J. Ventura, "Rethinking the Effects of Financial Liberalization", *NBER Working Papers*, 2010.

③ IMF, "Guidance Note for the Liberalization and Management of Capital Flows", *International Monetary Fund Position Paper*, 2013; 张春生、梁涛、蒋海：《我国资本项目的开放条件成熟了吗——基于金融市场的分析》，《经济学家》2017 年第 1 期。

④ Schneider, B., "Issues in Capital Account Convertibility in Developing Countries", *Development Policy Review*, Vol. 19, No. 1, 2001.

的可能性。[①] 实证研究也发现金融市场发展对跨境资本流动具有重要作用。[②] 由此，提出第一个研究假设：

H1：金融市场发展增强了跨境资本流动对国家金融安全的正向促进作用，即金融市场发展水平越高，则跨境资本流动对国家金融安全的提升作用越强烈。

金融体系的发展和完善过程是多层次的、多维度的。可以说金融体系是一个系统，具有明确的整体评价指标。系统内的各个子指标各自发挥作用，并促进最终目标的实现。因此，参考蒋冠宏和张馨月等相关学者的研究，[③] 本章主要从五个方面来度量金融市场发展水平，即金融市场发展深度、金融市场发展效率、银行系统规模、金融市场稳定性和证券市场规模。金融市场发展深化有助于各国获得更高质量和更多品种的金融服务，提升了国家金融体系的国际竞争力，扩张了国家的融资渠道，也降低了融资成本。当发生跨境资本流动时，深度发展金融市场能够提供丰富的金融工具以对冲风险、提供流动性，从而促进资本的多元化配置和长期投资。[④] 金融市场发展深度越高，金融基础就会越牢固，金融市场冲击吸收能力就越强，从而降低了金融风险发生的概率，促进跨境资本流动对国家金融安全的正向影响。由此提出第二个研究假设：

H2：金融市场发展深度增强了跨境资本流动对国家金融安全的正向促进作用。

金融市场发展效率反映了金融市场配置资源的能力，有利于金融资源

---

① Lardy, N. and P. Douglass, "Capital Account Liberalization and the Role of the Renminbi", *Working Paper Series*, Vol. 111, No. 2888, 2011.

② Portes, R. and H. Rey, "The Determinants of Cross – Border Equity Flows", *Journal of International Economics*, Vol. 65, No. 2, 2005; Chinn, M. D. and H. Ito, "What Matters For Financial Development? Capital Controls, Institutions, and Interactions", *Journal of Development Economics*, Vol. 81, No. 1, 2006；王曦、陈中飞、王茜：《我国资本账户加速开放的条件基本成熟了吗?》，《国际金融研究》2015 年第 1 期；杨子晖、陈创练：《金融深化条件下的跨境资本流动效应研究》，《金融研究》2015 年第 5 期；陈中飞、王曦、王伟：《利率市场化、汇率自由化和资本账户开放的顺序》，《世界经济》2017 年第 6 期。

③ 蒋冠宏、张馨月：《金融发展与对外直接投资——来自跨国的证据》，《国际贸易问题》2016 年第 1 期。

④ Botev, J., Egert, B. and F. Jawadi, "The Nonlinear Relationship between Economic Growth and Financial Development: EVierdence from Developing, Emerging and Advanced Countries", *International Economics*, Vol. 160, 2019.

的利用水平和利用效率的提高，从而能够使市场主体以更低的成本获得金融资源，优化市场流动性，提高金融安全水平。已有的实证结果也表明金融市场效率能够吸引跨国资本流入，有利于居民部门的资产组合配置，减缓跨国资本流出。[①] 因此，金融市场发展效率的提升一方面通过提升跨境资本配置效率以缓解市场主体流动性约束，另一方面通过满足本国居民部门资产配置需要并提高跨境资本流动质量，产生与跨境资本流动的协同效应，抑制金融危机的发生，提升国家金融安全水平。由此提出第三个研究假设：

H3：金融市场发展效率增强了跨境资本流动对国家金融安全的正向促进作用。

已有关于跨境资本流动、金融服务业与国家金融安全的文献主要包括两种观点，一种是“竞争—脆弱性”观点，另一种是“竞争—稳定性”观点。“竞争—脆弱性”观点认为资本市场开放带来的跨境资本流动会加剧银行业竞争，降低银行特许经营权价值和银行业利润水平，从而促使银行为获取更高收益提高风险承受水平，导致系统性金融风险增加。[②]“竞争—稳定性”观点则认为，跨境资本流动使得银行业竞争加剧，贷款利率水平下降，从而减缓市场主体的财务压力，降低银行面临的信用违约风险，降低系统性金融风险。[③] 以上两种观点都有实证研究的支持。张璇等的实证结果表明跨境资本流动带来的银行业竞争加剧能够显著缓解企业的融资约束，减少资源错配。[④] 顾海峰和卞雨晨的实证结果则表明，跨境资本流动会增加银行存贷期限错配程度，增加银行业系统性风险。[⑤] 而且研究金融结构的学者们关于以银行主导型金融结构和市场主导型金融结构哪个更有

① 张若雪、袁志刚：《技术创新能力、金融市场效率与外部经济失衡》，《金融研究》2010年第12期。

② Hellmann, T. F., K. C. Murdock, and J. E. Stiglitz, “Liberalization, Moral Hazard in Banking, and Prudential Regulation: Are Capital Requirements Enough?”, *American Economic Review*, Vol. 90, No. 1, 2000.

③ Boyd, J. H. and G. De Nicolo, “The Theory of Bank Risk Taking and Competition Revisited”, *The Journal of Finance*, Vol. 60, No. 3, 2005.

④ 张璇、高金凤、李春涛：《银行业竞争与资源错配——来自中国工业企业的证据》，《国际金融研究》2020年第6期。

⑤ 顾海峰、卞雨晨：《跨境资本流动、贷款集中与银行系统性风险：如何理解宏观审慎政策和国际金融环境的作用?》，《世界经济研究》2021年第10期。

效率并没有达成一致的观点。因此，关于银行系统规模对国家金融安全与跨境资本流动之间关系的调节作用仍然有待实证研究的验证。由此提出第四个研究假设：

H4：银行系统规模对跨境资本流动与国家金融安全之间的关系有调节作用，但调节方向不确定。

金融稳定与跨境资本流动息息相关。金融市场的剧烈波动往往导致跨境资本的大量流出，而跨境资本外流又进一步加剧金融市场波动。已有的实证研究表明，股票市场风险和不确定性上升时，跨境资本流入显著减少；[①] 而改善金融稳定状况能够显著吸引跨境资本流入。[②] 另外，金融稳定为金融市场发展创造良好运行环境，有利于形成完善的市场监管体系和严密的内部控制体系，消解跨境资本流动的负向冲击作用，降低跨境投机资本数量，提高跨境资本投资一国金融市场和实体经济的信心。因此，稳定的金融市场有利于跨境资本流动，正向调节跨境资本流动对国家金融安全的促进作用。由此提出第五个假设：

H5：金融市场稳定性增强了跨境资本流动对国家金融安全的正向促进作用。

资本市场的发展为跨境资本流动提供了投资渠道和便利条件，而跨境资本流动和证券投资市场的相互渗透能够与实体经济的发展形成互补，降低跨境资本流动的盲目性和投机性。当然也有研究表明，资本市场开放与发展带来跨境资本的同时，也可能会加剧跨境风险传染。[③] 证券市场发展规模是衡量一国资本市场在国际上的竞争力和国家经济信誉的重要指标之一。发达的证券市场往往拥有规范的交易运营体系，规避内幕交易的发生，这对于降低金融风险发挥着重要作用。此外，从传统理论观点来看，证券市场发达有助于企业从多渠道融资，降低企业融资成本，进而降低了企业对外投资门槛，并促进了跨境资本流动。由此，提出第六个研究假设：

---

① 谭小芬、虞梦微：《全球金融周期与跨境资本流动》，《金融研究》2021 年第 10 期。

② 高洁超、袁唯觉、杨源源：《资本流动、金融稳定与经济增长》，《金融监管研究》2021 年第 5 期。

③ 方意、邵稚权、黄昌利：《资本市场开放与跨境风险传染防控——基于沪港通的经验证据》，《国际金融研究》2021 年第 9 期。

H6：证券市场规模对跨境资本流动与国家金融安全之间的关系具有调节作用，但调节方向不确定。

第三节 实证策略

一 模型设定

基于以上的理论分析，本章首先构建了如下的基准回归模型来对理论分析中的研究假设进行实证检：

$$FinancialCrisis_{i,t} = \alpha_0 + \alpha_1 Flow_{i,t} + \alpha_2 X_{i,t} + \mu_i + \lambda_t + \varepsilon_{i,t}$$

其中，本章首先采用金融危机变量来衡量国家金融安全，即 $FinancialCrisis_{i,t}$变量。其表示的是 i 国 t 期是否爆发金融危机，如果爆发则为 1，没有爆发金融危机则记为 0。金融危机的爆发，说明了一国的金融安全水平下降，反之亦然。此外，为了得到稳健的研究结论，在稳健性分析部分本章还使用权重法计算的国家金融安全指标对一国的国家金融安全水平进行了衡量。$Flow_{i,t}$表示 i 国 t 期国际收支平衡表中的金融账户净值占 GDP 的比重。$X_{i,t}$代表一系列控制变量，包括经济层面的控制变量，其反映的是一国经济整体情况，选取了经济增长率（Ggdp）、通货膨胀率（Infl）、金融化程度（M2）和人均实际 GDP（PerGDP）；金融层面的控制变量，其体现了一国金融体系面貌，选取了实际利率（Rate）、国内总储蓄率（Saving）和贸易开放度（Trade）；社会层面的控制变量，其反映的是国家基本的国情，选取了城镇化增长率（Urban）、人口增长率（Popul）和失业率（Unemploy）等。α_0是截距项，α_1和α_2是相应变量的估计系数。方程中的μ_i表示国家固定效应，λ_t表示年份固定效应；$\varepsilon_{i,t}$表示随机扰动项。

为研究金融市场发展对跨境资本流动与国家金融安全关系的调节效应，在以上模型中进一步加入金融市场发展变量（$Fmd_{i,t}$）以及跨境资本流动（$Flow_{i,t}$）与金融市场发展变量（$Fmd_{i,t}$）的交乘项，以衡量金融市场发展程度对跨境资本流动与国家金融安全关系的调节作用，根据以上描述构建出如下计量模型：

$$FinancialCrisis_{i,t} = \beta_0 + \beta_1 Flow_{i,t} + \beta_2 Fmd_{i,t} + \beta_3 Fmd_{i,t} \times Flow_{i,t} + \beta_4 X_{i,t} +$$

$\mu_i + \lambda_t + \varepsilon_{i,t}$

如果交互项的系数是显著的，则说明在跨境资本流动对国家金融安全的影响中，调节变量发挥了调节作用。因此，在上述模型中，重点关注系数 β_3 。如果 β_3 与 β_1 同号，则说明金融市场发展对跨境资本流动与国家金融安全具有正向调节作用；如果 β_3 与 β_1 不同号，则说明金融市场发展对跨境资本流动与国家金融安全具有负向调节作用；如果 β_3 为 0 或不显著，则说明金融市场发展对跨境资本流动与国家金融安全的调节作用不存在。

二　数据与变量说明

（一）样本选择与数据描述

本章所用的数据与第五章相同，关于数据来源、被解释变量、解释变量和控制变量的具体介绍详见第五章。

（二）调节变量——金融市场发展

本章从 5 个方面衡量各国的金融市场发展程度，分别为金融市场发展深度、金融市场发展效率、银行系统规模、金融市场稳定性和证券市场规模等。依据以往文献，用私人信贷占 GDP 的比重表示金融市场发展深度，[①] 如果该指标值越大，则说明金融市场越深度化。用银行信贷占银行总存款的比重表示金融市场发展效率，它衡量了银行吸收存款中放贷的比重。该值越大，则表示金融市场越有效率。用存款货币银行资产占 GDP 的比重来表示银行系统规模。指标值越大，则表明银行系统规模越大。用 Z 值（Zscore）来表示金融市场的稳定性。[②] 该值越大，说明金融市场越稳定。用上市公司市值占 GDP 的比重来表示证券市场规模。显然，该指标取值越大，则说明证券市场规模越大。调节效应的具体指标及量化说明如表 7－1 所示。以上数据来自世界银行 World Development Indicators（WDI）数据库和 Global Financial Development Database（GFDD）数据库。

① King，R. G. and R. Levine，“Finance and Growth：Schumpeter Might be Right”，*The Quarterly Journal of Economics*，Vol. 108，No. 3，1993.

② Canova，F. and G. De Nicolo，“Stock Returns，Term Structure，Inflation，And Real Activity：An International Perspective”，*Macroeconomic Dynamics*，Vol. 4，No. 3，2000.

表 7－1　　调节效应衡量指标

调节路径	评价指标	符号	指标及量化说明
金融市场发展深度	私人信贷	DC	私人信贷/GDP
金融市场发展效率	银行信贷占总存款的比重	BC	银行信贷/银行总存款
银行系统规模	存款货币银行资产	DM	存款货币银行资产/GDP
金融市场稳定性	Z 值	Zscore	［ROA＋（股权/资产）］/SD（ROA）
证券市场规模	上市公司市值	SMC	上市公司市值/GDP

第四节　实证结果分析

一　调节变量的描述性统计

调节变量的描述性统计分析如表 7－2 所示。私人信贷/GDP 是衡量一国金融发展、金融深化的指标之一。从表 7－2 中可以看到私人信贷/GDP（DC）的平均值为 49.71，最小值为 1.81，最大值为 180.80，标准差为 43.01。这说明样本中的国家之间私人信贷/GDP 值相差极大，金融市场发展深度存在较大不同；银行信贷占银行总存款的比重（BC）可以反映一国的经济支持度。从表中可以看到银行信贷占银行总存款的比重的平均值为 88.10，最小值为 17.61，最大值为 308.20，标准差为 47.92，可以说银行信贷占银行总存款的比重同样也是样本国家之间差异较大的一个指标；存款货币银行在中国更多被叫作商业银行，是金融机构体系中最核心的部分，往往以其机构数量多、业务渗透面广和资金总额比重大等历史形成的优势，为其他金融机构所不能替代。存款货币银行资产/GDP（DM）反映了一国的银行系统规模，而银行系统规模越大的国家无疑也可以更便利地发展金融市场。从表中可以看到存款货币银行资产/GDP 的平均值为 86.02，最小值为 16.08，最大值为 100.00，标准差为 16.90，这反映出不同国家的银行系统规模仍有不小差异。Zscore 反映了一国的金融市场稳定程度。从表中可以看到 Zscore 的平均值为 15.52，最小值为 1.87，最大值为 44.99，标准差为 8.44。可以看到各国金融市场趋于稳定是世界的主旋律，但仍有部分国家金融市场稳定性极低。上市公司市值/GDP（SMC）一直被视为反映证券市场规模的一个指标，上市公司市值/GDP 越高，则代

表一国证券市场规模越大。从表7－2中可以看到上市公司市值/GDP的平均值为66.89，最小值为0.24，最大值为347.00，标准差为70.85，这表明样本国家间证券市场规模差异极大。

表7－2　**描述性统计①**

变量名	样本量	平均值	标准差	最小值	中位数	最大值
FinancialCrisis	2373	0.04	0.19	0.00	0.00	1.00
Flow	2373	－0.02	0.10	－0.30	－0.02	0.58
DC	2072	49.71	43.01	1.81	35.13	180.80
BC	2276	88.10	47.92	17.61	79.90	308.20
DM	2198	86.02	16.90	16.08	92.87	100.00
Zscore	1558	15.52	8.44	1.87	14.80	44.99
SMC	987	66.89	70.85	0.24	42.24	347.00

二　金融市场发展深度的调节效应检验

表7－3为金融市场发展深度对国家跨境资本流动与国家金融安全调节作用的实证分析结果。第（1）列是跨境资本流动对是否发生金融危机的基准回归结果，第（2）列是加入经济层面、金融层面、社会层面这三个层面的控制变量之后所得到的回归结果，第（3）列是只加入调节变量之后所得到的回归结果，第（4）列是加入调节变量私人信贷/GDP以及调节变量私人信贷/GDP与解释变量跨境资本流动的交互项之后所得到的回归结果。

表7－3　**金融市场发展深度的调节效应的回归结果**

	(1) FinancialCrisis	(2) FinancialCrisis	(3) FinancialCrisis	(4) FinancialCrisis
Flow	－0.0794* (－1.8825)	－0.1048** (－2.3920)	－0.1303*** (－2.8662)	－0.1204*** (－2.7518)

① 其他指标在第五章已经有所介绍，此处不再赘述。

续表

	(1) FinancialCrisis	(2) FinancialCrisis	(3) FinancialCrisis	(4) FinancialCrisis
DC			0.0015 *** (2.7337)	0.0014 ** (2.5116)
DC × Flow				-0.0004 *** (-3.8146)
Ggdp		-0.0071 *** (-3.4345)	-0.0057 *** (-2.7496)	-0.0059 *** (-2.7796)
Infl		-0.0004 (-1.3844)	-0.0002 (-0.9002)	-0.0002 (-0.8388)
M2		0.0010 * (1.6714)	-0.0003 (-0.5123)	-0.0003 (-0.4605)
PerGDP		-0.0712 *** (-3.5808)	-0.0610 ** (-2.4886)	-0.0576 ** (-2.2941)
Rate		-0.0008 (-0.9628)	-0.0004 (-0.3915)	-0.0003 (-0.3312)
Saving		0.0015 * (1.9044)	0.0018 ** (2.1778)	0.0019 ** (2.2721)
Trade		-0.0000 (-0.1712)	0.0001 (0.2462)	0.0001 (0.3470)
Urban		0.0069 (0.5253)	0.0083 (0.6691)	0.0080 (0.6491)
Popul		0.0071 (0.4646)	0.0012 (0.0856)	0.0009 (0.0657)
Unemploy		0.0003 (0.1082)	-0.0017 (-0.6498)	-0.0018 (-0.6685)
常数项	0.0429 (1.0214)	0.6318 *** (3.3403)	0.5331 ** (2.3604)	0.4993 ** (2.1547)
Year	控制	控制	控制	控制
Country	控制	控制	控制	控制

续表

	(1) FinancialCrisis	(2) FinancialCrisis	(3) FinancialCrisis	(4) FinancialCrisis
N	2373	2373	2072	2072
R^2	0.1019	0.1287	0.1469	0.1473

注：***、**、* 表示估计结果在 1%、5%、10% 的水平上显著；括号内为 t 值。

从表第（1）列中可以看到，跨境资本流动程度的系数为负值，通过了 10% 的显著性水平检验。这说明跨境资本流动能够显著抑制金融危机的发生。在加入经济层面、金融层面、社会层面这三个层面的控制变量后，该系数仍然显著为负值，表明跨境资本流动对金融危机的抑制作用较为稳健。通过第（1）、第（2）列的基准回归可以初步得出：跨境资本流动通过抑制金融危机发生从而对国家金融安全产生正向促进影响。这也和前面章节得到的结论是一致的。由列（3）可以看出，加入调节变量金融市场发展深度的代理变量私人信贷占 GDP 的比重后，Flow 的系数仍然显著为负值。而从列（4）中可以看出，跨境资本流动的系数为负值，并通过了 1% 的显著性水平检验。而且，跨境资本流动与金融市场发展深度变量的交互项也通过了 1% 的显著性水平检验，其系数为负值。这说明金融市场发展水平增强了跨境资本流动抑制金融危机发生的作用，从而提高了国家金融安全，由此证实假设 H1。进一步地，在此模型中使用的是金融市场发展深度，即以私人信贷占 GDP 的比重来衡量的金融市场发展水平。因此，这又验证了本章提出的研究假设 H2。

以上结果表明，金融市场发展深度对跨境资本流动与国家金融安全的关系具有正向调节作用。金融市场发展深度反映了金融支持实体经济的程度。金融市场发展深度越高越有利于资金转化为资本进而形成对实体经济的有效投资，[①] 从而能够使市场主体以更低的成本获得金融资源，缓解市场主体流动性约束，提高金融安全水平。当发生跨境资本流动时，深度支持实体经济的金融市场能够提供丰富的金融工具以对冲风险、提供流动

① 张若雪、袁志刚：《技术创新能力、金融市场效率与外部经济失衡》，《金融研究》2010 年第 12 期。

性，从而促进资本的多元化配置和长期投资。[①] 因此，金融市场发展深度通过促使跨境资本形成有效投资，支持国内实体经济发展，缓解市场主体流动性约束，从而与跨境资本流动产生协同效应，共同抑制金融危机的发生，提升国家金融安全水平。

三　金融市场发展效率的调节效应检验

表7－4为金融市场发展效率对国家跨境资本流动与国家金融安全调节作用的实证分析结果。第（1）列是跨境资本流动对是否发生金融危机的基准回归结果，第（2）列是加入经济层面、金融层面、社会层面这三个层面的控制变量之后所得到的回归结果，第（3）列是只加入调节变量银行信贷占银行总存款的比重之后所得到的回归结果，第（4）列是加入调节变量银行信贷占银行总存款的比重以及调节变量银行信贷占银行总存款的比重与解释变量跨境资本流动的交互项之后所得到的回归结果。

表7－4　金融市场发展效率的调节效应的回归结果

	(1) FinancialCrisis	(2) FinancialCrisis	(3) FinancialCrisis	(4) FinancialCrisis
Flow	−0.0794* (−1.8825)	−0.1048** (−2.3920)	−0.0740* (−1.6917)	−0.1606** (−2.3606)
BC			0.0005* (1.3911)	0.0005 (1.3036)
BC × Flow				−0.0007** (−2.2581)
Ggdp		−0.0071*** (−3.4345)	−0.0064*** (−3.1981)	−0.0065*** (−3.2066)
Infl		−0.0004 (−1.3844)	−0.0004 (−1.4543)	−0.0004 (−1.4338)
M2		0.0010* (1.6714)	0.0012* (1.7106)	0.0012* (1.8806)

① Botev, J., Egert, B. and F. Jawadi, "The Nonlinear Relationship between Economic Growth and Financial Development: EVierdence from Developing, Emerging and Advanced Countries", *International Economics*, Vol. 160, 2019.

续表

	(1) FinancialCrisis	(2) FinancialCrisis	(3) FinancialCrisis	(4) FinancialCrisis
PerGDP		-0.0712*** (-3.5808)	-0.0809*** (-3.6375)	-0.0826*** (-3.6698)
Rate		-0.0008 (-0.9628)	-0.0009 (-1.0618)	-0.0009 (-1.0454)
Saving		0.0015* (1.9044)	0.0013 (1.6375)	0.0014* (1.7590)
Trade		-0.0000 (-0.1712)	-0.0000 (-0.0359)	0.0000 (0.0726)
Urban		0.0069 (0.5253)	0.0065 (0.5280)	0.0069 (0.5561)
Popul		0.0071 (0.4646)	0.0081 (0.5557)	0.0079 (0.5454)
Unemploy		0.0003 (0.1082)	-0.0001 (-0.0456)	-0.0001 (-0.0568)
常数项	0.0429 (1.0214)	0.6318*** (3.3403)	0.6790*** (3.3122)	0.6886*** (3.3164)
Year	控制	控制	控制	控制
Country	控制	控制	控制	控制
N	2373	2373	2276	2276
R^2	0.1019	0.1287	0.1354	0.1372

注：***、**、*表示估计结果在1%、5%、10%的水平上显著；括号内为t值。

显然，由列（3）可以看出，加入金融市场发展效率的代理变量银行信贷占银行总存款的比重后，跨境资本流动的系数为负值，并通过了10%的显著性水平检验。而从列（4）中可以看出跨境资本流动的系数通过了5%的显著性水平检验，回归结果较为稳健。跨境资本流动与金融市场发展效率变量的交互项通过了5%的显著性水平检验，符号为负。这说明金融市场发展效率增强了跨境资本流动抑制金融危机发生的作用，从而提高了国家金融安全，由此得出研究假设H3成立。

以上结果表明，金融市场发展效率正向调节了跨境资本流动对国家金融安全的正向影响。金融市场发展效率反映了金融市场配置资源的能力，有利于金融资源的利用水平和利用效率的提高，从而能够使市场主体以更低的成本获得金融资源，优化市场流动性，提高金融安全水平。另外，已有的实证结果也表明金融市场发展效率能够吸引跨国资本流入，有利于居民部门的资产组合配置，减缓跨国资本流出。① 因此，金融市场发展效率一方面通过提升跨境资本配置效率缓解市场主体流动性约束，另一方面通过满足本国居民部门资产配置、提高跨境资本流动质量，产生与跨境资本流动的协同效应，抑制金融危机的发生，提升国家金融安全水平。

四　银行系统规模的调节效应检验

表7－5为银行系统规模对跨境资本流动与国家金融安全调节作用的实证分析结果。第（1）列是跨境资本流动对是否发生金融危机的基准回归结果，第（2）列是加入经济层面、金融层面、社会层面这三个层面的控制变量之后所得到的回归结果。第（3）列是只加入调节变量存款货币银行资产占GDP的比重之后所得到的回归结果，第（4）列是加入调节变量存款货币银行资产占GDP的比重，以及调节变量存款货币银行资产占GDP的比重与解释变量跨境资本流动的交互项之后所得到的回归结果。

表7－5　**银行系统规模的调节效应的回归结果**

	(1) FinancialCrisis	(2) FinancialCrisis	(3) FinancialCrisis	(4) FinancialCrisis
Flow	−0.0794* (−1.8825)	−0.1048** (−2.3920)	−0.1013** (−2.4377)	−0.1076** (−2.1794)
DM			0.0004 (0.8746)	0.0004 (0.8325)
DM × Flow				−0.0009 (−1.5205)

① 张若雪、袁志刚：《技术创新能力、金融市场效率与外部经济失衡》，《金融研究》2010年第12期。

续表

	(1) FinancialCrisis	(2) FinancialCrisis	(3) FinancialCrisis	(4) FinancialCrisis
Ggdp		-0.0071*** (-3.4345)	-0.0078*** (-3.4679)	-0.0079*** (-3.4965)
Infl		-0.0004 (-1.3844)	-0.0006* (-1.7989)	-0.0006* (-1.7977)
M2		0.0010* (1.6714)	0.0012* (1.8681)	0.0012* (1.8217)
PerGDP		-0.0712*** (-3.5808)	-0.0681*** (-3.0766)	-0.0682*** (-3.1035)
Rate		-0.0008 (-0.9628)	-0.0008 (-0.8905)	-0.0008 (-0.9364)
Saving		0.0015* (1.9044)	0.0013 (1.6417)	0.0016* (1.8495)
Trade		-0.0000 (-0.1712)	-0.0001 (-0.1669)	-0.0000 (-0.1392)
Urban		0.0069 (0.5253)	0.0099 (0.6749)	0.0095 (0.6532)
Popul		0.0071 (0.4646)	0.0067 (0.3870)	0.0071 (0.4147)
Unemploy		0.0003 (0.1082)	-0.0010 (-0.3829)	-0.0011 (-0.4141)
常数项	0.0429 (1.0214)	0.6318*** (3.3403)	0.5169*** (3.1531)	0.5147*** (3.1530)
Year	控制	控制	控制	控制
Country	控制	控制	控制	控制
N	2373	2373	2198	2198
R^2	0.1019	0.1287	0.1340	0.1349

注：***、**、*表示估计结果在1%、5%、10%的水平上显著；括号内为t值。

由列（3）可以看出，加入调节变量银行系统规模的代理变量存款货币银行资产占GDP的比重后，解释变量跨境资本流动的系数显著为负值。

而从列（4）可以看出，跨境资本流动程度的系数通过了5%的显著性水平检验，回归结果依然稳健。但跨境资本流动变量与银行系统规模变量的交互项系数为负，没有通过显著性水平检验。说明银行系统规模对跨境资本流动与国际金融安全的关系具有正向调节效应，但该正面调节效应并不显著。因此，虽然银行系统规模对跨境资本流动与国际金融安全的关系有正向调节效应，但该效应在统计上并不显著，即假设H4并没有得到很好的验证。可能是因为银行系统规模变量没有办法直接体现在银行业竞争程度以及银行信贷资金配置效率上，从而对跨境资本流动影响国家金融安全不能产生有效的调节效应。

五　金融市场稳定性的调节效应检验

表7－6为金融市场稳定性对跨境资本流动与国家金融安全调节作用的实证分析结果。第（1）列是跨境资本流动对是否发生金融危机的基准回归结果，第（2）列是加入经济层面、金融层面、社会层面这三个层面的控制变量之后所得到的回归结果。第（3）列是只加入调节变量之后所得到的回归结果，第（4）列是加入调节变量金融市场稳定性，以及调节变量金融市场稳定性与解释变量跨境资本流动的交互项之后所得到的回归结果。

表7－6　**金融市场稳定性的调节效应的回归结果**

	(1) FinancialCrisis	(2) FinancialCrisis	(3) FinancialCrisis	(4) FinancialCrisis
Flow	−0.0794* (−1.8825)	−0.1048** (−2.3920)	−0.0530** (−2.0035)	−0.1054*** (−2.7482)
Zscore			−0.0025*** (−3.0067)	−0.0027*** (−3.2066)
Zscore × Flow				−0.0034*** (−2.8455)
Ggdp		−0.0071*** (−3.4345)	−0.0067* (−1.9593)	−0.0068** (−1.9773)
Infl		−0.0004 (−1.3844)	0.0001 (0.2028)	0.0001 (0.1996)

续表

	(1) FinancialCrisis	(2) FinancialCrisis	(3) FinancialCrisis	(4) FinancialCrisis
M2		0.0010* (1.6714)	0.0010** (2.4922)	0.0009** (2.4427)
PerGDP		-0.0712*** (-3.5808)	-0.0199 (-0.7762)	-0.0194 (-0.7488)
Rate		-0.0008 (-0.9628)	-0.0006 (-0.5909)	-0.0006 (-0.6000)
Saving		0.0015* (1.9044)	0.0004 (0.4183)	0.0004 (0.4003)
Trade		-0.0000 (-0.1712)	-0.0005* (-1.8635)	-0.0005* (-1.8066)
Urban		0.0069 (0.5253)	0.0094 (0.4124)	0.0104 (0.4555)
Popul		0.0071 (0.4646)	-0.0022 (-0.0849)	-0.0038 (-0.1446)
Unemploy		0.0003 (0.1082)	0.0003 (0.1088)	0.0001 (0.0226)
常数项	0.0429 (1.0214)	0.6318*** (3.3403)	0.2290 (1.2646)	0.2320 (1.2627)
Year	控制	控制	控制	控制
Country	控制	控制	控制	控制
N	2373	2373	1558	1558
R^2	0.1019	0.1287	0.1317	0.1321

注：***、**、*表示估计结果在1%、5%、10%的水平上显著；括号内为t值。

由列（3）可以看出，加入调节变量金融市场稳定性的代理变量Zscore后，Flow的系数显著为负值。而从列（4）可以看出，跨境资本流动程度的系数通过了1%的显著性水平检验，结果依然稳健。跨境资本流动变量与金融市场发展稳定性变量Zscore的交互项Zscore×Flow通过了1%的显著性水平检验，系数为负值，即金融市场稳定性越高，则跨境资本流动对金融危机发生的抑制作用越强烈。金融市场稳定与跨境资本流动息息相关。改善金融稳定状况能够显著吸引跨境资本流入。金融市场稳定也为金融市场发展创造了良好的运行环境，有利于形成完善的市场监管体系和严密的内部控制体系，消解跨境资本流动的负向冲击作用，降低跨境投机资本数量，提高跨境资本投资一国金融市场和实体经济的信心。因此，稳定的金融市场有利于跨境资本流动，正向调节跨境资本流动对国家金融安全的促进作用。即金融市场稳定性对跨境资本流动与国际金融安全的关系具有正向调节作用，由此得出假设 H5 成立。

总之，以上结果表明，金融稳定为金融市场发展创造了良好的运行环境，从而有利于形成完善的市场监管体系和严密的内部控制体系，消解跨境资本流动的负向冲击作用，降低跨境投机资本数量，提高跨境资本投资一国金融市场和实体经济的信心，进而有利于金融稳定与国家金融安全。

六　证券市场规模的调节效应检验

表 7－7 为证券市场规模对跨境资本流动与国家金融安全调节作用的实证分析结果。第（1）列是跨境资本流动对是否发生金融危机的基准回归结果，第（2）列是加入经济层面、金融层面、社会层面这三个层面的控制变量之后所得到的回归结果。第（3）列是只加入调节变量之后所得到的回归结果，第（4）列是加入调节变量证券市场规模，以及调节变量证券市场规模与解释变量跨境资本流动的交互项之后所得到的回归结果。

表 7－7　　证券市场规模的调节效应的回归结果

	(1) FinancialCrisis	(2) FinancialCrisis	(3) FinancialCrisis	(4) FinancialCrisis
Flow	－0.0794* (－1.8825)	－0.1048** (－2.3920)	－0.1977* (－1.9544)	－0.2921** (－1.9945)
SMC			－0.0005* (－1.8444)	－0.0005** (－2.0166)
SMC × Flow				－0.0015*** (－2.9265)

续表

	(1) FinancialCrisis	(2) FinancialCrisis	(3) FinancialCrisis	(4) FinancialCrisis
Ggdp		-0.0071*** (-3.4345)	-0.0141*** (-3.4697)	-0.0142*** (-3.5426)
Infl		-0.0004 (-1.3844)	0.0036*** (4.8187)	0.0036*** (4.8896)
M2		0.0010* (1.6714)	0.0003 (0.2896)	0.0003 (0.2976)
PerGDP		-0.0712*** (-3.5808)	-0.0094 (-0.2670)	-0.0079 (-0.2191)
Rate		-0.0008 (-0.9628)	0.0030* (1.9059)	0.0029* (1.8330)
Saving		0.0015* (1.9044)	0.0010 (0.4732)	0.0010 (0.4428)
Trade		-0.0000 (-0.1712)	0.0004 (1.0928)	0.0004 (1.1819)
Urban		0.0069 (0.5253)	0.0166 (0.4503)	0.0184 (0.4874)
Popul		0.0071 (0.4646)	-0.0140 (-0.3271)	-0.0159 (-0.3635)
Unemploy		0.0003 (0.1082)	-0.0054* (-1.8033)	-0.0053* (-1.7883)
常数项	0.0429 (1.0214)	0.6318*** (3.3403)	0.2543 (0.8519)	0.2430 (0.8046)
Year	控制	控制	控制	控制
Country	控制	控制	控制	控制
N	2373	2373	987	987
R^2	0.1019	0.1287	0.2198	0.2210

注：***、**、*表示估计结果在1%、5%、10%的水平上显著；括号内为t值。

由列（3）可以看出，加入调节变量证券市场规模的代理变量上市公司市值占GDP的比重后，上市公司市值占GDP的比重与跨境资本流动的系数都通过了10%的显著性检验，系数均为负值。而从列（4）可以看出，跨境资本流动的系数通过了5%的显著性水平检验，结果比较稳健。跨境资本流动变量与证券市场规模变量的交互项SMC × Flow通过了1%的显著性水平检验，交互项的系数为 -0.0015。这说明证券市场规模对跨境资本流动与国际金融安全的关系具有正向调节作用。一般来说，资本市场的发展为跨境资本流动提供了投资渠道和便利条件，而跨境资本流动和证券投资市场的相互渗透能与实体经济的发展形成互补，降低跨境资本流动的盲目性和投机性。而且，发达的证券市场往往拥有规范的交易运营体系，大大规避了内幕交易的发生，这对于降低金融风险发挥着重要作用。证券市场的发展还有助于企业从多渠道融资，从而降低了融资成本，这也就降低了企业对外投资门槛，因而促进了跨境资本流动。以上因素都会导致证券市场规模对跨境资本流动与国际金融安全的关系具有正向调节作用。这也验证了研究假设H6的成立。

以上结果表明，资本市场的发展为跨境资本流动提供了投资渠道和便利条件，而跨境资本流动和证券投资市场的相互渗透能与实体经济的发展形成互补，降低跨境资本流动的盲目性和投机性，从而有利于金融稳定与国家金融安全。

第五节　稳健性检验

一　更换被解释变量

在基准模型中，本章采用是否发生金融危机来衡量国家金融安全程度，为了保证实证结果的有效性和稳健性，本节采用权重法来计算国家金融安全程度。具体的二级指标介绍及其组成权重在第五章已有详细提及，此处不再赘述。

表7-8为更换被解释变量后调节变量对跨境资本流动与国家金融安全调节作用的实证分析结果。第（1）列是金融市场发展深度对跨境资本流动影响国家金融安全程度调节作用的计量回归结果，第（2）列是金融市场发展效率对跨境资本流动影响国家金融安全程度调节作用的计量回归结果，第（3）列是银行系统规模对跨境资本流动影响国家金融

安全程度调节作用的计量回归结果，第（4）列是金融市场稳定性对跨境资本流动影响国家金融安全程度调节作用的计量回归结果，第（5）列是证券市场规模对跨境资本流动影响国家金融安全程度调节作用的计量回归结果。

表 7-8　　　　更换被解释变量后的调节效应的回归结果

	(1) NFS	(2) NFS	(3) NFS	(4) NFS	(5) NFS
Flow	2.6018* (1.9141)	2.5448* (1.8340)	0.5272** (2.2535)	2.7923* (1.6815)	3.0909* (1.8015)
DC	0.1590*** (4.4715)				
Flow × DC	0.0503*** (5.0456)				
BC		-0.0191 (-1.3685)			
Flow × BC		0.0321* (1.7237)			
DM			-0.0460 (-1.2501)		
Flow × DM			0.0420** (2.5030)		
Zscore				0.1982*** (2.6901)	
Flow × Zscore				0.0435** (2.1619)	
SMC					0.0199 (0.9983)
Flow × SMC					0.0327** (2.4921)
PerGDP	-1.2772 (-0.5102)	1.0425 (0.4154)	1.6023 (0.6073)	2.3206 (1.3645)	-1.3984 (-0.7258)

续表

	(1) NFS	(2) NFS	(3) NFS	(4) NFS	(5) NFS
Rate	−0.2218 *** (−3.4762)	−0.2703 *** (−4.8886)	−0.2717 *** (−4.9466)	−0.2039 *** (−4.4372)	−0.1203 ** (−2.0249)
Saving	−0.0006 (−0.0179)	−0.0250 (−0.6798)	−0.0259 (−0.7247)	−0.0533 (−1.4401)	−0.0186 (−0.1881)
Trade	0.0224 (1.0313)	0.0267 (0.8998)	0.0347 (1.0867)	0.0576 ** (2.0640)	−0.0101 (−0.2231)
Urban	−0.0036 (−0.0047)	0.6939 (0.9178)	1.1179 (1.3753)	1.4476 (1.4905)	2.5403 * (1.8571)
Popul	0.0876 (0.0924)	−0.8947 (−0.9649)	−1.1742 (−1.1921)	−1.2887 (−1.1555)	−2.3398 (−1.5572)
Unemploy	0.0945 (0.7287)	0.0309 (0.3232)	0.0484 (0.4417)	0.0814 (0.8347)	−0.2546 * (−1.7144)
常数项	27.2330 (1.4139)	17.8733 (0.9499)	14.2404 (0.7554)	−4.4576 (−0.3316)	32.2790 ** (2.0842)
Year	控制	控制	控制	控制	控制
Country	控制	控制	控制	控制	控制
N	1326	1510	1485	1052	480
R^2	0.8369	0.7919	0.7950	0.9109	0.9146

注：***、**、* 表示估计结果在1%、5%、10%的水平上显著；括号内为t值。

由列（1）可以看出，在更换被解释变量后再加入调节变量金融市场发展深度的代理变量私人信贷占GDP的比重后，跨境资本流动程度的系数通过了10%的显著性水平检验，系数为正值。而跨境资本流动变量与金融市场发展深度变量的交互项Flow×DC的系数通过了1%的显著性水平检验，系数也为正值。这说明在更换了被解释变量后金融市场发展深度对跨境资本流动与国家金融安全的关系仍然具有正向调节作用。

由列（2）可以看出，在更换被解释变量后再加入调节变量金融市场发展效率的代理变量银行信贷占银行总存款的比重后，解释变量跨境资本流动通过显著性水平检验，并且系数为正值。而跨境资本流动变量与金融市场发展效率变量的交互项 Flow × BC 的系数通过了 10% 的显著性水平检验，系数为正值。说明金融市场发展效率对跨境资本流动与国家金融安全的关系具有正向调节作用，这与前述实证结果一致。

由列（3）可以看出，在更换被解释变量后再加入调节变量银行系统规模的代理变量存款货币银行资产占 GDP 的比重后，解释变量跨境资本流动的系数仍然显著为正值。而跨境资本流动变量与银行系统规模变量的交互项 Flow × DM 的系数通过了 5% 的显著性检验且为正值。这说明在更换了被解释变量后，银行系统规模对跨境资本流动与国家金融安全的关系具有正向调节作用。跨境资本流动使得银行业竞争加剧，贷款利率水平下降，从而减缓市场主体的财务压力，降低银行面临的信用违约风险，降低系统性金融风险。① 张璇等实证结果也表明跨境资本流动带来的银行业竞争加剧能够显著缓解企业的融资约束，减少资源错配。② 因此，银行系统规模的增加可以提升跨境资本流动对国家金融安全的促进作用。

由列（4）可以看出，在更换被解释变量后再加入调节变量金融市场稳定性的代理变量 Zscore，跨境资本流动系数为正值，并在 10% 的水平上显著。跨境资本流动变量与金融市场稳定性变量的交互项 Flow × Zscore 的系数通过 5% 的显著性检验而且系数为正值。这说明更换被解释变量后金融市场稳定性对跨境资本流动与国家金融安全的关系具有正向调节作用，基准回归中结果保持稳健。

由列（5）可以看出，在更换被解释变量后再加入调节变量证券市场规模的代理变量上市公司市值占 GDP 的比重，跨境资本流动程度的系数通过了 10% 的显著性检验，系数为正值。跨境资本流动变量与证券市场规模变量的交互项 Flow × SMC 的系数在 5% 的显著性水平上显著为正值。这说明改变被解释变量后证券市场规模对跨境资本流动与国家金融安全的关系仍具有正向调节作用，基准回归中结果稳健。

综合以上回归结果可以得出，在更换了被解释变量后，金融市场发展深度、金融市场发展效率、银行系统规模、金融市场稳定性、证券市场规

---

① Boyd, J. H. and G. De Nicolo, "The Theory of Bank Risk Taking and Competition Revisited", *The Journal of Finance*, Vol. 60, No. 3, 2005.

② 张璇、高金凤、李春涛：《银行业竞争与资源错配——来自中国工业企业的证据》，《国际金融研究》2020 年第 6 期。

模等调节变量均对跨境资本流动与国家金融安全的关系具有正向调节作用，基准回归结果是稳健的。

二　解释变量跨境资本流动滞后一期

考虑到潜在的内生性问题，本节更换解释变量为滞后一期的跨境资本流动变量，对基准模型重新进行了回归估计，结果如表7－9所示。

表7－9　　解释变量滞后一期后的调节效应的回归结果

	(1) FinancialCrisis	(2) FinancialCrisis	(3) FinancialCrisis	(4) FinancialCrisis	(5) FinancialCrisis
L. Flow	－0.1195*** (－2.7576)	－0.1646*** (－2.7565)	－0.2043*** (－3.3061)	－0.1016*** (－2.7510)	－0.3884** (－2.3473)
DC	0.0014** (2.1459)				
L. Flow×DC	－0.0021* (－1.6789)				
BC		0.0007** (1.9771)			
L. Flow×BC		－0.0005** (－2.3755)			
DM			0.0008 (1.5693)		
L. Flow×DM			－0.0004 (－1.5729)		
Zscore				－0.0027*** (－3.1683)	
L. Flow×Zscore				－0.0015*** (－2.8815)	
SMC					－0.0006** (－2.1512)
L. Flow×SMC					－0.0010* (－1.8034)

续表

	(1) FinancialCrisis	(2) FinancialCrisis	(3) FinancialCrisis	(4) FinancialCrisis	(5) FinancialCrisis
Ggdp	-0.0057*** (-2.6661)	-0.0063*** (-3.0322)	-0.0074*** (-3.2349)	-0.0066* (-1.9079)	-0.0140*** (-3.5970)
M2	-0.0007 (-1.0751)	0.0009 (1.2294)	0.0009 (1.2066)	0.0010** (2.5205)	0.0003 (0.2607)
Infl	0.0001 (0.4167)	0.0000 (0.1201)	-0.0002 (-0.3880)	0.0002 (0.2883)	0.0035*** (4.6237)
PerGDP	-0.0468* (-1.7561)	-0.0653** (-2.4986)	-0.0588** (-2.3800)	-0.0164 (-0.6187)	-0.0090 (-0.2339)
Rate	0.0008 (0.7302)	0.0003 (0.3218)	0.0002 (0.1780)	-0.0003 (-0.2696)	0.0035** (2.1918)
Saving	0.0017 (1.5661)	0.0011 (1.1382)	0.0012 (1.2229)	0.0003 (0.3529)	0.0015 (0.6227)
Trade	0.0000 (0.1186)	-0.0000 (-0.0067)	-0.0001 (-0.1565)	-0.0006* (-1.8363)	0.0003 (0.8182)
Urban	0.0118 (0.7379)	0.0086 (0.5467)	0.0084 (0.4895)	0.0066 (0.2680)	0.0235 (0.6251)
Popul	-0.0050 (-0.2706)	0.0042 (0.2301)	0.0071 (0.3557)	0.0008 (0.0278)	-0.0220 (-0.4983)
Unemploy	-0.0036 (-1.1749)	-0.0012 (-0.4328)	-0.0019 (-0.6734)	0.0000 (0.0147)	-0.0061* (-1.8968)
常数项	0.4026 (1.5534)	0.4879** (1.9790)	0.3865** (2.2090)	0.2163 (1.1352)	0.2976 (0.8916)
Year	控制	控制	控制	控制	控制
Country	控制	控制	控制	控制	控制
N	1973	2159	2083	1524	956
R^2	0.1604	0.1509	0.1670	0.1457	0.2359

注：***、**、*表示估计结果在1%、5%、10%的水平上显著；括号内为t值。

由列（1）可知，在更换解释变量为滞后一期后，金融市场发展深度对跨境资本流动与国家金融安全的关系具有正向调节作用。在列（2）中，跨境资本流动变量与金融市场发展效率变量的交互项 L. Flow × BC 的系数通过了 5% 的显著性水平检验，系数为负值，说明在更换解释变量为滞后一期后，金融市场发展效率对跨境资本流动与国家金融安全的关系具有正向调节作用。由列（3）可以看到，交互项 L. Flow × DM 的系数并不显著，这说明银行体系规模对跨境资本流动影响国家金融安全的调节作用仍然是不明显的。由列（4）可以看出，跨境资本流动变量与金融市场稳定性变量的交互项 L. Flow × Zscore 的系数通过 1% 的显著性检验，系数为负值。说明更换解释变量为滞后一期后，金融市场稳定性对跨境资本流动与国际金融安全的关系具有正向调节作用。最后，由列（5）可以看出，跨境资本流动变量与证券市场规模变量的交互项 L. Flow × SMC 的系数仍然是显著为负值。这说明证券市场规模对跨境资本流动与国家金融安全的关系仍具有正向调节作用，基准回归结果依然保持了稳健。

第六节　本章小结

本章在已有章节对跨境资本流动与国家金融安全的关系进行理论分析、实证检验和机制分析基础上，深入探究了跨境资本流动与金融市场发展如何共同影响国家金融安全。基于文献梳理和理论分析，本章提出金融市场发展对跨境资本流动与国家金融安全的关系具有调节作用，然后建立调节效应模型，使用 116 个国家于 1991—2020 年的跨国面板数据进行了实证检验。

首先，跨境资本流动通过抑制金融危机发生，从而对国家金融安全具有正向促进作用，加入经济层面、金融层面、社会层面这三个层面的控制变量后系数仍然显著，表明跨境资本流动抑制金融危机的作用较为稳健。这一结果在加入金融市场发展以及跨境资本流动与金融市场发展的交互项后依然显著。

其次，本章从五个方面对金融市场发展水平进行度量，分别为金融市场发展深度、金融市场发展效率、银行系统规模、金融市场稳定性和证券市场规模。从金融市场发展深度来看，跨境资本流动变量与金融市场发展深度变量的交互项为负值，并且通过了 1% 的显著性水平检验。这说明金融市场发展深度增强了跨境资本流动抑制金融危机发生的作用，从而提高了国家金融安全。金融市场发展水平越高，则金融市场冲击吸收能力越强，此时跨境资本流动引致危机发生可能性将会下降。相反，金融市场发展水平较低时跨境资本流动很可能导致金融资产价格异常波动，增加危机发生的可能性。进一步地，金融市场发展水平的提高意味着监管和信息披露的改进，政府政策立场透明度和可信度增加，降低了跨境资本流动带来的风险溢价。

金融市场发展还可以减少金融开放所导致的货币和期限错配的可能性。而且，金融市场发展深化有助于各国获得更高质量和更多品种的金融服务，提升了国家金融体系的国际竞争力，扩张了国家的融资渠道，也降低了融资成本。当发生跨国资本流动时，深度发展金融市场能够提供丰富的金融工具以对冲风险、提供流动性，从而促进资本的多元化配置和长期投资。金融市场深化度越高，金融基础就会越牢固，金融市场冲击吸收能力越强，从而降低了金融风险发生的概率，促进跨境资本流动对国家金融安全的正向影响。

从金融市场发展效率来看，跨境资本流动变量与金融市场发展效率变量的交互项为负值，并且通过了1%的显著性水平检验。说明金融市场发展效率增强了跨境资本流动抑制金融危机发生的作用，从而提高了国家金融安全。金融市场发展效率反映了金融市场配置资源的能力，有利于金融资源的利用水平和利用效率的提高，从而能够使市场主体以更低的成本获得金融资源，优化市场流动性，提高金融安全水平。已有的实证结果也表明金融市场效率能够吸引跨国资本流入，有利于居民部门的资产组合配置，减缓跨国资本流出。① 因此，金融市场发展效率的提升一方面通过提升跨境资本配置效率缓解市场主体流动性约束，另一方面通过满足本国居民部门资产配置提高跨境资本流动质量，产生与跨境资本流动的协同效应，抑制金融危机的发生，提升国家金融安全水平。

从银行系统规模来看，跨境资本流动变量与银行系统规模变量的交互项系数为负，但没有通过显著性水平检验。这说明银行系统规模对跨境资

---

① 张若雪、袁志刚：《技术创新能力、金融市场效率与外部经济失衡》，《金融研究》2010年第12期。

本流动与国家金融安全的关系具有正向调节效应，但该正向调节效应并不显著。

从金融市场稳定性来看，跨境资本流动变量与金融市场稳定性变量的交互项为负值，并且通过了1%的显著性水平检验。说明金融市场稳定性对跨境资本流动与国家金融安全的关系具有正向调节作用。金融稳定与跨境资本流动息息相关。改善金融稳定状况能够显著吸引跨境资本流入。金融稳定也为金融市场发展创造了良好运行环境，有利于形成完善的市场监管体系和严密的内部控制体系，消解跨境资本流动的负向冲击作用，降低跨境投机资本数量，提高跨境资本投资一国金融市场和实体经济的信心。因此，稳定的金融市场有利于跨境资本流动，正向调节跨境资本流动对国家金融安全的促进作用。即金融市场稳定性对跨境资本流动与国家金融安全的关系具有正向调节作用。

从证券市场规模变量来看，跨境资本流动变量与证券市场规模变量的交互项为负值，并且通过了1%的显著性水平检验，说明证券市场规模对跨境资本流动与国家金融安全的关系具有正向调节作用。资本市场的发展为跨境资本流动提供了投资渠道和便利条件，而跨境资本流动和证券投资市场的相互渗透能与实体经济的发展形成互补，有效降低跨境资本流动的盲目性和投机性。而且，发达的证券市场往往拥有规范的交易运营体系，可以规避内幕交易的发生，这对于降低金融风险发挥着重要作用。证券市场的发展还有助于企业从多渠道融资，从而降低了融资成本，这也就降低了企业对外投资门槛，因而促进了跨境资本流动。以上因素都会导致证券市场规模对跨境资本流动与国家金融安全的关系具有正向调节作用。

最后，针对调节效应的基准回归结果本章还进行了稳健性检验。结果表明，金融市场发展对跨境资本流动影响国家金融安全的调节效应是稳健的。第一，将被解释变量国家金融安全程度的衡量方法从是否发生金融危机调整为国家金融安全指数，发现金融市场发展的各个衡量指标仍然对跨境资本流动对国家金融安全程度的提升具有正向调节效应。第二，为消除可能存在的内生性导致结果不一致问题，将解释变量替换为跨境资本流动滞后一期进行回归，发现金融市场发展仍然正向调节了跨境资本流动对国家金融安全的促进作用。

本章的结论对于深化理解金融市场发展与跨境资本流动、金融市场发展与国家金融安全以及跨境资本流动与国家金融安全的关系具有重要意义。金融市场发展与跨境资本流动存在相互协调促进作用，二者共同影响国家金融安全与稳定。中国当前金融市场化水平不断提升，金融开放进程不断加快，本章的结论有助于中国在金融市场发展和金融开放进程中协调好二者关系，以防范和化解中国金融风险、增强国家金融安全。

第八章

跨境资本流动影响国家金融安全的微观机制

——基于“沪港通”的考察

本章对跨境资本流动影响国家金融安全的微观机制进行了检验。主要是借助“沪港通”这一政策冲击作为准自然实验，检验了资本市场开放所带来的跨境资本流动如何影响企业的财务风险。企业财务风险是金融安全的重要组成部分。因此，本章从企业角度对跨境资本流动影响国家金融安全的微观机制进行检验。

第一节　引言

前述的实证分析验证了跨境资本流动显著提升了国家金融安全。而且，在进行了一系列的稳健性检验之后，这种影响仍然是显著的。进一步地，跨境资本流动影响国家金融安全的中间机制如何，仍需进一步谈及。近几年来发生的一系列企业信用债务违约事件，如 2021 年恒大票据违约，以及 2019 年包商银行、锦州银行被接管或重组，都表明了企业的财务状况对国家金融安全具有重要的影响。良好的企业财务经营状况可以有效避免企业的违约事件，使企业有足够资金偿付债务，减少经济体的流动性风险，维护金融稳定、提升金融安全。反之，较差的财务经营状况可以使企业面临债务违约。鉴于企业和金融机构之间普遍存在着借贷关系，这很可能会通过连锁反应进而影响整个经济体的金融稳定。进一步来看，跨境资本流动可以有效增加企业的融资、缓解企业的流动性约束，进而减少企业财务风险。因此，企业财务风险可能是跨境资本流动影响国家金融安全的重要微观机制。

进一步来看，已有学者已经探究了跨境资本流动对银行系统稳定、[①]金融系统脆弱性等因素的影响。[②] 实际上，跨境资本流动不仅会通过银行系统、金融稳定等渠道直接对国家金融安全产生影响，还可以通过微观企业财务风险，对企业投融资行为产生影响，进而间接影响国家金融安全。2017 年 7 月，习近平总书记在第五次全国金融会议中明确指出，“金融的宗旨是为实体经济服务，金融是支撑实体经济发展的命脉，为实体经济服务也是金融风险防范的基本手段”。金融安全除了要防范世界金融周期和国际突发事件等外部冲击，还需要特别注意实体经济内部风险的积累和传导。近年来，随着微观企业数据可获得性的提高，越来越多的文献关注跨境资本流动对企业经营风险的影响。如 Harrison 等利用跨国企业数据实证检验了跨境资本流动与企业融资约束的关系，发现跨境资本流动尤其是 FDI 对于降低企业融资约束具有显著影响。[③] 这一结果也得到了 Tong 和 Wei 的证实。[④] 不过，Magud 等和 Armenta 发现这一结果存在金融发展水平异质性。[⑤] 当一国金融发展水平较低时，跨境资本流动对企业融资约束的缓解作用更为明显。

---

① Kaminsky, G., S. Lizondo, and C. M. Reinhart, “Leading Indicators of Currency Crises”, *IMF Staff Papers*, Vol. 45, No. 1, 1998; Lane, P. R. and G. M. Milesi – Ferretti, “The External Wealth of Nations Mark Ⅱ: Revised and Extended Estimates of Foreign Assets and Liabilities, 1970 – 2004”, *Journal of International Economics*, Vol. 73, No. 2, 2007; 张荣峰:《国际资本流动与银行稳定》,《国际金融研究》2007 年第 2 期; 高志勇、刘赟:《转型经济国家资本流动与银行稳定关系的实证研究——基于中东欧 8 国面板数据的分析》,《国际贸易问题》2010 年第 7 期; Dinger, V. and D. M. Te Kaat, “Cross – border Capital Flows and Bank Risk – taking”, *Journal of Banking & Finance*, Vol. 117, 2020.

② McKinnon, R. I. and H. Pill, “International Overborrowing: a Decomposition of Credit and Currency Risks”, *World Development*, Vol. 26, No. 7, 1998.

③ Harrison, A. E., I. Love, and M. S. McMillan, “Global Capital Flows and Financing Constraints”, *Journal of Development Economics*, Vol. 75, No. 1, 2004.

④ Tong, H. and Wei, S. J., “The Composition Matters: Capital Inflows and Liquidity Crunch During a Global Economic Crisis”, *National Bureau of Economic Research*, 2009.

⑤ Magud, M. N. E. and M. E. Tsounta, “To Cut or Not to Cut? That is the (Central Bank's) Question in Search of the Neutral Interest Rate in Latin America”, *Social Science Electronic Publishing*, Vol. 243, No. 12, 2012; Armenta, A. J., “Capital Inflows, Financial Development, and Credit Constraints at the Firm Level: Theory and Evidence”, *Dissertations and Theses – Gradworks*, 2012.

另外，企业财务风险作为影响国家金融安全与稳定的渠道也受到越来越多的关注。葛新宇等的研究表明贸易政策不确定性会通过影响企业的盈利、风险、资本结构与流动性状况，进而对银行的风险承担行为产生影响。① Baskaya 等以及陈陶然和黄烨菁的研究则表明跨境资本流入会降低企业外部融资需求，促使企业进行信贷扩张，② 而企业信贷扩张又与金融危机紧密相联，③ 从而会对国家金融安全产生影响。张金清等基于各个部门的资产负债表，借鉴 Merton - KMV 模型构建了金融安全指标，并对中国的金融安全情况进行了解析。④ 因此，本章将选取企业层面数据，构建以企业流动性风险为主的财务风险指标，评估跨境资本流动对企业财务风险的影响。另外，"沪港通"作为继 QFII、QDII 及 RQFII 后又一跨境资本流动的渠道，极大地促进和推动了跨境资本流动。⑤ 因此，本章从微观经济主体视角，以"沪港通"的实施这一资本市场开放措施作为跨境资本流动的政策冲击变量，深入考察跨境资本流动对企业财务风险的实际影响，进而为厘清跨境资本流动对国家金融安全的影响提供一个微观机制。

总体来看，已有学者对"沪港通"交易制度实施的经济影响进行了广泛而深入的研究。学者们的研究主要发现，"沪港通"可以提高企业的投资效率、⑥ 提

---

① 葛新宇、庄嘉莉、刘岩：《贸易政策不确定性如何影响商业银行风险——对企业经营渠道的检验》，《中国工业经济》2021 年第 8 期。

② Baskaya, Y. S., Giovanni, J. D., Kalemli - Ozcan, S., Peydró, J. L., and Ulu, M. F., "Capital Flows and the International Credit Channel", *Journal of International Economics*, Vol. 108, 2017；陈陶然、黄烨菁：《资本流入、银行体系特征与企业信贷增长》，《世界经济研究》2021 年第 11 期。

③ Schularick, M. and A. M. Taylor, "Credit Booms Gone Bust: Monetary Policy, Leverage Cycles, and Financial Crises, 1870 - 2008", *American Economic Review*, Vol. 102, No. 2, 2012.

④ 张金清、张剑宇、聂雨晴、孙大钊：《中国金融安全评估：2000—2019 年——基于部门流动性资产负债表的分析框架》，《管理世界》2021 年第 6 期。

⑤ 马永强、张志远：《资本市场开放与过度负债企业去杠杆：来自"沪深港通"的经验证据》，《世界经济研究》2021 年第 10 期。

⑥ 连立帅、朱松、陈超：《资本市场开放与股价对企业投资的引导作用：基于沪港通交易制度的经验证据》，《中国工业经济》2019 年第 3 期；刘程、王仁曾：《资本市场开放能够提高公司投资效率吗？——来自"沪港通"的经验证据》，《证券市场导报》2019 年第 4 期；王秀丽、齐荻：《资本市场开放提高企业投资效率了吗——基于"陆港通"的多期双重差分法实验证据》，《国际商务》（对外经济贸易大学学报）2019 年第 6 期；程利敏、唐建新、徐飞、陈冬：《资本市场开放与上市公司资本结构调整——基于陆港通的实验检验》，《国际金融研究》2019 年第 10 期。

高企业信息披露质量、[①] 降低融资成本、[②] 促进企业创新、[③] 提升企业全要素生产率、[④] 提高企业价值、[⑤] 抑制企业避税行为、抑制企业“脱实向虚”以及减少企业的违规行为等。[⑥]

企业的财务风险一直是影响企业发展的重要因素，它关系到企业的生产经营，也是学界重点关注的问题之一。学者们对企业财务风险的影响因素进行了深入分析，比如，研究发现，融资约束是影响企业财务风险上升的重要因素之一。[⑦] 融资约束会使企业的融资渠道、融资来源受到影响，进而影响企业的财务风险。其次，信息披露制度可以提高上市公司质量、

---

① 张立民、彭雯、钟凯：《“沪港通”开通提升了审计独立性吗？——基于持续经营审计意见的分析》，《审计与经济研究》2018 年第 5 期；马亚明、马金娅、胡春阳：《资本市场开放可以提高上市公司治理质量吗——基于沪港通的渐进双重差分模型检验》，《广东财经大学学报》2021 年第 4 期；阮睿、孙宇辰、唐悦、聂辉华：《资本市场开放能否提高企业信息披露质量？——基于“沪港通”和年报文本挖掘的分析》，《金融研究》2021 年第 2 期。

② 肖涵、刘芳：《资本账户开放政策对公司融资行为的影响——基于沪港通政策的实证研究》，《经济经纬》2019 年第 3 期；马永强、张志远：《资本市场开放与过度负债企业去杠杆：来自“沪深港通”的经验证据》，《世界经济研究》2021 年第 10 期。

③ 马妍妍、俞毛毛、程京京：《资本市场开放促进企业创新了么？——基于陆港通样本的微观证据》，《财经论丛》2019 年第 8 期；丰若旸、温军：《沪港通会促进我国国有企业技术创新吗?》，《产业经济研究》2019 年第 4 期；黄健峤、王雅琪、邓祎璐、陈运森：《股票市场开放提高企业创新产出水平了吗？——基于陆港通的准自然实验》，《会计与经济研究》2020 年第 1 期；刘洋、臧日宏：《资本市场开放与企业创新——基于沪港通的经验数据》，《北京工商大学学报》（社会科学版）2021 年第 3 期。

④ 戴鹏毅、杨胜刚、袁礼：《资本市场开放与企业全要素生产率》，《世界经济》2021 年第 8 期；颜新艳、俞毛毛：《资本市场开放能够提升企业全要素生产率吗？——基于“陆港通”样本的双重差分法分析》，《哈尔滨商业大学学报》（社会科学版）2021 年第 1 期；马妍妍、俞毛毛、王勇：《资本市场开放能否提升出口企业全要素生产率——基于陆港通样本的微观证据》，《国际商务》（对外经济贸易大学学报）2021 年第 4 期。

⑤ 郭阳生、沈烈、汪平平：《沪港通降低了股价崩盘风险吗——基于双重差分模型的实证研究》，《山西财经大学学报》2018 年第 6 期；曹瑜强、刘慧芬、李承霖：《资本市场开放与企业社会责任——基于陆股通制度实施的实证》，《统计与决策》2021 年第 8 期。

⑥ 邹洋、张瑞君、孟庆斌、侯德帅：《资本市场开放能抑制上市公司违规吗？——来自“沪港通”的经验证据》，《中国软科学》2019 年第 8 期；孙志红、刘炳荣：《资本市场开放与企业“脱实向虚”：助推器还是稳定器？——基于“沪港通”的经验证据》，《暨南学报》（哲学社会科学版）2021 年第 8 期；齐保垒、杜英、孙泽宇：《资本市场开放与企业避税——基于“沪港通”和“深港通”交易制度的准自然实验》，《财贸研究》2021 年第 8 期。

⑦ 黄贤环、吴秋生、王瑶：《金融资产配置与企业财务风险：“未雨绸缪”还是“舍本逐末”》，《财经研究》2018 年第 12 期；曹向、秦凯羚、李春友：《融资约束、环境不确定性与多元化战略有效性》，《财经科学》2019 年第 11 期；郝清民：《融资约束下的研发与长期财务风险》，《科研管理》2020 年第 10 期。

维护投资者的利益，还可以促进资本市场的有序运行。Kothari 等认为如果信息披露得越详细，那么公司所面临的风险就越小。① 高质量的信息披露可以在一定程度上降低融资成本和股票的流动性风险，② 还能提高资本市场的抗冲击能力。③ 还有学者发现，企业的经营战略如果偏离常规将会加剧企业的财务风险。④ 股东控制权过高也会对企业财务风险产生负面影响。⑤ 企业社会责任信息的披露能够显著减少企业财务风险的发生。⑥ 提高企业的投资效率也能够降低企业财务风险。⑦ 总体来看，学者们从不同视角对企业财务风险的影响因素进行了广泛的研究，但资本市场开放对企业财务风险的影响如何，以及这种影响是否具有异质性，以往的研究并没有很好地回答这些问题。进一步地，探究“沪港通”对企业财务风险的影响对于理解跨境资本流动影响国家金融安全的微观机制至关重要。

本章余下的结构安排如下：第二部分是“沪港通”背景与事实，重

① 何瑛、李塽爽：《资本市场开放与企业信息披露质量——来自深港通交易制度的经验证据》，《财务研究》2021 年第 3 期；Kothari，S. P.，X. Li，and J. E. Short，“The Effect of Disclosures by Management，Analysts，and Business Press on Cost of Capital，Return Volatility，and Analyst Forecasts：A Study Using Content Analysis”，*The Accounting Review*，Vol. 84，No. 5，2009.

② Francis，J.，LaFond，R.，Olsson，P.，and Schipper，K.，“The Market Pricing of Accruals Quality”，*Journal of Accounting and Economics*，Vol. 39，No. 2，2005；Ng，J.，“The Effect of Information Quality on Liquidity Risk”，*Journal of Accounting and Economics*，Vol. 52，No. 2 - 3，2011.

③ 陈耿、陈诚：《信息披露质量与资本市场抗冲击能力：国际比较研究》，《经济问题探索》2010 年第 3 期。

④ 孙健、王百强、曹丰：《公司战略影响股价崩盘风险吗?》，《经济管理》2016 年第 12 期；杨兴全、张兆慧：《战略差异如何影响公司现金持有》，《贵州财经大学学报》2018 年第 3 期；翟淑萍、毕晓方、王玥：《战略差异、CFO 财务执行力与企业信用评级》，《山西财经大学学报》2018 年第 11 期；刘名旭、李来儿：《战略差异、财务柔性与经营业绩波动》，《山西财经大学学报》2019 年第 12 期。

⑤ 张俊瑞、王鹏、贾宗武、曾振：《独立董事背景对企业价值影响的研究——来自中小企业板上市公司的经验证据》，《统计与信息论坛》2010 年第 6 期；郑国坚、林东杰、林斌：《大股东股权质押、占款与企业价值》，《管理科学学报》2014 年第 9 期；张长征、方卉：《控制股东掠夺行为是股价崩盘的推手？——基于创业板上市公司股价崩盘风险的实证检验》，《投资研究》2018 年第 9 期；田昆儒、田雪丰：《纵向兼任高管与股价崩盘风险：“侵占效应”还是“监督效应”?》，《商业研究》2019 年第 9 期。

⑥ 韩芳、杨柳：《社会责任信息披露与财务风险》，《统计与决策》2021 年第 14 期。

⑦ 林斌、孙烨、刘瑾：《内部控制、信息环境与资本成本——来自中国上市公司的经验证据》，《证券市场导报》2012 年第 11 期；詹雷、王瑶瑶：《管理层激励、过度投资与企业价值》，《南开管理评论》2013 年第 3 期。

点考察“沪港通”的背景及现状；第三部分是理论分析及研究假说，结合已有研究分析跨境资本流动影响企业财务风险的理论机制，并提出研究假设；第四部分为回归模型设定及描述性统计，介绍了实证模型、相关的变量以及数据来源；第五部分为基准的回归结果分析和影响机制分析；第六部分为异质性分析；第七部分为稳健性检验；第八部分是本章的研究结论。

第二节 “沪港通”的背景与事实

2021 年发布的“十四五”规划纲要指出，“十四五”期间中国要实行高水平对外开放，积极开拓合作共赢新局面。其中，规划特别提及“稳妥推进银行、证券、保险、基金、期货等金融领域开放，深化境内外资本市场互联互通”。事实上，近年来中国资本市场对外开放进程不断加快。2002 年，QFII（合格境外机构投资者）制度出台；2006 年，QDII（合格境内机构投资者）制度推出；2011 年年底，RQFII（人民币合格境外机构投资者）制度落地；2014 年 11 月，“沪港通”（上海与中国香港股票市场互联互通）正式开通；2016 年，银行间债券市场全面向外国机构投资者开放（CIBM）；2016 年 12 月，深港通（深圳与中国香港股票市场互联互通）开通；2017 年 7 月，内地与中国香港债券市场基础设施互联互通［“债券通”（北向通）］开通；2019 年 6 月，“沪伦通”正式启动，中日 ETF 互通项目也正式开通；2019 年 9 月，央行和国家外汇局全面取消 QFII、RQFII 额度限制；2019 年 11 月，证监会全面推开 H 股“全流通”改革。当前，中国资本市场已经成为世界第二大市场，而且开放程度还在不断加深，吸引越来越多的境外投资者对中国进行投资。其中，2014 年 11 月开通的“沪港通”，为内地投资者和境外投资者提供了便利，带来了跨境资本的大量流动。

2014 年 4 月 10 日，博鳌亚洲论坛 2014 年年会在海南省博鳌开幕，中国国务院总理李克强出席开幕式并发表题为《共同开创亚洲发展新未来》的主旨演讲。主旨演讲中，李克强总理着重提出，要扩大“资本市场的对外开放”，还特别提及“将积极创造条件，建立上海与香港股票市场交易互联互通机制，进一步促进中国内地与香港资本市场双向开放和健康发展”。紧接着，证监会和香港证监会联合发布公告，批准沪港股票市场交易互联互通机制试点。试点初期，对人民币跨境投资额度实行总量管理。其中沪股通总额度为 3000 亿元，每日额度为 130 亿元。港股通总额度为 2500 亿元，每日额度为 105 亿元。2014 年 11 月 10 日，中国证监会与香港证监会发布联合公告，正式批准上海证券交易所、香港联合交易所以及双方的结算机构启动沪港通股票交易互联互通机制试点，并宣布沪港通下的股票交易将于 2014 年 11 月 17 日开始。2016 年 8 月 16 日，中国证监会和香港证监会发布联合公告称，取消沪港通的总额度限制。2018 年 4 月 11 日，中国证监会和香港证监会进一步发布联合公告，将沪股通每日额度调整为 520 亿元，沪港通下的港股通每日额度调整为 420 亿元，自 2018 年 5 月 1 日起生效。截止到 2020 年年底，“沪港通”累计买入成交金额达到 46574.12 亿元，累计买入成交笔数达到 7667.47 万次，累计卖出成交金额达到 37028.56 亿元，累计卖出成交笔数达到 6487.35 万次。从数据上可以看出，“沪港通”的实施为内地和境外投资者提供了新的投资机遇，极大地促进了跨境资本流动。

第三节　微观机制分析与研究假说

一　企业财务风险与国家金融安全

实体经济健康稳定发展，是保持金融体系稳定运行、维护金融安全的重要条件。[①] 其中，企业行为更是构成影响国家金融安全的微观基础。[②] 一方面，在当前的市场经济活动中，商业银行、证券市场作为企业融资的重要渠道，对企业的生产运营、研发投入等具有重要影响。另一方面，企业作为信贷市场上的借款方和资本市场上的融资方，其经营绩效和财务风险不仅关系到企业的生死存亡，更是直接关联着商业银行、资本市场主体等

① 张金清、张剑宇、聂雨晴、孙大钊：《中国金融安全评估：2000—2019 年——基于部门流动性资产负债表的分析框架》，《管理世界》2021 年第 6 期。

② 罗斯丹、张伟伟：《当前我国实体经济与金融安全关系研究》，《经济纵横》2009 年第 4 期。

经营风险，进而影响到整个国家或地区的金融安全。张金清等的研究结果就表明，国家总体金融安全指标与企业部门具有类似的趋势（两者 Pearson 相关系数为 0.81）。[①] 因此，维持企业部门的财务安全是实现总体金融安全的重要内容。

二　跨境资本流动与企业财务风险

企业财务风险是指在各项财务活动过程中，由于各种难以预料或控制的因素影响，财务状况具有不确定性，从而使企业有蒙受损失的可能性。跨境资本流动可以扩大信贷资金供给，进而显著降低企业的融资成本，[②] 一定程度上缓解企业的融资约束，降低企业财务风险。此外，跨境资本流动可以提高企业信息披露的质量，[③] 进而降低企业财务风险。进一步来看，跨境资本流动能够提升企业的投资效率，[④] 减少企业的非效率投资行为，进而降低企业面临的财务风险。

综上，本章提出如下待检验的研究假说：

H1：跨境资本流动可以降低企业的财务风险，进而提升国家金融安全。

融资约束是影响企业财务风险的一个重要方面，而且大多数企业普遍面临着融资约束问题。因此，如果企业的融资约束问题得不到缓解，很可能会引起企业的财务危机，加大企业财务风险。学者们的研究也证实，融

① 张金清、张剑宇、聂雨晴、孙大钊：《中国金融安全评估：2000—2019 年——基于部门流动性资产负债表的分析框架》，《管理世界》2021 年第 6 期。

② 肖涵、刘芳：《资本账户开放政策对公司融资行为的影响——基于沪港通政策的实证研究》，《经济经纬》2019 年第 3 期；马永强、张志远：《资本市场开放与过度负债企业去杠杆：来自“沪深港通”的经验证据》，《世界经济研究》2021 年第 10 期。

③ 张立民、彭雯、钟凯：《“沪港通”开通提升了审计独立性吗？——基于持续经营审计意见的分析》，《审计与经济研究》2018 年第 5 期；马亚明、马金娅、胡春阳：《资本市场开放可以提高上市公司治理质量吗——基于沪港通的渐进双重差分模型检验》，《广东财经大学学报》2021 年第 4 期；阮睿、孙宇辰、唐悦、聂辉华：《资本市场开放能否提高企业信息披露质量？——基于“沪港通”和年报文本挖掘的分析》，《金融研究》2021 年第 2 期。

④ 连立帅、朱松、陈超：《资本市场开放与股价对企业投资的引导作用：基于沪港通交易制度的经验证据》，《中国工业经济》2019 年第 3 期；刘程、王仁曾：《资本市场开放能够提高公司投资效率吗？——来自“沪港通”的经验证据》，《证券市场导报》2019 年第 4 期；王秀丽、齐荻：《资本市场开放提高企业投资效率了吗——基于“陆港通”的多期双重差分法实验证据》，《国际商务》（对外经济贸易大学学报）2019 年第 6 期；程利敏、唐建新、徐飞、陈冬：《资本市场开放与上市公司资本结构调整——基于陆港通的实验检验》，《国际金融研究》2019 年第 10 期。

资约束问题是影响企业财务风险的一个关键因素。① 企业面临的融资约束越严重，则财务风险越大。② 跨境资本流动可以为企业带来更多的融资渠道，进而缓解企业的融资约束问题。从已有的研究可知，跨境资本流动可以增加企业的股权和债权融资的规模，③ 在一定程度上可以缓解企业所面临的融资约束。④ 而且，“沪港通”可以通过发挥降低信息不对称作用、提高企业信息披露质量和加强外部监管以缓解企业的融资约束。⑤ 所以跨境资本流动可以通过缓解企业的融资约束来改善企业的财务状况，降低企业的财务风险。

财务造假也是引发企业财务风险的一个重要因素。财务造假使企业存在的问题不能及时暴露和解决，加大了财务风险的严重性。而良好的信息披露机制不仅可以提高上市公司质量、维护投资者利益，还可以促进资本市场的有序运行。⑥ 信息披露得越详细，公司所面临的风险就越小。高质量的信息披露可以在一定程度上降低融资成本和股票流动性风险，提高资本市场的抗冲击能力。⑦ 此外，跨境资本流动可以在一定程度上提高企业的信息披露意愿和精度。⑧ 学者们的研究表明，参与双向开放

---

① 杨有红、赵晓梅：《实体企业扩大金融活动能够降低财务风险吗?》，《北京工商大学学报》（社会科学版）2021 年第 5 期。

② 黄贤环、吴秋生、王瑶：《金融资产配置与企业财务风险：“未雨绸缪”还是“舍本逐末”》，《财经研究》2018 年第 12 期。

③ 肖涵、刘芳：《资本账户开放政策对公司融资行为的影响——基于沪港通政策的实证研究》，《经济经纬》2019 年第 3 期。

④ Gupta, N. and K. Yuan, “On the Growth Effect of Dtock Market Liberalizations”, *The Review of Financial Studies*, Vol. 22, No. 11, 2009.

⑤ 杨胜刚、钟先茜、姚彦铭：《资本市场对外开放与企业融资约束——来自沪港通的证据》，《财经理论与实践》2020 年第 4 期。

⑥ 何瑛、李塽爽：《资本市场开放与企业信息披露质量——来自深港通交易制度的经验证据》，《财务研究》2021 年第 3 期。

⑦ Francis, J., LaFond, R., Olsson, P., and Schipper, K., “The Market Pricing of Accruals Quality”, *Journal of Accounting and Economics*, Vol. 39, No. 2, 2005; Kothari, S. P., X. Li, and J. E. Short, “The Effect of Disclosures by Management, Analysts, and Business Press on Cost of Capital, Return Volatility, and Analyst Forecasts: A Study Using Content Analysis”, *The Accounting Review*, Vol. 84, No. 5, 2009; 陈耿、陈诚：《信息披露质量与资本市场抗冲击能力：国际比较研究》，《经济问题探索》2010 年第 3 期；Ng, J., “The Effect of Information Quality on Liquidity Risk”, *Journal of Accounting and Economics*, Vol. 52, No. 2 - 3, 2011.

⑧ 唐建新、程利敏、陈冬：《资本市场开放与自愿性信息披露——基于沪港通和深港通的实验检验》，《经济理论与经济管理》2021 年第 2 期。

的企业为了吸引更多的投资者关注，会提高企业信息透明度，使外界对企业有更好的了解。[①] 而且在“沪港通”机制下，境外投资者为了降低风险，会选择信息披露质量较高的企业进行投资，[②] 这在一定程度上又能促使企业主动进行信息披露，提高信息披露的质量，降低企业财务造假的可能性。综上，跨境资本流动可以通过提高企业信息披露水平而降低企业的财务风险。

投资过度和投资不足等非效率投资行为，[③] 也会带来企业财务风险问题。减少非效率投资行为可以降低公司财务风险，而过度投资和投资不足会降低企业价值、增加企业的财务风险。[④] 跨境资本流动一方面可以提高企业的投资效率，减少企业的非效率投资行为，[⑤] 另一方面可以降低企业的融资成本，进而缓解企业的投资不足情况。[⑥] 已有研究表明，“沪港通”交易机制实施后，股票流动性的改善可以通过影响企业内部治理，进而提高企业投资效率。[⑦] 所以跨境资本流动可以通过提高企业的投资效率来降低企业的财务风险。

由此，本章提出如下待检验的研究假说：

H2a：跨境资本流动通过缓解企业的融资约束降低了企业的财务风险；

H2b：跨境资本流动通过提高企业的信息披露质量降低了企业的财务风险；

---

① Kim, I., Miller, S., Wan, H., and Wang, B., “Drivers Behind the Monitoring Effectiveness of Global Institutional Investors: Evidence from Earnings Management”, *Journal of Corporate Finance*, Vol. 40, 2016.

② Ferreira, M. A. and P. Matos, “The Colors of Investors’ Money: The Role of Institutional Investors Around the World”, *Journal of Financial Economics*, Vol. 88, No. 3, 2008.

③ 王秀丽、齐荻：《资本市场开放提高企业投资效率了吗——基于“陆港通”的多期双重差分法实验证据》，《国际商务》（对外经济贸易大学学报）2019 年第 6 期。

④ 林斌、孙烨、刘瑾：《内部控制、信息环境与资本成本——来自中国上市公司的经验证据》，《证券市场导报》2012 年第 11 期；詹雷、王瑶瑶：《管理层激励、过度投资与企业价值》，《南开管理评论》2013 年第 3 期。

⑤ 王秀丽、齐荻：《资本市场开放提高企业投资效率了吗——基于“陆港通”的多期双重差分法实验证据》，《国际商务》（对外经济贸易大学学报）2019 年第 6 期。

⑥ Henry, P. B., “Do Stock Market Liberalizations Cause Investment Booms?”, *Journal of Financial Economics*, Vol. 58, No. 1 - 2, 2000; Henry, P. B., “Capital - account Liberalization, the Cost of Capital, and Economic Growth”, *American Economic Review*, Vol. 93, No. 2, 2003.

⑦ 刘程、王仁曾：《资本市场开放能够提高公司投资效率吗？——来自“沪港通”的经验证据》，《证券市场导报》2019 年第 4 期。

H2c：跨境资本流动通过提高企业的投资效率降低了企业的财务风险。

第四节　回归模型设定与描述性统计

一　回归模型设定

借鉴陈运森和黄健峤以及庞家任等学者的研究设计，[①] 本章将双重差分模型（DID，Difference－in－Difference）设立为如下形式：

$$Zscore_{i,t} = \beta DID_{i,t} + \gamma Control_{i,t} + Year_t + ID_i + \varepsilon_{i,t}$$

其中，被解释变量 $Zscore_{i,t}$是上市公司 i 在 t 年的企业财务风险。“沪港通”政策中对外开放的仅是沪市 A 股的部分股票，这为本章的研究提供了天然的实验组和控制组。当企业被纳入“沪港通”标的股范围时，Treat 取值为 1，否则取值为 0。时间虚拟变量为 Time，政策实施（即 2014 年）以前取值为 0，政策实施及以后取值为 1。核心解释变量 $DID_{i,t}$由 Treat × Time 计算得到，表示上市公司 i 在 t 年是否受到“沪港通”交易制度实施的影响。ID_i为公司个体固定效应，$Year_t$为年度固定效应，$Control_{i,t}$为一系列企业层面和地区层面的控制变量，包括企业规模、企业年龄、总资产净利润率、企业负债率、托宾 Q、营业收入增长率、董事会规模、股权集中度、股权制衡度以及地区经济发展水平，$\varepsilon_{i,t}$为随机误差项。

二　相关变量定义

（一）核心解释变量

参考黄贤环等学者的研究，[②] 本章构建的企业财务风险指标具体衡量公式如下：

Zscore =（0.717 × 营运资金 + 0.847 × 留存收益 + 3.107 × 息税前利润 + 0.42 × 股票总市值 + 0.998 × 销售收入）/资产总额。其中，Zscore 越

① 陈运森、黄健峤：《股票市场开放与企业投资效率——基于“沪港通”的准自然实验》，《金融研究》2019 年第 8 期；庞家任、张鹤、张梦洁：《资本市场开放与股权资本成本——基于沪港通、深港通的实证研究》，《金融研究》2020 年第 12 期。

② 黄贤环、吴秋生、王瑶：《金融资产配置与企业财务风险：“未雨绸缪”还是“舍本逐末”》，《财经研究》2018 年第 12 期。

小，则表明企业的财务风险越大。

（二）控制变量

影响企业财务风险的因素有很多。为了尽量避免遗漏变量问题，参考学者们的研究，本章控制了以下企业和地区层面的变量。

企业规模（Size），用企业期末总资产的对数值来衡量。企业年龄（Age），用数据年份减去企业成立年份的对数值来衡量。总资产净利润率（ROA），用净利润/总资产平均余额来衡量。资产负债率（LEV），用负债合计/资产总计来衡量。托宾Q（TobinQ），用市值/资产总计来衡量。营业收入增长率（Growth），即（营业收入本年本期金额 - 营业收入上年同期金额）/营业收入上年同期金额，取其对数值来衡量。董事会规模（Board），用董事会人数的对数值来衡量。股权集中度（Top1），用第一大股东持股比例来衡量。股权均衡度（Top2_ 10），用前十大股东持股比例减去第一大股东持股比例来衡量。地区经济发展水平（PerGDP），用地区人均实际GDP来衡量。

（三）数据来源

本章选取2012—2020年沪市A股上市公司作为初始样本，并对数据进行了如下处理：剔除金融行业样本；剔除被ST的企业样本；剔除涉及重大资产重组或主营业务发生重大调整并变更行业的企业；剔除互联互通机制实施当年（即2014年）及以后才上市的企业；剔除2014年11月17日之后新增或调出沪股通标的企业；剔除同时发行H股的企业以及缺失值严重的样本。上市公司数据来源于国泰安数据库；沪股通标的股名单来自香港联合证券交易所官网；宏观经济数据来自中国统计年鉴。经过上述处理，共得到3384个公司—年份观测值。

（四）变量描述性统计

通过表8-1可知，不同企业的Zscore指标取值差异较大，不同企业的规模、年龄等指标在样本区间内差别也比较大，因此可以较好地进行本章的实证分析。

表8-1 **描述性统计**

变量	观测值	均值	标准差	最小值	最大值
Zscore	3383	1.0525	1.4363	-28.6090	22.4355

续表

变量	观测值	均值	标准差	最小值	最大值
DID	3384	0.3496	0.4769	0.0000	1.0000
Size	3384	8.8147	1.5408	2.8337	14.6004
Age	3384	3.0120	0.2803	1.0986	4.7958
ROA	3376	0.0305	0.1177	-2.2454	4.0910
LEV	3384	0.5189	0.5450	0.0131	28.5477
TobinQ	3318	2.2476	3.3446	0.6735	78.7512
Growth	3373	0.0737	0.4899	-3.4193	11.8101
Board	3384	2.1774	0.1944	1.0986	2.8332
Top1	3367	35.0643	15.4233	0.2900	88.5500
Top2_ 10	3367	18.4794	11.7046	1.0300	63.6500
PerGDP	3384	106.6079	2.3282	96.4000	113.5000

第五节　实证结果

一　跨境资本流动影响企业财务风险的基准回归结果

基准回归结果如表 8-2 所示。模型 1 中汇报了未加入控制变量以及控制年份固定效应和企业固定效应的回归结果，DID 的系数显著为正，而且在 1% 的水平上显著，表明“沪港通”交易制度的实施能够显著降低企业财务风险。模型 2 中加入一系列企业层面的控制变量，包括企业规模、企业年龄等，DID 的回归系数依然显著为正。模型 3、模型 4、模型 5 是在模型 2 的基础上依次加入董事会规模、股权集中度以及股权制衡度变量，DID 的回归系数依然在 1% 的水平下显著。在模型 6 中又加入了地区人均实际 GDP 这个控制变量，回归发现，DID 的系数依然十分显著，系数为 0.2350。再次表明“沪港通”交易制度的实施能够使标的企业的财务风险得到缓解。又根据前文分析企业财务风险降低能够提高国家金融安全水平，因此跨境资本流动可以通过缓解企业所面临的财务风险来促进国家金融安全，假说 H1 得以验证。

表 8－2 **基准回归结果**

	模型 1	模型 2	模型 3	模型 4	模型 5	模型 6
DID	0.8200*** (0.0487)	0.2445*** (0.0438)	0.2577*** (0.0437)	0.2585*** (0.0440)	0.2533*** (0.0441)	0.2350*** (0.0442)
Size		0.0051 (0.0243)	0.0122 (0.0243)	0.0064 (0.0246)	0.0171 (0.0251)	−0.0010 (0.0253)
Age		0.1597*** (0.0543)	0.1539*** (0.0546)	0.1749*** (0.0582)	0.1618*** (0.0564)	0.0721 (0.0546)
ROA		7.3839*** (0.7665)	7.3637*** (0.7675)	7.3487*** (0.7708)	7.3569*** (0.7706)	7.3872*** (0.7724)
LEV		−1.2383*** (0.1676)	−1.2263*** (0.1688)	−1.2201*** (0.1691)	−1.2514*** (0.1684)	−1.1832*** (0.1706)
TobinQ		−0.1684*** (0.0191)	−0.1688*** (0.0192)	−0.1690*** (0.0193)	−0.1674*** (0.0191)	−0.1672*** (0.0191)
Growth		0.0888 (0.0676)	0.0862 (0.0674)	0.0896 (0.0689)	0.0999 (0.0695)	0.1064 (0.0694)
Board			−0.3096*** (0.0729)	−0.3091*** (0.0734)	−0.2796*** (0.0739)	−0.1784** (0.0737)
Top1				0.0000 (0.0000)	−0.0000 (0.0000)	−0.0000 (0.0000)
Top2_ 10					−0.0043*** (0.0015)	−0.0039*** (0.0015)
PerGDP						0.000012*** (0.000001)
常数项	1.0799*** (0.0991)	1.3686*** (0.2534)	2.0012*** (0.2972)	1.9571*** (0.3011)	1.9524*** (0.2978)	1.8808*** (0.2986)
年份固定效应	控制	控制	控制	控制	控制	控制
企业固定效应	控制	控制	控制	控制	控制	控制
观测值	3383	3308	3308	3291	3291	3291
R^2	0.0637	0.5094	0.5114	0.5120	0.5132	0.5242

注：括号内为经过异方差调整后的稳健的标准误。***、** 和 * 分别表示在 1%、5% 和 10% 的显著性水平上显著。

从控制变量的回归结果来看（模型6），总资产净利润率（ROA）系数为正且在1%的水平下显著，表明企业的总资产净利润率越高，企业所面临的财务风险就越低。总资产净利润率能够在一定程度上体现一个企业的经营能力。总资产净利润越高，企业的经营能力也就越强，就越能够促进公司资金周转。盈利能力增强后就能够显著缓解企业所面临的财务风险。因为企业的财务风险在很大程度上是经营不善以及资金周转不灵引起的，所以企业总资产净利润率的提高对企业所面临的财务风险有缓解作用。从资产负债率（LEV）的回归结果来看，其结果在1%的水平上显著为负，表明资产负债率越高，企业所面临的财务风险也就越大。一个企业如果资产负债率较高，说明企业大概率面临着资金问题，负债过高很容易造成资金周转不灵，从而导致财务风险的增大。

从企业的托宾Q（TobinQ）的回归结果来看，系数显著为负，这表明托宾Q值的增大会加大企业所面临的财务风险。托宾Q过大在一定程度上代表着企业会将更多的资本投入产业资本中，这样可能会对企业的资金周转产生影响，进而影响到企业的财务风险。董事会规模（Board）的系数也显著为负，并在5%的水平下显著，这表明董事会规模对企业的财务风险有负向作用。董事会规模增加可能会导致公司决策效率的下降，公司决策效率的下降将导致企业财务风险的加大。股权制衡度（Top2_ 10）的提高也会加大企业的财务风险。股权制衡度的提高在一定程度上会影响企业的决策效率进而影响企业的财务风险。地区人均实际GDP（PerGDP）的系数在1%的水平下显著，表明企业所处地区的人均GDP越高，企业所面临的财务风险可以有所缓解为正。一般来说人均GDP较高的地区，市场化水平较高，基础设施也更完善，同时企业所面临的营商环境以及融资环境也更友好，这些都有利于缓解企业的财务风险。

二　跨境资本流动影响企业财务风险的机制检验

前文分析表明，“沪港通”制度的实施可以有效缓解上市公司的财务风险，但“沪港通”制度的实施是通过什么路径产生作用的呢？对此，本章根据前文理论分析，考察了跨境资本流动对企业财务风险影响的传导机制，进一步检验前文所提出的研究假说。

（一）缓解融资约束机制

融资约束一直是限制企业发展的一个重要原因，同时也是影响企业财务风险的重要因素。融资约束的增大会抑制企业经营业务的开展，进而可能会导致企业面临危机。跨境资本流动可以在一定程度上缓解企业所面临的融资约束，为企业提供更多的融资渠道。参考 Hadlock 和 Pierce、罗子嫄和靳玉英、于博和吴菡虹以及辛大楞和邓祥莹（2022）的研究，[①] 采用 SA 指数来衡量企业所面临的融资约束，即 $SA = -0.737 \times Size + 0.043 \times Size^2 - 0.040 \times Age$。SA 指数的绝对值越大，说明企业面临的信贷约束程度越强烈。表 8－3 是对融资约束机制检验的回归结果，从表中可以发现，模型 2 中 DID 的系数显著为负，表明跨境资本流动可以缓解企业所面临的融资约束，从模型 3 的回归结果中可知，融资约束（SA）的系数显著为负，说明融资约束会加大企业的财务风险。再结合模型 1 的回归结果可知，跨境资本流动可以通过缓解企业所面临的融资约束问题，进而降低企业的财务风险，假说 H2a 得以验证。

表 8－3　　　　融资约束机制检验回归结果

	模型 1	模型 2	模型 3
	Zscore	SA	Zscore
SA			−0.6997*** (0.1860)
DID	0.2350*** (0.0442)	−0.0160** (0.0068)	0.2238*** (0.0438)
Size	−0.0010 (0.0253)	0.0612*** (0.0059)	0.0418 (0.0316)
Age	0.0721 (0.0546)	−0.8220*** (0.0517)	−0.5031*** (0.1304)
ROA	7.3872*** (0.7724)	−0.1324* (0.0689)	7.2945*** (0.7536)

① Hadlock, C. J. and J. R. Pierce, "New Evidence on Measuring Financial Constraints: Moving Beyond the KZ Index", *The Review of Financial Studies*, Vol. 23, No. 5, 2010；罗子嫄、靳玉英：《资本账户开放对企业融资约束的影响及其作用机制研究》，《财经研究》2018 年第 8 期；于博、吴菡虹：《政策冲击、注意力分配与投资者情绪——基于“沪港通”与“深港通”政策的分析》，《当代财经》2020 年第 1 期；辛大楞、邓祥莹：《开放促进公平：资本市场开放对劳动收入份额的影响研究——基于沪港通的准自然实验》，《财经论丛》2022 年第 12 期。

续表

	模型 1	模型 2	模型 3
	Zscore	SA	Zscore
LEV	-1.1832***	0.0569***	-1.1434***
	(0.1706)	(0.0217)	(0.1609)
TobinQ	-0.1672***	0.0257***	-0.1492***
	(0.0191)	(0.0033)	(0.0186)
Growth	0.1064	0.0023	0.1080
	(0.0694)	(0.0071)	(0.0676)
Board	-0.1784**	-0.0756***	-0.2312***
	(0.0737)	(0.0183)	(0.0742)
Top1	-0.0000	0.0000	-0.0000
	(0.0000)	(0.0000)	(0.0000)
Top2_ 10	-0.0039***	-0.0015***	-0.0049***
	(0.0015)	(0.0005)	(0.0015)
PerGDP	0.000012***	-0.0000	0.000009***
	(0.000001)	(0.0000)	(0.000002)
常数项	1.8808***	-1.8230***	0.6052
	(0.2986)	(0.1748)	(0.6020)
年份固定效应	控制	控制	控制
企业固定效应	控制	控制	控制
观测值	3291	3291	3291
R^2	0.5242	0.6948	0.5322

注：括号内为经过异方差调整后的稳健的标准误。***、**和*分别表示在1%、5%和10%的显著性水平上显著。

（二）信息披露机制

跨境资本流动有利于督促企业进行信息披露。由于“沪港通”的开放，更多境外投资者进行跨境投资，境外投资者对企业的信息披露质量要求较高，而信息披露质量的提高在一定程度上可以缓解企业的财务风险。参考罗炜和朱春艳的研究，① 如果上市公司当年披露了“支付的其他与经

① 罗炜、朱春艳：《代理成本与公司自愿性披露》，《经济研究》2010年第10期。

营活动有关的现金”涉及的具体项目，那么信息披露变量 ID 取值为 1，否则为 0。表 8 - 4 是对信息披露机制的回归检验，从表 8 - 4 的回归结果中可以得知，模型 2 中 DID 的系数显著为正，说明“沪港通”交易制度实施后，企业加强了信息披露。模型 3 中，DID 和 ID 的系数都显著为正，再结合模型 1 和模型 2 的回归结果，可知，跨境资本流动可以通过提高企业的信息披露质量来缓解企业的财务风险，假说 H2b 得以验证。

表 8 - 4　**信息披露机制检验回归结果**

	模型 1	模型 2	模型 3
	Zscore	ID	Zscore
ID			0.3017*** (0.0160)
DID	0.2350*** (0.0442)	0.0076*** (0.0022)	0.2779*** (0.0402)
Size	-0.0010 (0.0253)	0.0008 (0.0009)	-0.0078 (0.0242)
Age	0.0721 (0.0546)	-0.0093** (0.0037)	0.0512 (0.0546)
ROA	7.3872*** (0.7724)	0.0247* (0.0140)	7.0090*** (0.6745)
LEV	-1.1832*** (0.1706)	-0.0087* (0.0047)	-1.2711*** (0.1601)
TobinQ	-0.1672*** (0.0191)	-0.0003 (0.0003)	-0.1773*** (0.0198)
Growth	0.1064 (0.0694)	0.0024 (0.0023)	0.0950 (0.0656)
Board	-0.1784** (0.0737)	0.0117*** (0.0039)	-0.1451** (0.0728)
Top1	-0.0000 (0.0000)	-0.0000 (0.0000)	-0.0000 (0.0000)
Top2_ 10	-0.0039*** (0.0015)	0.0003*** (0.0001)	-0.0029** (0.0015)
PerGDP	0.000012*** (0.00001)	-0.000001*** (0.000000)	0.000007*** (0.000001)

续表

	模型 1	模型 2	模型 3
	Zscore	ID	Zscore
常数项	1.8808 ***	0.0528 ***	2.1330 ***
	(0.2986)	(0.0145)	(0.2906)
年份固定效应	控制	控制	控制
企业固定效应	控制	控制	控制
观测值	3291	3283	3283
R^2	0.5242	0.0717	0.5156

注：括号内为经过异方差调整后的稳健的标准误。***、** 和 * 分别表示在 1%、5% 和 10% 的显著性水平上显著。

（三）投资效率机制

投资效率是影响企业财务风险的一个重要因素，投资不足或过度投资都会对企业的财务风险产生负面影响。跨境资本流动可以为企业提供更多的投融资渠道，减少企业的非效率投资行为，提高企业的投资效率，进而缓解企业的财务风险。参考 Richardson、刘慧龙等、翟胜宝等、李维安和马超、张亦春等、代昀昊和孔东民以及张嘉望和李博阳的研究，① 使用残差法计算了企业的非效率投资水平。即非效率投资水平越高，则投资效率越低。表 8－5 是对投资效率机制检验的回归结果，其中 IE 为企业投资效率变量。从回归结果可知，模型 2 中 DID 的系数在 5% 的水平下显著为负，表明资本市场开放对提高企业的投资效率发挥着积极作用。这与陈运森和黄健峤得到的结论是一致的。② 从模型 1 中可知，资本市场开放可以缓解

① Richardson, S., "Over - investment of Free Cash Flow", *Review of Accounting Studies*, Vol. 11, 2006；刘慧龙、王成方、吴联生：《决策权配置、盈余管理与投资效率》，《经济研究》2014 年第 8 期；翟胜宝、易旱琴、郑洁、唐玮、曹学勤：《银企关系与企业投资效率——基于我国民营上市公司的经验证据》，《会计研究》2014 年第 4 期；李维安、马超：《"实业＋金融"的产融结合模式与企业投资效率——基于中国上市公司控股金融机构的研究》，《金融研究》2014 年第 11 期；张亦春、李晚春、彭江：《债权治理对企业投资效率的作用研究——来自中国上市公司的经验证据》，《金融研究》2015 年第 7 期；代昀昊、孔东民：《高管海外经历是否能提升企业投资效率》，《世界经济》2017 年第 1 期；张嘉望、李博阳：《资产可逆性、抵押品渠道与企业投资效率——基于融资约束异质性视角》，《经济管理》2021 年第 5 期。

② 陈运森、黄健峤：《股票市场开放与企业投资效率——基于"沪港通"的准自然实验》，《金融研究》2019 年第 8 期。

企业的财务风险，再结合模型3的回归结果可以得出结论，跨境资本流动可以通过提高企业的投资效率来缓解企业的财务风险，假说H2c得以验证。

表8-5　**投资效率机制检验回归结果**

	模型1	模型2	模型3
	Zscore	IE	Zscore
IE			-0.1384*** (0.0168)
DID	0.2350*** (0.0442)	-0.0150** (0.0068)	0.2789*** (0.0393)
Size	-0.0010 (0.0253)	0.0512*** (0.0059)	0.0019 (0.0252)
Age	0.0721 (0.0546)	-0.6220*** (0.0517)	0.0643 (0.0531)
ROA	7.3872*** (0.7724)	-0.2324* (0.0689)	6.4094*** (0.6020)
LEV	-1.1832*** (0.1706)	0.0669*** (0.0317)	-1.2302*** (0.1575)
TobinQ	-0.1672*** (0.0191)	0.0267*** (0.0038)	-0.1484*** (0.0168)
Growth	0.1064 (0.0694)	0.0012 (0.0023)	0.0456 (0.0656)
Board	-0.1784** (0.0737)	-0.0776*** (0.0183)	-0.2070*** (0.0723)
Top1	-0.0000 (0.0000)	0.0000 (0.0000)	0.0000 (0.0000)
Top2_10	-0.0039*** (0.0015)	-0.0025*** (0.0005)	-0.0027* (0.0014)
PerGDP	0.000012*** (0.000001)	-0.0000 (0.0000)	0.000011*** (0.000002)
常数项	1.8808*** (0.2986)	-1.5230*** (0.1748)	1.9299*** (0.2799)

续表

	模型 1	模型 2	模型 3
	Zscore	IE	Zscore
年份固定效应	控制	控制	控制
企业固定效应	控制	控制	控制
观测值	3291	3219	3219
R^2	0.5242	0.1427	0.4755

注：括号内为经过异方差调整后的稳健的标准误。***、** 和 * 分别表示在 1%、5% 和 10% 的显著性水平上显著。

第六节　异质性分析

一　不同地区企业的异质性分析

不同地区企业所处的营商环境以及基础设施有一定的差异，相对于中西部地区来说，东部地区企业所处的营商环境要更好一些，所配套的基础设施也更加完备，这可能会使跨境资本流动对企业财务风险影响的作用效果有一定的异质性。所以，为了进一步验证跨境资本流动对不同地区企业的财务风险影响的异质性，本章将企业按照其所处地区的地理位置分为东部地区企业和中西部地区企业，其中东部地区包括北京、天津、河北、上海、江苏、浙江、福建、山东、广东、海南和辽宁等省市，其余省市为中西部地区。表 8－6 是跨境资本流动对不同地区企业的财务风险异质性影响的回归结果。从模型 1 和模型 2 的回归结果来看，DID 的系数都显著为正，表明跨境资本流动显著缓解了中西部地区企业的财务风险。同样，从模型 3和模型 4 的回归结果来看，DID 的系数都在 1% 的水平上显著为正，表明跨境资本流动可以显著缓解东部地区企业所面临的财务风险。从回归系数的大小来看，无论是控制年份固定效应和企业固定效应还是不控制两者，中西部地区企业样本的 DID 系数都要大于东部地区企业样本的回归系数。这说明跨境资本流动对中西部地区企业的财务风险的缓解作用要大于东部地区企业。东部地区企业所处的营商环境要优于中西部地区企业，同时中西部地区企业所处的金融环境相较于东部地区企业来说也处于劣势。总体来看，中西部地区的企业面临的信贷约束也要更为严重一些，这会引发财务风险的上升。因此，跨境资本流动可以为中西部地区企业吸引来较多的外资，在很大程度上缓解了它们面临的融资问题，进一步缓解了企业财务风险。综上所述，相较于东部地区企业来说，跨境资本流动对中西部地区企业的财务风险的降低作用更大一些。

表 8-6 地区异质性分析

	模型 1	模型 2	模型 3	模型 4
	中西部地区	中西部地区	东部地区	东部地区
DID	0.1792***	0.1831**	0.1313***	0.1731***
	(0.0667)	(0.0727)	(0.0448)	(0.0541)
Size	0.0683	0.0678	-0.0423*	-0.0400*
	(0.0444)	(0.0449)	(0.0218)	(0.0222)
Age	-0.0240	0.1202	-0.1067**	0.0291
	(0.0882)	(0.0940)	(0.0533)	(0.0626)
ROA	7.1249***	7.0451***	8.2375***	8.1056***
	(1.0819)	(1.0824)	(0.9018)	(0.9193)
LEV	-1.6396***	-1.7208***	-0.3995**	-0.4577***
	(0.2718)	(0.2686)	(0.1672)	(0.1651)
TobinQ	-0.1773***	-0.1819***	-0.0629***	-0.0633***
	(0.0249)	(0.0261)	(0.0124)	(0.0129)
Growth	0.1430	0.1369	0.0342	0.0448
	(0.1015)	(0.1037)	(0.0689)	(0.0707)
Board	0.2097*	0.1769	-0.5134***	-0.5131***
	(0.1091)	(0.1133)	(0.0954)	(0.0958)
Top1	-0.0001***	-0.0000**	0.0000	0.0000
	(0.0000)	(0.0000)	(0.0000)	(0.0000)
Top2_10	-0.0068***	-0.0065***	-0.0017	-0.0006
	(0.0021)	(0.0021)	(0.0019)	(0.0019)
PerGDP	-0.00001**	0.0000	0.00001***	0.00001***
	(0.00000)	(0.0000)	(0.00000)	(0.00000)
常数项	1.3210***	0.8947*	2.7838***	2.3848***
	(0.4470)	(0.4891)	(0.2853)	(0.3268)

续表

	模型 1	模型 2	模型 3	模型 4
	中西部地区	中西部地区	东部地区	东部地区
年份固定效应	不控制	控制	不控制	控制
企业固定效应	不控制	控制	不控制	控制
观测值	1396	1396	1895	1895
R^2	0. 6241	0. 6291	0. 3871	0. 3944

注：括号内为经过异方差调整后的稳健的标准误。***、** 和 * 分别表示在 1%、5% 和 10% 的显著性水平上显著。

二　不同产权性质企业的异质性分析

不同产权性质的企业所面临的融资约束等问题的程度也有所不同。通常情况下，与国有企业相比，非国有企业所面临的融资约束更大一些。因为国家对国有企业的扶持，同时国有企业的信誉也相对来说较高，所以国有企业更容易得到银行的贷款。因此，跨境资本流动对国有企业和非国有企业的财务风险可能有异质性作用。按照国泰安数据库中企业所有权的不同将企业划分为国有企业和非国有企业进行分组回归，结果如表 8 –7 所示。从模型 1 和模型 2 的回归结果来看，非国有企业样本中 DID 的系数都显著为正，表明跨境资本流动可以显著缓解非国有企业的财务风险，且在 1% 的水平下显著。在控制年份固定效应和企业固定效应的回归中，DID 的系数为 0. 2955，也在 1% 的水平上显著。从模型 3 和模型 4 的回归中可知，国有企业样本中 DID 的系数虽然为正但都不显著，这表明跨境资本流动对国有企业的财务风险的缓解作用并不明显。非国有企业本身所面临的融资约束要大于国有企业所面临的融资约束，而跨境资本流动可以吸引更多的境外投资者对企业进行投资来缓解企业面临的资本短缺问题。另外，非国有企业的信息披露情况相较于国有企业来说要弱一些，而跨境资本流动可以督促企业进行信息披露，进一步地缓解非国有企业的财务风险问题。非国有企业在投资效率方面可能也面临着困难，而跨境资本流动可以帮助非国有企业提高投资效率，进而降低企业的财务风险。总体来说，非国有企业所面临的融资约束、信息披露等问题，相较于国有企业来说更为严重。而跨境资本流动可以更为强烈地缓解非国有企业的融资约束、信息披露以及投资效率等问题。因此，跨境资本流动对非国有企业的财务风险的缓解作用更大，而对国有企业的财务风险的降低作用则并不明显。

表 8-7 产权性质异质性分析

	模型 1	模型 2	模型 3	模型 4
	非国有企业	非国有企业	国有企业	国有企业
DID	0.2444*** (0.0476)	0.2955*** (0.0523)	0.0101 (0.0668)	0.0580 (0.0814)
Size	0.0994* (0.0520)	0.1012* (0.0520)	-0.0394 (0.0263)	-0.0398 (0.0266)
Age	-0.1325 (0.0925)	0.1461 (0.1054)	-0.1504*** (0.0526)	0.0274 (0.0582)
ROA	7.3203*** (1.1642)	7.2720*** (1.1710)	7.7771*** (0.9243)	7.6390*** (0.9243)
LEV	-1.7263*** (0.3172)	-1.7992*** (0.3168)	-0.7830*** (0.1807)	-0.8467*** (0.1776)
TobinQ	-0.1359*** (0.0196)	-0.1380*** (0.0205)	-0.1976*** (0.0288)	-0.2004*** (0.0294)
Growth	0.1346 (0.1242)	0.1388 (0.1254)	0.0710 (0.0700)	0.0732 (0.0737)
Board	-0.0450 (0.1442)	-0.0732 (0.1452)	-0.1522* (0.0891)	-0.1787** (0.0898)
Top1	0.0001** (0.0000)	0.0001** (0.0000)	-0.0000** (0.0000)	-0.0000* (0.0000)
Top2_ 10	0.0032 (0.0024)	0.0049** (0.0023)	-0.0122*** (0.0016)	-0.0106*** (0.0016)
PerGDP	0.000009*** (0.000003)	0.000008*** (0.000001)	0.000009*** (0.000002)	0.00001*** (0.00000)
常数项	1.3370** (0.5280)	0.5906 (0.5709)	2.6929*** (0.3184)	2.3465*** (0.3411)
年份固定效应	不控制	控制	不控制	控制
企业固定效应	不控制	控制	不控制	控制

续表

	模型 1	模型 2	模型 3	模型 4
	非国有企业	非国有企业	国有企业	国有企业
观测值	1132	1132	2159	2159
R^2	0.6044	0.6138	0.4762	0.4859

注：括号内为经过异方差调整后的稳健的标准误。***、** 和 * 分别表示在 1%、5% 和 10% 的显著性水平上显著。

三 不同市场化水平地区企业的异质性分析

不同市场化环境会给企业带来不同的营商环境。一般来说市场化水平越高的地区，企业所处的营商环境也就更加优越。市场化水平较高的地区可以为企业提供更好的融资环境，带来更多的投资机遇。因此，跨境资本流动可能会对不同市场化地区企业的财务风险有不同程度的影响。参考虞义华等的做法和王小鲁等的中国分省份市场化指数，[①] 进一步将地区按照市场化水平的高低进行分样本分析。表 8－8 汇报了跨境资本流动对不同市场化地区企业的财务风险影响的回归结果。从模型 1 和模型 2 的回归结果来看，DID 的系数都显著为正，表明跨境资本流动对低市场化地区企业的财务风险有显著的缓解作用。从模型 3 和模型 4 的回归结果来看，DID 的系数也显著为正，表明跨境资本流动对高市场化地区企业的财务风险也有显著的缓解作用。总体来看，无论是否控制年份固定效应和企业固定效应，低市场化地区企业样本的 DID 回归系数都显著大于高市场化地区企业样本的回归系数。这表明相较于高市场化地区企业来说，低市场化地区企业的财务风险问题受到跨境资本流动的影响更大一些。这很可能是因为低市场化地区企业的融资约束问题要更为严重一些，而跨境资本流动可以为低市场化地区企业吸引来更多的境外投资者，缓解企业的融资问题。低市场化地区企业的信息披露质量相较于高市场化地区企业来说也更弱一些，跨境资本流动可以更为有效地提高低市场化地区企业的信息披露质量。总体来说，相较于高市场化地区来说，跨境资本流动对低市场化地区企业的

① 虞义华、赵奇锋、鞠晓生：《发明家高管与企业创新》，《中国工业经济》2018 年第 3 期；王小鲁、胡李鹏、樊纲：《中国分省份市场化指数报告（2021）》，社会科学文献出版社 2021 年版。

财务风险缓解作用更大。

表 8-8 **市场化水平异质性分析**

	模型 1	模型 2	模型 3	模型 4
	低市场化地区企业	低市场化地区企业	高市场化地区企业	高市场化地区企业
DID	0. 1624 ** (0. 0573)	0. 2600 *** (0. 0609)	0. 1587 *** (0. 0514)	0. 2099 *** (0. 0671)
Size	0. 0830 ** (0. 0364)	0. 0854 ** (0. 0369)	-0. 0685 *** (0. 0250)	-0. 0704 *** (0. 0255)
Age	-0. 1672 ** (0. 0733)	0. 0624 (0. 0809)	-0. 0177 (0. 0579)	0. 0558 (0. 0645)
ROA	7. 1597 *** (0. 9356)	7. 0962 *** (0. 9307)	8. 0808 *** (1. 2088)	7. 9865 *** (1. 2370)
LEV	-1. 5636 *** (0. 2272)	-1. 6440 *** (0. 2257)	-0. 3794 * (0. 1964)	-0. 4143 ** (0. 1969)
TobinQ	-0. 1639 *** (0. 0208)	-0. 1671 *** (0. 0215)	-0. 0810 *** (0. 0238)	-0. 0820 *** (0. 0250)
Growth	0. 1318 (0. 0886)	0. 1303 (0. 0914)	0. 0493 (0. 0827)	0. 0555 (0. 0851)
Board	0. 0763 (0. 0947)	0. 0443 (0. 0964)	-0. 5512 *** (0. 1169)	-0. 5487 *** (0. 1171)
Top1	-0. 0001 *** (0. 0000)	-0. 0001 *** (0. 0000)	0. 0001 ** (0. 0000)	0. 0000 ** (0. 0000)
Top2_ 10	-0. 0059 *** (0. 0020)	-0. 0044 ** (0. 0020)	-0. 0029 (0. 0021)	-0. 0021 (0. 0021)
PerGDP	0. 000011 ** (0. 00000)	0. 000009 *** (0. 000002)	0. 0000 (0. 0000)	0. 000008 ** (0. 000001)
常数项	1. 5455 *** (0. 3882)	1. 0180 ** (0. 4277)	3. 0734 *** (0. 3464)	2. 8185 *** (0. 3752)
年份固定效应	不控制	控制	不控制	控制
企业固定效应	不控制	控制	不控制	控制
观测值	1784	1784	1507	1507

续表

	模型 1	模型 2	模型 3	模型 4
	低市场化地区企业	低市场化地区企业	高市场化地区企业	高市场化地区企业
R^2	0.6043	0.6116	0.3420	0.3458

注：括号内为经过异方差调整后的稳健的标准误。***、** 和 * 分别表示在 1%、5% 和 10% 的显著性水平上显著。

四　不同资本密集度企业的异质性分析

对于不同资本密集型的企业来说，跨境资本流动对其面临的财务风险的影响可能也有所差异。资本密集型企业一般需要对项目投入大量的资金，所以资本密集型企业可能面临的融资约束问题更大。而劳动密集型企业的资金投入相对来说少一些，所以可能面临的融资约束问题更小一些。为了进一步研究跨境资本流动对不同资本密集度企业财务风险的异质性影响，本小节将高于全样本人均固定资产净额均值的定义为资本密集型企业，低于全样本人均固定资产净额均值的定义为劳动密集型企业。表 8 - 9 汇报了跨境资本流动对不同资本密集度企业的财务风险影响的异质性分析回归结果。从回归结果来看，在模型 1 和模型 2 中 DID 的系数都显著为正，这表明跨境资本流动可以显著缓解劳动密集型企业所面临的财务风险问题。模型 3 和模型 4 中 DID 的系数也是显著为正，表明跨境资本流动对资本密集型企业的财务风险问题也有显著的缓解作用。从总体回归结果来看，资本密集型企业样本中 DID 的系数要显著大于劳动密集型样本中 DID 的系数，这说明相较于劳动密集型企业，跨境资本流动对资本密集型企业的财务风险的缓解作用更大一些。由于资本密集型企业一般需要大量的资本投入，所以面临较大的融资约束。而跨境资本流动可以为资本密集型企业带来更多的境外投资者，显著缓解了资本密集型企业的融资困难问题，进一步解决资本密集型企业的财务风险问题。综上所述，跨境资本流动对资本密集型企业的财务风险的降低作用更大，而对劳动密集型企业的降低作用要小一些。

表 8－9　　**资本密集度异质性分析**

	模型 1	模型 2	模型 3	模型 4
	劳动密集型企业	劳动密集型企业	资本密集型企业	资本密集型企业
DID	0.1095 ** (0.0508)	0.1211 ** (0.0591)	0.1975 *** (0.0481)	0.3010 *** (0.0518)
Size	0.0492 * (0.0292)	0.0431 (0.0293)	0.0100 (0.0299)	0.0137 (0.0299)
Age	−0.1498 * (0.0829)	0.0770 (0.0906)	−0.0627 (0.0509)	0.1146 * (0.0612)
ROA	8.7163 *** (0.7592)	8.6923 *** (0.7406)	4.8745 *** (1.0756)	4.6412 *** (1.0602)
LEV	−1.3441 *** (0.1722)	−1.3785 *** (0.1675)	−1.2948 *** (0.2468)	−1.3914 *** (0.2424)
TobinQ	−0.1996 *** (0.0222)	−0.2077 *** (0.0223)	−0.1375 *** (0.0179)	−0.1358 *** (0.0181)
Growth	0.0779 (0.0934)	0.0761 (0.0943)	0.1419 ** (0.0647)	0.1464 ** (0.0649)
Board	−0.0407 (0.1070)	−0.0384 (0.1065)	−0.1719 * (0.0929)	−0.2352 ** (0.0935)
Top1	0.0000 (0.0000)	0.0000 * (0.0000)	−0.0000 ** (0.0000)	−0.0000 ** (0.0000)
Top2_ 10	−0.0016 (0.0024)	0.0006 (0.0023)	−0.0074 *** (0.0018)	−0.0063 *** (0.0017)
PerGDP	0.000015 *** (0.000005)	0.000012 *** (0.000002)	0.000009 *** (0.000002)	0.000008 *** (0.000001)
常数项	1.9691 *** (0.3487)	1.3773 *** (0.3637)	2.1205 *** (0.3251)	1.8727 *** (0.3638)
年份固定效应	不控制	控制	不控制	控制
企业固定效应	不控制	控制	不控制	控制
观测值	1646	1646	1645	1645
R^2	0.5935	0.6038	0.4657	0.4804

注：括号内为经过异方差调整后的稳健的标准误。***、** 和 * 分别表示在 1%、5% 和 10% 的显著性水平上显著。

五　不同内部监管强度企业的异质性分析

一般来说独立董事拥有着较为广阔的人脉，可以为企业的融资、法律等方面提供一定的帮助，而且可以发挥监督作用，有效约束管理层行为，[①]提高管理层的工作效率。跨境资本流动可能会对不同内部监督强度企业的财务风险的缓解作用有所差异。根据王秀丽和齐荻的研究，[②]按照独立董事人数的中位数作为内部监管强度的划分标准，高于此标准的为内部监管强度较大的企业，反之则监管强度较弱。回归结果如表 8－10 所示。在模型 1 和模型 2 中，DID 的系数显著为正，表明跨境资本流动可以显著降低低监管强度企业的财务风险。同时，在模型 3 和模型 4 中，DID 的系数也显著为正，表明跨境资本流动对高监管强度企业的财务风险问题也有显著的降低作用。总体来说，低监管强度企业样本的回归系数要显著大于高监管强度企业样本的系数，说明“沪港通”交易制度的实施对低监管强度企业的财务风险的缓解作用更大一些。低监管强度的企业内部的独立董事人数较少，内部的监管强度较弱。但在“沪港通”交易制度的实施下，企业为了吸引境外投资者，会加大自身的信息披露，规范企业的行为。所以“沪港通”交易制度在一定程度上发挥了监督作用，进而缓解了企业的财务风险问题。因此，相较于高监管强度企业来说，跨境资本流动对内部监督强度较弱的企业的财务风险缓解作用更大。

表 8－10　　**内部监管强度异质性分析**

	模型 1	模型 2	模型 3	模型 4
	低监管强度企业	低监管强度企业	高监管强度企业	高监管强度企业
DID	0.4148***	0.4204***	0.1051**	0.1782***
	(0.0756)	(0.0735)	(0.0468)	(0.0531)

① Aggarwal, R., Erel, I., Ferreira, M., and Matos, P., "Does Governance Travel Around the World? Evidence From Institutional Investors", *Journal of Financial Economics*, Vol. 100, No. 1, 2011; Kim, I., Miller, S., Wan, H., and Wang, B., "Drivers Behind the Monitoring Effectiveness of Global Institutional Investors: Evidence from Earnings Management", *Journal of Corporate Finance*, Vol. 40, 2016.

② 王秀丽、齐荻：《资本市场开放提高企业投资效率了吗——基于“陆港通”的多期双重差分法实验证据》，《国际商务》（对外经济贸易大学学报）2019 年第 6 期。

续表

	模型 1	模型 2	模型 3	模型 4
	低监管强度企业	低监管强度企业	高监管强度企业	高监管强度企业
Size	-0.0908 **	-0.0904 **	0.0302	0.0346
	(0.0422)	(0.0427)	(0.0287)	(0.0290)
Age	-0.0886	0.0885	-0.1014 *	0.0764
	(0.0928)	(0.0968)	(0.0566)	(0.0645)
ROA	7.4663 ***	7.4545 ***	7.4736 ***	7.3367 ***
	(0.8656)	(0.8554)	(0.9140)	(0.9138)
LEV	-0.4124 **	-0.4792 **	-1.3187 ***	-1.3833 ***
	(0.2066)	(0.1985)	(0.1989)	(0.1976)
TobinQ	-0.1048 **	-0.1199 **	-0.1686 ***	-0.1684 ***
	(0.0524)	(0.0573)	(0.0200)	(0.0204)
Growth	0.0960	0.1199	0.0970	0.0935
	(0.1559)	(0.1612)	(0.0727)	(0.0733)
Board	-0.2481	-0.3067 *	-0.1319 *	-0.2137 ***
	(0.1739)	(0.1658)	(0.0783)	(0.0774)
Top1	-0.0000	-0.0000	-0.0000	-0.0000
	(0.0000)	(0.0000)	(0.0000)	(0.0000)
Top2_ 10	-0.0090 ***	-0.0072 **	-0.0040 **	-0.0025
	(0.0029)	(0.0028)	(0.0017)	(0.0017)
PerGDP	0.000009 ***	0.000012 ***	0.000008 ***	0.000008 ***
	(0.000003)	(0.000004)	(0.000001)	(0.000002)
常数项	2.5654 ***	3.0227 ***	2.0867 ***	1.7709 ***
	(0.5452)	(0.5773)	(0.3156)	(0.3431)
年份固定效应	不控制	控制	不控制	控制
企业固定效应	不控制	控制	不控制	控制

续表

	模型 1	模型 2	模型 3	模型 4
	低监管强度企业	低监管强度企业	高监管强度企业	高监管强度企业
观测值	881	881	2410	2410
R^2	0. 3803	0. 3930	0. 5638	0. 5721

注：括号内为经过异方差调整后的稳健的标准误。***、** 和 * 分别表示在 1%、5% 和 10% 的显著性水平上显著。

六 不同行业竞争度企业的异质性分析

行业竞争程度会对企业的运行效率产生一定的影响，Leibenstein 指出竞争压力可以提高企业经营效率。① 所以一般来说，高竞争程度行业企业的经营效率要高一些，而低竞争程度行业企业的经营效率相对低一些。“沪港通”交易制度的实施对不同竞争程度行业企业财务风险的影响可能具有异质性。为了进一步检验可能存在的异质性影响，本小节将企业划分为高竞争程度行业企业和低竞争程度行业企业两个样本进行分析。首先，计算各个行业每个年份的 HHI 指数；其次，如果企业所处行业的 HHI 指数大于当年行业 HHI 指数的中位数，则该企业处于低竞争程度行业，反之处于高竞争程度行业。分样本回归结果如表 8－11 所示。在模型 1 和模型 2 中，DID 的系数都显著为正，表明跨境资本流动对低竞争程度行业企业的财务风险有明显的缓解作用。从模型 3 和模型 4 的回归中可知，DID 的系数也显著为正，表明跨境资本流动对高竞争程度行业企业的财务风险也有显著的缓解作用。总体来看，低竞争程度行业企业样本的 DID 系数要比高竞争程度行业企业样本的系数大。这说明跨境资本流动对低竞争程度行业企业的财务风险的缓解作用更大。低竞争程度行业企业所处的环境较为缓和，企业所面临的环境压力较小，所以企业的效率可能会比较低。而“沪港通”带来的跨境资本流动会有大量的外资引入，企业为了吸引境外投资者会进一步提高自身的效率，这样会提高企业的利润率，进而降低企业的财务风险。而对于高竞争程度行业企业来说自身的效率已经较高，所以跨

① Leibenstein, H., “Allocative Efficiency vs. ‘X－efficiency’”, *American Economic Review*, Vol. 56, No. 3, 1966.

境资本流动对其效率提高的影响要小一些。综上，跨境资本流动对低竞争程度行业企业的财务风险缓解作用更大。

表 8－11 行业竞争度异质性分析

	模型 1	模型 2	模型 3	模型 4
	低竞争程度行业企业	低竞争程度行业企业	高竞争程度行业企业	高竞争程度行业企业
DID	0.2607*** (0.0529)	0.3025*** (0.0618)	0.0935* (0.0553)	0.1657*** (0.0594)
Size	−0.0171 (0.0392)	−0.0170 (0.0396)	0.0068 (0.0293)	0.0068 (0.0296)
Age	−0.2441*** (0.0715)	−0.0174 (0.0780)	−0.0559 (0.0575)	0.1260* (0.0732)
ROA	7.0641*** (1.1352)	6.9640*** (1.1291)	8.1865*** (0.7849)	8.0786*** (0.8071)
LEV	−1.2278*** (0.2894)	−1.3053*** (0.2862)	−0.9856*** (0.1561)	−1.0442*** (0.1552)
TobinQ	−0.1686*** (0.0261)	−0.1748*** (0.0267)	−0.1618*** (0.0253)	−0.1624*** (0.0255)
Growth	0.1556* (0.0921)	0.1560* (0.0900)	0.0510 (0.0841)	0.0543 (0.0892)
Board	0.0488 (0.1045)	0.0332 (0.1044)	−0.3173*** (0.1016)	−0.3456*** (0.1024)
Top1	−0.0000 (0.0000)	0.0000 (0.0000)	−0.0000 (0.0000)	−0.0000 (0.0000)
Top2_ 10	−0.0040* (0.0022)	−0.0015 (0.0020)	−0.0067*** (0.0021)	−0.0056*** (0.0021)
PerGDP	0.000010*** (0.000002)	0.000011*** (0.000003)	0.000009*** (0.000002)	0.000009*** (0.000002)
常数项	2.2616*** (0.4018)	1.6847*** (0.4454)	2.4478*** (0.3306)	2.0944*** (0.3707)
年份固定效应	不控制	控制	不控制	控制
企业固定效应	不控制	控制	不控制	控制

续表

	模型 1	模型 2	模型 3	模型 4
	低竞争程度行业企业	低竞争程度行业企业	高竞争程度行业企业	高竞争程度行业企业
观测值	1623	1623	1668	1668
R^2	0. 5577	0. 5720	0. 4820	0. 4908

注：括号内为经过异方差调整后的稳健的标准误。***、** 和 * 分别表示在 1%、5% 和 10% 的显著性水平上显著。

七 不同技术水平行业企业的异质性分析

企业所处行业的技术水平的不同会导致企业所面临的融资约束程度有所不同，从而企业所面临的财务风险也会有所不同。对于低技术行业企业来说，自身发展所需要的技术投入要相对少一些，面临的资金问题以及财务风险要小一些。而对于高技术行业企业来说，前期大量的技术投入会需要大量资金，这样可能会导致企业面临较大的财务风险。所以跨境资本流动可能会对不同技术行业企业的财务风险有着不同的影响。本小节将属于医药制造业，铁路、船舶、航空航天和其他运输设备制造业，计算机、通信和其他电子设备制造业、信息传输、软件和信息技术服务业的企业定义为高技术行业企业，其余行业企业为低技术行业企业，进行分样本回归。回归结果如表 8 – 12 所示。在模型 1 和模型 2 中，DID 的系数并不显著，表明跨境资本流动对低技术行业企业的财务风险的影响并不明显。模型 3 和模型 4 中 DID 的系数显著为正，说明跨境资本流动可以缓解高技术行业企业的财务风险。总体来说，跨境资本流动对高技术行业企业的财务风险的缓解作用更加明显。

表 8 – 12 **技术水平异质性分析**

	模型 1	模型 2	模型 3	模型 4
	低技术行业企业	低技术行业企业	高技术行业企业	高技术行业企业
DID	0. 1192 **	0. 1661 ***	0. 3579 ***	0. 4484 ***
	(0. 0466)	(0. 0506)	(0. 0699)	(0. 0922)

续表

	模型 1	模型 2	模型 3	模型 4
	低技术行业企业	低技术行业企业	高技术行业企业	高技术行业企业
Size	-0.0156 (0.0252)	-0.0126 (0.0255)	0.1165* (0.0531)	0.1081* (0.0530)
Age	-0.1065** (0.0496)	0.1011* (0.0565)	-0.2016* (0.1067)	-0.1300 (0.1115)
ROA	7.9331*** (0.7186)	7.8542*** (0.7164)	4.9965*** (1.5190)	4.8438*** (1.5363)
LEV	-0.8746*** (0.1365)	-0.9626*** (0.1337)	-2.4374*** (0.4528)	-2.4214*** (0.4445)
TobinQ	-0.1837*** (0.0252)	-0.1857*** (0.0258)	-0.0952*** (0.0209)	-0.0970*** (0.0213)
Growth	0.1161 (0.0722)	0.1201 (0.0747)	-0.0567 (0.1557)	-0.0551 (0.1543)
Board	-0.2459*** (0.0844)	-0.2705*** (0.0849)	0.2987* (0.1558)	0.2897* (0.1562)
Top1	-0.0000** (0.0000)	-0.0000** (0.0000)	0.0002*** (0.0000)	0.0002*** (0.0000)
Top2_ 10	-0.0070*** (0.0017)	-0.0053*** (0.0016)	0.0047 (0.0036)	0.0048 (0.0036)
PerGDP	0.000010*** (0.000002)	0.000012*** (0.000003)	-0.0000 (0.0000)	-0.0000 (0.0000)
常数项	2.5516*** (0.2861)	2.0819*** (0.3101)	1.6752*** (0.5494)	1.5740*** (0.5704)
年份固定效应	不控制	控制	不控制	控制
企业固定效应	不控制	控制	不控制	控制
观测值	2723	2723	568	568
R^2	0.5046	0.5151	0.7024	0.7066

注：括号内为经过异方差调整后的稳健的标准误。***、** 和 * 分别表示在 1%、5% 和 10% 的显著性水平上显著。

总之，跨境资本流动对不同类型企业财务风险的影响存在着较大差异。具体来看，中西部地区企业、非国有企业、低市场化地区企业、资本密集型企业、低监督强度企业、低竞争程度行业企业以及高技术行业企业受到的跨境资本流动的缓解财务风险的正面影响，要比东部地区企业、国有企业、高市场化地区企业、劳动密集型企业、高监督强度企业、高竞争程度行业企业以及低技术行业企业受到的正面影响要更为强烈一些。

第七节　稳健性检验

一　处理内生性问题：PSM－DID

未成为沪股通标的公司与成为沪股通标的公司之间可能存在较大差异。进入“沪港通”试点范围的公司本身基本面就优于一般公司，均属于上证 180 指数、上证 380 指数的成分股以及上交所上市的 A + H 股。因此，为保证控制组样本和实验组样本更好地匹配，缓解样本内生选择偏差问题，本节使用倾向得分匹配—双重差分（PSM－DID）的方法检验基准回归结果的稳健性和可靠性。首先，参考连立帅等的研究，① 选择 ROA（总资产净利润率）、TobinQ（托宾 Q 值）、Growth（营业收入增长率）、Listingage（上市年限）、Bodind（董事会独立性）等个体特征变量作为匹配变量，通过 Logit 模型回归获取倾向得分，采取最临近且无放回的方法逐年匹配样本企业作为控制组。总体来看，相比于匹配前，匹配后的实验组和控制组倾向得分值概率密度更接近，说明匹配结果较好。

以匹配后的样本企业为控制组，重新使用双重差分的方法考察了跨境资本流动对企业财务风险的影响，准确识别政策效应，回归结果如表 8－13 所示。模型 1 中汇报了未加入控制变量以及控制了年份固定效应和企业固定效应的回归结果，DID 的系数显著为正，而且在 1% 的水平上显著。表明“沪港通”交易制度的实施显著降低了企业财务风险。模型 2—模型 6 中依次加入其他控制变量，DID 的系数依然显著为正，表明在使用配对

① 连立帅、朱松、陈超：《资本市场开放与股价对企业投资的引导作用：基于沪港通交易制度的经验证据》，《中国工业经济》2019 年第 3 期。

样本进行回归分析之后，实证结果依然稳健。

表 8-13　　PSM-DID 回归结果

	模型 1	模型 2	模型 3	模型 4	模型 5	模型 6
DID	0.7862*** (0.0375)	0.2128*** (0.0519)	0.2029*** (0.0617)	0.1918*** (0.0507)	0.1876*** (0.0559)	0.1877*** (0.0578)
Size		-0.0231 (0.0296)	-0.0401 (0.0300)	-0.0297 (0.0299)	-0.0123 (0.0307)	0.0130 (0.0310)
Age		0.2435** (0.0998)	0.2553** (0.0997)	0.2151** (0.0997)	0.1907* (0.0999)	0.3146*** (0.1074)
ROA		-4.0638*** (0.8592)	-4.0364*** (0.8679)	-3.9788*** (0.8605)	-3.9134*** (0.8465)	-4.0299*** (0.8677)
LEV		2.7208*** (0.2125)	2.7094*** (0.2117)	2.6978*** (0.2124)	2.6505*** (0.2129)	2.5613*** (0.2076)
TobinQ		-0.0215** (0.0095)	-0.0208** (0.0095)	-0.0206** (0.0095)	-0.0183* (0.0095)	-0.0183* (0.0094)
Growth		0.0865 (0.0677	0.0834 (0.0673)	0.0854 (0.0688)	0.0965 (0.0696)	0.1045 (0.0693)
Board			0.6731*** (0.1412)	0.6710*** (0.1416)	0.7201*** (0.1460)	0.5695*** (0.1450)
Top1				-0.0000 (0.0000)	-0.0001*** (0.0000)	-0.0001** (0.0000)
Top2_ 10					-0.0074** (0.0031)	-0.0080*** (0.0031)
PerGDP						-0.000008*** (0.000000)
常数项	1.8452*** (0.0926)	0.1895 (0.4349)	-1.1732** (0.5416)	-1.0837** (0.5456)	-1.0775** (0.5449)	-0.9430* (0.5339)
年份固定效应	控制	控制	控制	控制	控制	控制
企业固定效应	控制	控制	控制	控制	控制	控制
观测值	1900	1789	1780	1772	1772	1772
R^2	0.0318	0.1354	0.1392	0.1394	0.1408	0.1495

注：括号内为经过异方差调整后的稳健的标准误。***、**和*分别表示在 1%、5%和 10%的显著性水平上显著。

二 平行趋势检验

参考庞家任等的研究,① 首先使用2012—2014年的样本，假设“沪港通”制度实施的起始年份为实际实施的前一年，即2013年，回归结果如表8-14所示。由于此时实际上并没有实施政策，DID前的系数并不显著，企业的财务风险并没有受到政策影响而发生显著变化。

表8-14 平行趋势检验（2013）

	模型1	模型2	模型3	模型4	模型5	模型6
DID	0.8573 (0.7082)	0.2581 (0.2931)	0.2623 (0.2259)	0.2629 (0.2537)	0.2635 (0.2128)	0.2524 (0.3219)
Size		0.0325 (0.0410)	0.0377 (0.0417)	0.0263 (0.0418)	0.0246 (0.0414)	0.0073 (0.0416)
Age		0.2149*** (0.0828)	0.2087** (0.0829)	0.2444*** (0.0902)	0.2529*** (0.0908)	0.1819** (0.0857)
ROA		6.2048*** (1.0694)	6.1794*** (1.0702)	6.1526*** (1.0736)	6.1441*** (1.0767)	6.1212*** (1.0847)
LEV		-1.5527*** (0.2792)	-1.5457*** (0.2797)	-1.5298*** (0.2802)	-1.5245*** (0.2768)	-1.4638*** (0.2794)
TobinQ		-0.2404*** (0.0489)	-0.2396*** (0.0494)	-0.2399*** (0.0497)	-0.2400*** (0.0497)	-0.2409*** (0.0496)
Growth		0.0678 (0.0676)	0.0656 (0.0674)	0.0854 (0.0689)	0.0947 (0.0695)	0.1009 (0.0694)
Board			-0.1519 (0.1221)	-0.1498 (0.1222)	-0.1577 (0.1238)	-0.0376 (0.1237)
Top1				0.0000 (0.0000)	0.0000 (0.0000)	0.0000 (0.0000)
Top2_10					0.0014 (0.0025)	0.0014 (0.0025)

① 庞家任、张鹤、张梦洁：《资本市场开放与股权资本成本——基于沪港通、深港通的实证研究》，《金融研究》2020年第12期。

续表

	模型 1	模型 2	模型 3	模型 4	模型 5	模型 6
PerGDP						0.000010 *** (0.000003)
常数项	1.0799 *** (0.0991)	1.3148 *** (0.4216)	1.6185 *** (0.4554)	1.5513 *** (0.4624)	1.5262 *** (0.4630)	1.3110 *** (0.4661)
年份固定效应	控制	控制	控制	控制	控制	控制
企业固定效应	控制	控制	控制	控制	控制	控制
观测值	1128	1089	1089	1088	1088	1088
R^2	0.0289	0.4489	0.4495	0.4505	0.4507	0.4631

注：括号内为经过异方差调整后的稳健的标准误。***、** 和 * 分别表示在 1%、5% 和 10% 的显著性水平上显著。

继续使用 2012—2020 年的全样本，假设“沪港通”制度实施的起始年份分别向后平推 1 年，即基准年份被设置为 2015 年，回归结果如表 8－15 所示。此时，DID 前的系数均显著为正，说明跨境资本流动显著降低了企业的财务风险。

表 8－15 **平行趋势检验（2015）**

	模型 1	模型 2	模型 3	模型 4	模型 5	模型 6
DID	0.7897 *** (0.0588)	0.2045 *** (0.0369)	0.2137 *** (0.0368)	0.2144 *** (0.0371)	0.2133 *** (0.0373)	0.1977 *** (0.0373)
Size		－0.0401 ** (0.0191)	－0.0351 * (0.0191)	－0.0431 ** (0.0196)	－0.0408 ** (0.0201)	－0.0562 *** (0.0203)
Age		0.1344 *** (0.0462)	0.1304 *** (0.0464)	0.1612 *** (0.0501)	0.1584 *** (0.0495)	0.0818 * (0.0475)
ROA		6.4375 *** (0.6069)	6.4236 *** (0.6078)	6.4023 *** (0.6108)	6.4041 *** (0.6109)	6.4299 *** (0.6105)
LEV		－0.9331 *** (0.1374)	－0.9247 *** (0.1382)	－0.9127 *** (0.1387)	－0.9194 *** (0.1379)	－0.8613 *** (0.1398)
TobinQ		0.3135 *** (0.0121)	0.3132 *** (0.0122)	0.3130 *** (0.0122)	0.3133 *** (0.0122)	0.3135 *** (0.0122)

续表

	模型 1	模型 2	模型 3	模型 4	模型 5	模型 6
Growth		0.0856 (0.0676)	0.0863 (0.0674)	0.0878 (0.0689)	0.0904 (0.0695)	0.1034 (0.0694)
Board			-0.2147 *** (0.0616)	-0.2164 *** (0.0621)	-0.2101 *** (0.0624)	-0.1238 ** (0.0622)
Top1				0.0000 ** (0.0000)	0.0000 * (0.0000)	0.0000 (0.0000)
Top2_ 10					-0.0009 (0.0013)	-0.0006 (0.0013)
PerGDP						0.000008 *** (0.000002)
常数项	1.5679 *** (0.0629)	1.2896 *** (0.2043)	1.7282 *** (0.2401)	1.6635 *** (0.2441)	1.6625 *** (0.2435)	1.6014 *** (0.2443)
年份固定效应	控制	控制	控制	控制	控制	控制
企业固定效应	控制	控制	控制	控制	控制	控制
观测值	3383	3308	3308	3291	3291	3291
R^2	0.0223	0.7232	0.7240	0.7244	0.7244	0.7309

注：括号内为经过异方差调整后的稳健的标准误。***、** 和 * 分别表示在 1%、5% 和 10% 的显著性水平上显著。

假设“沪港通”制度实施的起始年份分别向后平推 2 年，即基准年份被设置为 2016 年，回归结果如表 8-16 所示，DID 前的系数均显著为正，再次说明“沪港通”实施显著降低了企业的财务风险。

表 8-16 **平行趋势检验（2016）**

	模型 1	模型 2	模型 3	模型 4	模型 5	模型 6
DID	0.8138 *** (0.0539)	0.2198 *** (0.0432)	0.2320 *** (0.0432)	0.2332 *** (0.0436)	0.2287 *** (0.0436)	0.2088 *** (0.0435)
Size		0.0144 (0.0241)	0.0218 (0.0241)	0.0158 (0.0244)	0.0265 (0.0248)	0.0082 (0.0251)
Age		0.1570 *** (0.0547)	0.1511 *** (0.0551)	0.1726 *** (0.0586)	0.1593 *** (0.0568)	0.0694 (0.0550)

续表

	模型 1	模型 2	模型 3	模型 4	模型 5	模型 6
ROA		7.4377*** (0.7590)	7.4205*** (0.7599)	7.4048*** (0.7632)	7.4119*** (0.7630)	7.4405*** (0.7649)
LEV		-1.2542*** (0.1686)	-1.2431*** (0.1698)	-1.2366*** (0.1701)	-1.2682*** (0.1694)	-1.1995*** (0.1715)
TobinQ		-0.1674*** (0.0191)	-0.1677*** (0.0191)	-0.1679*** (0.0192)	-0.1663*** (0.0190)	-0.1662*** (0.0190)
Growth		0.0834 (0.0676)	0.0867 (0.0674)	0.0823 (0.0689)	0.0924 (0.0695)	0.1076 (0.0694)
Board			-0.3017*** (0.0730)	-0.3013*** (0.0735)	-0.2713*** (0.0739)	-0.1700** (0.0737)
Top1				0.0000 (0.0000)	-0.0000 (0.0000)	-0.0000 (0.0000)
Top2_ 10					-0.0044*** (0.0015)	-0.0040*** (0.0015)
PerGDP						0.000009*** (0.000003)
常数项	1.0799*** (0.0991)	1.3024*** (0.2501)	1.9161*** (0.2943)	1.8713*** (0.2982)	1.8687*** (0.2947)	1.7980*** (0.2955)
年份固定效应	控制	控制	控制	控制	控制	控制
企业固定效应	控制	控制	控制	控制	控制	控制
观测值	3383	3308	3308	3291	3291	3291
R^2	0.0539	0.5083	0.5102	0.5108	0.5121	0.5231

注：括号内为经过异方差调整后的稳健的标准误。***、**和*分别表示在1%、5%和10%的显著性水平上显著。

假设“沪港通”制度实施的起始年份分别向后平推3年，即基准年份被设置为2017年，回归结果如表8-17所示，DID前的系数均显著为正，再次说明“沪港通”实施显著降低了企业的财务风险。

表 8 – 17 平行趋势检验（2017）

	模型 1	模型 2	模型 3	模型 4	模型 5	模型 6
DID	0.8408 ***	0.3242 ***	0.3370 ***	0.3411 ***	0.3344 ***	0.3127 ***
	(0.0647)	(0.0489)	(0.0489)	(0.0497)	(0.0494)	(0.0488)
Size		0.0106	0.0185	0.0118	0.0222	0.0035
		(0.0239)	(0.0239)	(0.0243)	(0.0245)	(0.0248)
Age		0.1539 ***	0.1478 ***	0.1716 ***	0.1588 ***	0.0696
		(0.0548)	(0.0552)	(0.0587)	(0.0569)	(0.0552)
ROA		7.4531 ***	7.4387 ***	7.4199 ***	7.4265 ***	7.4506 ***
		(0.7510)	(0.7518)	(0.7549)	(0.7548)	(0.7570)
LEV		–1.2508 ***	–1.2404 ***	–1.2329 ***	–1.2634 ***	–1.1941 ***
		(0.1692)	(0.1704)	(0.1707)	(0.1699)	(0.1720)
TobinQ		–0.1701 ***	–0.1704 ***	–0.1707 ***	–0.1691 ***	–0.1688 ***
		(0.0193)	(0.0193)	(0.0194)	(0.0193)	(0.0193)
Growth		0.0856	0.0836	0.0809	0.0936	0.1073
		(0.0676)	(0.0674)	(0.0689)	(0.0695)	(0.0694)
Board			–0.3057 ***	–0.3057 ***	–0.2768 ***	–0.1763 **
			(0.0727)	(0.0732)	(0.0736)	(0.0733)
Top1				0.0000 *	0.0000	–0.0000
				(0.0000)	(0.0000)	(0.0000)
Top2_ 10					–0.0043 ***	–0.0038 ***
					(0.0015)	(0.0014)
PerGDP						0.000010 ***
						(0.000003)
常数项	1.0799 ***	1.3459 ***	1.9647 ***	1.9166 ***	1.9129 ***	1.8471 ***
	(0.0991)	(0.2464)	(0.2905)	(0.2940)	(0.2906)	(0.2912)
年份固定效应	控制	控制	控制	控制	控制	控制
企业固定效应	控制	控制	控制	控制	控制	控制
观测值	3383	3308	3308	3291	3291	3291
R^2	0.0386	0.5104	0.5124	0.5131	0.5142	0.5251

注：括号内为经过异方差调整后的稳健的标准误。***、** 和 * 分别表示在 1%、5% 和 10% 的显著性水平上显著。

假设“沪港通”制度实施的起始年份分别向后平推4年，即基准年份被设置为2018年，回归结果如表8-18所示，DID前的系数均显著为正，“沪港通”实施显著降低了企业的财务风险。说明跨境资本流动对企业财务风险的影响并不受公司本身的固有特征的影响，再次检验了基准结果的稳健性。

表8-18　**平行趋势检验（2018）**

	模型1	模型2	模型3	模型4	模型5	模型6
DID	0.8043*** (0.0600)	0.2580*** (0.0458)	0.2693*** (0.0457)	0.2716*** (0.0464)	0.2658*** (0.0462)	0.2452*** (0.0459)
Size		0.0133 (0.0242)	0.0210 (0.0242)	0.0147 (0.0246)	0.0253 (0.0249)	0.0068 (0.0252)
Age		0.1549*** (0.0549)	0.1490*** (0.0553)	0.1713*** (0.0589)	0.1583*** (0.0570)	0.0687 (0.0553)
ROA		7.4482*** (0.7553)	7.4331*** (0.7562)	7.4162*** (0.7594)	7.4232*** (0.7593)	7.4494*** (0.7613)
LEV		-1.2552*** (0.1692)	-1.2449*** (0.1703)	-1.2379*** (0.1707)	-1.2690*** (0.1699)	-1.1999*** (0.1721)
TobinQ		-0.1683*** (0.0192)	-0.1686*** (0.0193)	-0.1688*** (0.0194)	-0.1672*** (0.0192)	-0.1670*** (0.0192)
Growth		0.0834 (0.0676)	0.0854 (0.0674)	0.0867 (0.0689)	0.0973 (0.0695)	0.1021 (0.0694)
Board			-0.3007*** (0.0730)	-0.3004*** (0.0735)	-0.2709*** (0.0739)	-0.1701** (0.0735)
Top1				0.0000 (0.0000)	0.0000 (0.0000)	-0.0000 (0.0000)
Top2_ 10					-0.0043*** (0.0015)	-0.0039*** (0.0015)
PerGDP						0.000009*** (0.000002)
常数项	1.0799*** (0.0991)	1.3197*** (0.2500)	1.9288*** (0.2940)	1.8827*** (0.2975)	1.8791*** (0.2941)	1.8110*** (0.2946)

续表

	模型 1	模型 2	模型 3	模型 4	模型 5	模型 6
年份固定效应	控制	控制	控制	控制	控制	控制
企业固定效应	控制	控制	控制	控制	控制	控制
观测值	3383	3308	3308	3291	3291	3291
R^2	0.0440	0.5090	0.5110	0.5116	0.5128	0.5238

注：括号内为经过异方差调整后的稳健的标准误。***、** 和 * 分别表示在 1%、5% 和 10% 的显著性水平上显著。

三　更换企业财务风险的测量方法

为了进一步检验基础结果的稳健性，采用更换企业财务风险指标的方法进行了稳健性检验。参考夏晓兰等的研究，[①] 将财务风险的计算方法更换为 Z =（1.2 × 营运资金/资产总计 +1.4 × 留存收益/资产总计 +3.3 × 息税前利润/资产总计 +0.6 × 股票总市值/负债合计 +0.999 × 销售收入）/资产总计。回归结果如表 8 – 19 所示，DID 的系数都显著为正。再次验证了 H1 假说，说明跨境资本流动可以显著降低企业的财务风险。

表 8 – 19　　　　**更换企业财务风险的测量方法**

	模型 1	模型 2	模型 3	模型 4	模型 5	模型 6
DID	0.7726 *** (0.0438)	0.2187 *** (0.0378)	0.1918 *** (0.0245)	0.1778 *** (0.0399)	0.1619 *** (0.0336)	0.1617 *** (0.0329)
Size		0.5418 ** (0.2632)	0.5351 ** (0.2569)	0.5733 ** (0.2667)	0.6156 ** (0.2828)	0.6339 ** (0.2855)
Age		2.1872 *** (0.3808)	2.1927 *** (0.3844)	2.0328 *** (0.3552)	1.9812 *** (0.3362)	2.0721 *** (0.3620)
ROA		2.4331 (2.5107)	2.4518 (2.4958)	2.5465 (2.4925)	2.5788 (2.4760)	2.5481 (2.4799)
LEV		–17.6390 *** (1.2598)	–17.6502 *** (1.2705)	–17.7497 *** (1.2961)	–17.8737 *** (1.3556)	–17.9427 *** (1.3726)

① 夏晓兰、高凡懿、赖黎：《企业金融化、媒体监督与财务风险》，《金融论坛》2020 年第 11 期。

续表

	模型 1	模型 2	模型 3	模型 4	模型 5	模型 6
TobinQ		1.5406*** (0.3188)	1.5409*** (0.3190)	1.5417*** (0.3193)	1.5481*** (0.3212)	1.5479*** (0.3210)
Growth		0.0834 (0.0676)	0.0866 (0.0674)	0.0857 (0.0689)	0.0925 (0.0695)	0.1073 (0.0694)
Board			0.2876 (0.5516)	0.3291 (0.5567)	0.4460 (0.6016)	0.3435 (0.5901)
Top1				-0.0001* (0.0001)	-0.0002* (0.0001)	-0.0002* (0.0001)
Top2_ 10					-0.0171 (0.0147)	-0.0176 (0.0149)
PerGDP						-0.0000 (0.0000)
常数项	3.3994*** (0.3035)	-0.3239 (2.6801)	-0.9114 (3.3871)	-0.6022 (3.3331)	-0.6206 (3.3300)	-0.5480 (3.3183)
年份固定效应	控制	控制	控制	控制	控制	控制
企业固定效应	控制	控制	控制	控制	控制	控制
观测值	3383	3308	3308	3291	3291	3291
R^2	0.0145	0.4728	0.4729	0.4730	0.4734	0.4737

注：括号内为经过异方差调整后的稳健的标准误。***、**和*分别表示在1%、5%和10%的显著性水平上显著。

四　改变样本时期窗口

考虑到2020年受新冠肺炎疫情的影响，企业的经营环境受到较大挑战，会对企业的财务风险有较大的影响，进而影响实证结果。所以，本节进一步将2020年数据剔除并重新进行回归分析。结果如表8-20所示，DID系数依然显著为正。这说明跨境资本流动可以显著降低企业财务风险，再次验证了前文结论的可靠性。

表 8 - 20　　**改变样本时期窗口**

	模型 1	模型 2	模型 3	模型 4	模型 5	模型 6
DID	0. 8352 *** (0. 0538)	0. 2359 *** (0. 0527)	0. 2473 *** (0. 0419)	0. 2481 *** (0. 0398)	0. 2450 *** (0. 0436)	0. 2272 *** (0. 0421)
Size		-0. 0056 (0. 0263)	0. 0013 (0. 0262)	-0. 0057 (0. 0265)	0. 0025 (0. 0270)	-0. 0159 (0. 0273)
Age		0. 1662 *** (0. 0565)	0. 1602 *** (0. 0569)	0. 1871 *** (0. 0608)	0. 1749 *** (0. 0592)	0. 0878 (0. 0573)
ROA		7. 3353 *** (0. 8175)	7. 3195 *** (0. 8186)	7. 3003 *** (0. 8213)	7. 3057 *** (0. 8212)	7. 3301 *** (0. 8231)
LEV		-1. 2672 *** (0. 1809)	-1. 2542 *** (0. 1824)	-1. 2433 *** (0. 1822)	-1. 2683 *** (0. 1815)	-1. 1974 *** (0. 1840)
TobinQ		-0. 1725 *** (0. 0204)	-0. 1727 *** (0. 0204)	-0. 1729 *** (0. 0205)	-0. 1717 *** (0. 0204)	-0. 1715 *** (0. 0204)
Growth		0. 0824 (0. 0676)	0. 0846 (0. 0674)	0. 0875 (0. 0689)	0. 0959 (0. 0695)	0. 1036 (0. 0694)
Board			-0. 2892 *** (0. 0764)	-0. 2923 *** (0. 0766)	-0. 2705 *** (0. 0770)	-0. 1693 ** (0. 0760)
Top1				0. 0000 * (0. 0000)	0. 0000 (0. 0000)	0. 0000 (0. 0000)
Top2_ 10					-0. 0034 ** (0. 0016)	-0. 0029 * (0. 0015)
PerGDP						0. 000009 *** (0. 000003)
常数项	1. 0799 *** (0. 0991)	1. 4649 *** (0. 2675)	2. 0549 *** (0. 3123)	2. 0013 *** (0. 3155)	2. 0077 *** (0. 3123)	1. 9232 *** (0. 3131)
年份固定效应	控制	控制	控制	控制	控制	控制
企业固定效应	控制	控制	控制	控制	控制	控制
观测值	3007	2933	2933	2933	2933	2933
R^2	0. 0613	0. 5264	0. 5282	0. 5286	0. 5293	0. 5400

注：括号内为经过异方差调整后的稳健的标准误。***、** 和 * 分别表示在 1%、5% 和 10% 的显著性水平上显著。

第八节　本章小结

跨境资本流动不仅会通过银行系统、金融稳定等渠道直接对国家金融安全产生影响，还可以通过微观企业财务风险，对企业投融资、金融体系风险、宏观经济运行等产生影响，从而间接影响国家金融安全。本章选取企业部门数据，构建以企业流动性风险为主的财务风险指标，以“沪港通”的实施这一资本市场开放措施作为跨境资本流动的政策冲击变量，采用2012—2020年沪市A股上市公司数据，实证评估和检验了跨境资本流动通过企业财务风险影响国家金融安全的渠道效应。研究发现：首先，跨境资本流动可以显著降低企业面临的财务风险，进而对国家金融安全产生影响。基准回归结果表明，“沪港通”交易制度的实施能够显著降低企业财务风险。在基准回归中依次加入企业层面的控制变量，包括企业规模、企业年龄、董事会规模、股权集中度以及股权制衡度等变量后，DID的回归系数依然在1%的水平上显著。加入地区人均实际GDP这个控制变量后回归发现，“沪港通”交易制度的实施仍然能够显著降低企业财务风险。这一结论在使用PSM-DID处理内生性问题、平行趋势检验、更换企业财务风险指标以及改变样本时期窗口后仍然稳健。

其次，跨境资本流动主要通过降低企业融资约束、提高企业信息披露质量以及提高企业投资效率等渠道影响企业的财务风险。融资约束的增大会抑制企业经营业务的开展，进而可能会导致企业面临财务危机。跨境资本流动可以在一定程度上缓解企业所面临的融资约束，为企业提供更多的融资渠道。运用中介效应模型的回归结果表明，跨境资本流动可以通过缓解企业所面临的融资约束问题，进而降低企业的财务风险。良好的信息披露机制可以提高上市公司质量、维护投资者利益，还可以促进资本市场的有序运行。信息披露得越详细，公司所面临的财务风险就越小。运用中介效应模型进行的回归结果表明，跨境资本流动可以通过提高企业的信息披露质量而降低企业的财务风险。此外，减少非效率投资行为可以降低公司财务风险，而过度投资和投资不足会降低企业价值、增加企业的财务风险。跨境资本流动一方面可以提高企业的投资效率，减少企业的非效率投资行为；另一方面可以降低企业的融资成本，进而缓解企业的投资不足情况。运用中介效应模型的回归结果表明，跨境资本流动也可以通过提高企业的投资效率来降低企业的财务风险。

最后，跨境资本流动对企业财务风险的影响存在异质性。实证研究结果表明，跨境资本流动对中西部地区企业、非国有企业、低市场化地区企业、资本密集型企业、低监督强度企业、低竞争程度行业企业以及高技术行业企业的财务风险降低作用比东部地区企业、国有企业、高市场化地区企业、劳动密集型企业、高监督强度企业、高竞争程度行业企业以及低技术行业企业要更为强烈一些。

以上研究结论表明，由于经济部门之间风险的关联性，仅考虑金融部门无法把握国家金融安全与稳定的全貌，需要各经济部门间统筹协调。国家金融安全与实体经济发展密切相关，金融机构需要大力支持非国有企业、资本密集型企业、高新技术企业的发展，避免金融“脱实向虚”；地方政府也要大力改善营商环境，为企业提供更好的金融环境和更多的投资机遇，降低企业财务风险；监管部门需要加强对企业内部监督的管理与指导，营造公平的市场竞争环境，有效降低企业财务风险、提升金融安全。

第九章

提升中国金融安全的思路与对策

作为整个经济和社会的血液，金融的稳定和安全直接影响着经济与社会的总体发展。在经济金融全球化的背景下，维护国家的金融安全不仅对本国的经济社会发展十分重要，也对世界范围内的经济稳定和平稳运行意义重大。随着全球经济一体化和金融创新的不断发展，跨境资本流动在促进全球范围内的资金融通、提升资金使用效率和便利化程度的同时，也暗藏着巨大的风险。而且，全球范围内的金融危机也引发了各国对于国家金融安全和跨境资本流动监管体系的重视。新时代高水平开放背景下，中国的金融开放处于重要的战略节点。如何审慎安排资本市场开放进程、选择恰当的开放时机，以及如何在合理有效利用跨境资本流动对中国经济高质量发展的促进作用的同时，又能有效防范金融风险、维护国家金融安全，也成为政府所面临的重要议题。

中国的资本市场开放经历了一段较长的路程。自 1993 年党的十四届三中全会首次提出逐步推动人民币成为可兑换的货币起，中国资本项目自由化进程已历经近 30 年，并逐步形成了规范有序的资本项目开放格局。2001 年之前，国家放开直接投资限制，鼓励中国企业“走出去”，并且在证券投资市场上开始允许境内居民投资 B 股。2004 年开展境外投资外汇管理改革，允许境外机构投资者投资 A 股。2007 年规范了对于合格境内机构投资者（QDII）的相关管理政策，并且开放了房地产项目的国内境外直投。2008—2009 年，中国初步建立起以登记为核心的境外直接投资外汇管理框架，将合格境外机构投资者境内证券投资上限提升至 10 亿美元。2011 年推出 RQFII 制度。2013—2015 年，允许境外央行等机构用人民币投资银行间市场，对外商投资企业资本金结汇制度进行改革，启动“沪港通”交易机制。2016—2018 年，加强了对外商投资项目的事中事后协同监管，启动“深港通”、“债券通”机制。2019—2020 年，《外商投资法》的实施、QFII 和 RQFII 投资额度限制的取消、QDFP 和 QFLP 的试点、外债便利化试点等，都标志着中国的资本项目开放进程稳步推进并不断发展。2021 年，全面取消证券、基金、期货公司外资股比限制，外资机构在业务范围和监管要求上享受国民待遇；制定交易所市场熊猫债管理办法，进一步便利境外机构来华发行熊猫债；境外投资者可投资的期货品种范围不断扩大，以及支持境内期货交易所与境外交易所、金融机构开展多种合作等，以上措施都体现了中国资本市场的高水平对外开放正在稳步推进。

资本市场高水平对外开放所带来的跨境资本流动，加大了中国融入国际金融市场的深度和广度，提升了中国金融业的国际影响力和国际金融治理能力。从前几章的实证结果来看，跨境资本流动显著地提升了一国的国家金融安全，即跨境资本流动有利于推动国内金融体制的改革、优化金融资源配置效率、提升国内金融业的竞争力，也有力地促进了“一带一路”倡议等国际经济合作的深入实施，并通过境外资金的流入为中国经济发展提供支持。但要注意到，资本市场高度开放带来的跨境资本流入，可能通过汇率效应，即资本大量流入、对本币需求增加，加大本币升值压力并引发外汇市场风险。资本流入的突然中断也可能通过金融摩擦和“费雪效应”进一步引发金融危机。大量的资本流入还可能通过“资产价格效应”，推动资产价格上升，引发股市和房地产泡沫，也可能导致金融危机。而跨境资本流出则可能引起本国外汇储备下降，本币急剧贬值，并诱发货币危机。资本外流还会使国际收支恶化，产生通胀、偿债风险等诸多问题，扭曲一国金融结构、削弱宏观政策有效性，进而引发金融危机。同时，由于全球金融网络的快速发展，跨境资本流动对全球经济的影响也可能会通过全球金融网络的放大效应带来更大的冲击。因此，防范化解金融风险对保障中国经济的健康发展至关重要。2019 年习近平总书记在中共中央政治局第十三次集体学习时便强调，要扩大金融高水平的双向开放，提高开放条件下经济金融管理能力和防控风险能力，提高参与国际金融治理能力。2021 年 8 月 17 日中央财经委员会第十次会议上习近平总书记再次强调，金融是现代经济的核心，关系发展和安全，要遵循市场化法治化原则，统筹做好重大金融风险防范化解工作。总体来看，新时代中国扩大金融业的双向开放，对于增强金融服务实体经济的能力和推动经济高质量发展具有重要意义。但是，在扩大金融业的双向开放、构建更高水平开放型经济新体制的同时，也要重视防范化解金融风险，维护好国家金融安全。

因此，在当前新冠肺炎疫情仍在全球蔓延、金融全球化不断加深、人民币国际化进程不断推进、金融市场进一步发展和更高水平对外开放的现阶段，面对着百年未有之大变局，如何更好地利用跨境资本流动对中国金融安全的提升作用，促进实体经济的高质量发展，是政府面临的重要议题。总体来看，本章将结合前几章的理论和实证分析结果，从跨境资本流动和金融市场发展两个方面，提出提升中国金融安全的思路与对策。首先，本章将从跨境资本流动对国家金融安全的作用入手，分别从微观、宏观和国际三个层面论述如何更好地发挥跨境资本流动对国家金融安全的提升作用。其次，结合中国金融市场的发展状况，从完善和发展中国金融市场、提升金融市场发展水平的角度提出维护国家金融安全的思路与对策，进而充分发挥金融市场在调节金融风险、提升金融安全当中的积极作用。最后，本章将对提升中国金融安全的思路与对策进行总结。

第一节　发挥跨境资本流动对提升中国金融安全的促进作用

一　微观层面，注重因企施策机制

（一）完善企业融资体系、提升企业治理质量

从本书的第八章“跨境资本流动影响国家金融安全的微观机制——基于‘沪港通’的考察”中发现，资本市场的开放可以通过降低企业的财务风险，进而提升金融安全，即企业财务风险是跨境资本流动影响国家金融安全的重要微观机制。企业是紧密联系实体经济与金融市场的载体，是国内生产发展和推动经济结构转型的主体。企业的生产发展活动、投融资模式和其他经济活动深刻影响着实体经济发展的速度和质量。企业财务风险是影响国家总体金融安全的重要因素，同时也是跨境资本流动影响国家金融安全的重要渠道。因此，一方面，在中国金融市场加快开放的过程中要不断优化企业融资体系，合理安排企业当下和未来的融资方式、融资结

构，警惕国内外资本市场上隐藏的金融风险，完善建立防范金融风险的预警机制和风险应对机制。积极通过私募股权、风险投资和股票市场募集资金等多种融资渠道优化企业融资体系，为企业高质量发展注入充裕的流动性。

另一方面，要不断提升企业治理质量，畅通跨境资本流动影响企业财务风险的微观机制。第八章“跨境资本流动影响国家金融安全的微观机制——基于‘沪港通’的考察”中的渠道检验表明，资本市场开放所引起的跨境资本流动主要是通过提高企业信息披露质量和企业投资效率，进而显著地降低了企业的财务风险。因此，提升企业治理质量对于畅通跨境资本流动影响企业财务风险的微观机制至关重要。首先，要警惕企业生产活动和投资活动过度“脱实向虚”的趋势，将经营重点放在提升公司资产质量、合理控制财务杠杆率、规范在资本市场上活动等方面。提升公司资产质量，提升企业在资本市场上融资的信用度，从而提高企业获得融资的能力。要保障公司经营的持续性和公司业绩的稳定性，保障财务报表披露的质量和准确性，提升信息透明度。其次，要严格控制企业的财务杠杆率，不断提高公司在资本市场上融资的能力，拓宽企业融资渠道，加强长短期资产的匹配度，避免过度融资使企业财务杠杆率过高。最后，企业应规范自身在资本市场上的活动，审慎安排和参与金融市场活动，适度使用资本市场运作工具，根据企业自身规模和风险承受能力合理进行投资和杠杆运用，防范和控制金融风险。

（二）鼓励企业“引进来”和“走出去”并行，注重“引进来”和“走出去”的质量

相对而言，证券投资、金融衍生工具投资以及债券投资等短期性的资本流动，容易在短时期内大进大出，更容易导致资本流动的突然中断，不利于金融稳定。而直接投资作为一种长期资本流动，更多的是流向了实体经济，对金融体系的冲击相对较小。因此，还应继续加大引入外商直接投资来华的力度。近年来，中国“引进来”的规模已经很大，根据联合国贸发会议的统计，2020 年 FDI 的流入量在全球排名第二。但是，“引进来”的质量还有待提高。要加大对一些高科技企业、绿色创新型企业的引资力度，服务于中国经济的高质量发展。深化“引进来”企业在资金、人才、科技等领域的国际合作，推动商品和生产要素等领域开放形成协同效应。

而对于企业“走出去”，要积极引导企业投向“一带一路”沿线区域，并通过“走出去”推动人民币的国际化。同时也要注意加强境内外金融监管协调，保障中国对外金融资产安全。对于“一带一路”沿线国家，要密切关注其政治、经济、监管等政策的变动，帮助企业及时预警风险和强化对外投资安全保护。

（三）强化投资者引导和管理

投资者是全球资本市场的主要参与者，投资者特别是实力雄厚的机构投资者的行为影响着全球金融市场的稳定，与全球性的金融危机爆发息息相关。因此，为防范资本市场开放过程中可能发生的金融风险，维护资本市场的稳定和国家金融安全，应充分发挥投资者对资本市场稳定的积极作用。应加强对机构投资者的正确引导和规范管理，充分调动广大机构投资者参与全球资本市场活动的积极性、不断提升中国的机构投资者在国际资本市场上的话语权，并推进机构投资者对境内上市公司监管以提升信息披露质量。同时，也要积极防范化解异常投资活动可能带来的金融风险，避免过度囤积，防止驱动股价泡沫过度膨胀，减少编造虚假信息的行为，从而减少股价暴涨或暴跌的现象。在宏观制度环境和监管体系不断完善的配合下，致力于营造良好的市场环境，保护投资者利益，减缓跨境资本流动对国内资本市场的冲击力度，维护金融市场平稳运行、提升金融安全。

二　宏观方面，优化顶层设计机制

（一）完善并发展对资本市场开放进程的监管

国际金融市场上频发的金融危机表明，如果一国国内的金融监管体系不够完善合理，那么将失去对金融市场保护的有效性。如果国内金融监管体制没有跟上资本市场开放所带来的冲击，危机爆发时有效监管失位，最终就很可能发展成危害和影响巨大的全球性金融危机，不利于本国的金融安全。因此，高效的金融监管可以有效地规范金融市场竞争、提升国家金融体系的运作效率，为金融创新和金融自由化提供稳健的宏观环境和政策保障。① 不同项目的资本市场开放对中国宏观经济的影响是不同的。相对

① 辛大楞：《金融自由化、金融发展年收入不平等——基于新兴市场经济体国家的研究》，中国社会科学出版社2018年版。

而言，直接投资是一种长期投资，可以有效带动实体经济的发展，而对金融市场的影响相对较小。其他类型的投资，如证券投资、金融衍生工具投资可以丰富居民的资本配置，提高资金使用效率。但是作为短期资本流动，对金融市场的冲击也会较大一些。鉴于此，为更好地发挥跨境资本流动在提升国家金融安全方面的积极作用，中国资本市场的开放应遵循以下原则：先实体后金融、先国内后国际、先汇率后资本。同时，要加强对资本市场开放所引起的跨境资本流动进程的管理。严格规范审批的基本程序。对于将金融类资产作为主要标的物的短期跨境资本流动，其审批要更为严格一些。对于投资机构资质、投资额度和投资标的，也要进行严格的准入程序和审批管理。及时厘清长短期资本流动问题和外资投资资本市场的规模等问题，并有效地根据资本市场开放状况、进入外资的类型和规模、跨境资本流动的状况合理匹配有效的监管制度。在引导外资适应中国国内市场具体发展状况和现实需求的同时防范跨境资本流动，特别是短期跨境资本流动可能隐藏的金融风险。

（二）完善金融风险防控体系，确保国家金融安全

金融业的高水平双向开放必然会对金融风险的管控提出新的要求。Neanidis 的实证研究就证实银行监管可以有效减缓资本流动对经济增长的不利影响。[①] 从监管的体制来看，要构建宏观审慎和微观审慎管理相结合的监管规则；[②] 从监管的区域来看，要加强系统重要性金融机构的监管以及跨行业、跨市场、跨部门的综合监管；从监管的层次来看，要大力发挥国务院金融稳定发展委员会的统筹协调作用。此外，金融业的双向开放必然会涉及国家之间的跨境资本流动，应进一步强化金融监管的国际协调与合作，加强母国监管当局和东道国监管当局之间的协调，减少金融风险的跨国传染性，确保国家金融安全。与发达国家相比，中国的金融监管起步晚，相关的监管制度也尚不完善，在金融监管方面存在着一些不足和缺陷。比如，监管当局金融监管理念发展较为滞后，中央银行在实现监管目标时的不全面、不到位，金融监管体系运营效率较低，相关的法律法规和

① Neanidis, K. C., "Volatile Capital Flows and Economic Growth: The Role of Banking Supervision", *Journal of Financial Stability*, Vol. 40, 2019.

② 谭小芬、梁雅慧：《我国跨境资本流动：演变历程、潜在风险及管理建议》，《国际贸易》2019 年第 7 期。

规章不够完善，监管机构运行不够透明和金融机构信息披露的不完善，等等。在金融开放不断深化和金融创新快速发展之时，金融监管制度体系的缺陷和不完善增加了国内经济受金融风险冲击的可能性，不利于国家金融安全和稳定。因此，要持续完善金融风险防控体系，确保国家金融安全。

（三）根据中国不同金融市场的发展水平，合理安排金融业的开放顺序和开放程度

金融市场发展水平越高，其冲击吸收能力越强，跨境资本流动引致危机的可能性就越小。而且，金融市场发展水平的提高，意味着金融监管和信息披露的改进，政府政策透明度和执行力的增加，有助于降低跨境资本流动带来的风险溢价，减少金融开放导致的货币和期限错配的可能性。中国金融行业的发展水平存在较大差异。改革开放以来，银行等金融行业发展程度显著提升，具有较强的国际竞争力；而股票、债券等金融行业仍有较大发展完善空间。由于前者具备较高的风险抗御能力和承载能力，可以优先进行开放并加大开放的力度；另外，还应对后者进行必要的保护，并采取逐步开放、稳步推进的方式，适当培育其风险吸纳能力。总之，根据不同金融业的发展水平，有序推动金融业的高水平双向开放，可以减少开放所带来的风险，避免引致金融动荡。①

（四）注重发挥金融科技在金融业双向开放中的监管作用

近年来，以区块链、大数据、人工智能、云计算、物联网等信息技术与金融业深度融合所构成的金融科技为金融业的双向开放提供了新的机遇，尤其是在金融监管方面。2019 年 8 月中国人民银行发布的《金融科技（FinTech）发展规划（2019—2021 年）》指出，② 运用现代科技手段适时动态监管线上线下、国际国内的资金流向，增强金融监管的专业性、统一性和穿透性。因此，应通过加强与其他国家和地区以及国际组织在金融科技治理体系、规则制定等领域的合作，不断发挥金融科技在监管跨境资本流动、提升金融业务综合统计分析等方面的作用，稳健推进金融业的双向开放。

（五）提升支撑金融业双向开放的“软环境”和“硬环境”

金融开放离不开“软环境”和“硬环境”的支持。“软环境”建设主

---

① 辛大楞：《稳步推进我国金融业双向开放》，《中国社会科学报》2020 年 3 月 25 日第 3 版。

② 中国人民银行：《金融科技（FinTech）发展规划（2019—2021 年）》，2019 年，第 21 页。

要包括培养高层次金融人才队伍，建立与国际标准统一的会计准则、信息披露制度、信用评级以及税收制度等金融体系和外资法律体系，如对《中华人民共和国外资保险公司管理条例》和《中华人民共和国外资银行管理条例》的及时修改。此外，进一步推动简政放权、深化金融“放管服”改革和“一次办好”，不断提高审批过程的透明度和审批效率以及政策制定的透明度，切实优化营商环境。“硬环境”建设主要包括关键金融产业基础设施国产化、优化金融产业布局和规划以及加快国际金融中心建设等。

三 国际层面，积极融入全球金融体系并参与国际金融规则制定机制

在金融全球化不断深化、全球系统性金融风险不断加强的大背景下，仅靠一个国家难以应对全球范围内错综复杂的金融风险威胁。因此，各国需要借助国际金融机构平台、制定国际金融规则，进行国际层面的金融监管合作。目前，全球范围内已建立起较为完整的金融监管国际协调体系。但是各国因不同的经济体制和国家利益，仍然存在监管行为和方向的不一致甚至是矛盾的管理政策。由于跨境资本流动必然涉及多个经济体，很可能会对个别经济体和全球的经济和金融稳定都有影响。因此，在全球经济活动中，如果各国缺乏审慎监管的有效协调和合作，那么将会对各个国家自身的金融安全产生重要影响。

（一）立足本国实际，建立对接国际金融规则的国内金融监管体系

资本市场的高水平开放必然意味着中国金融监管国际化的趋势也将进一步发展。因此，为提升中国在国际金融监管体系中的地位和作用，以跻身世界金融强国，我们必须不断调整和发展国内金融监管体系，积极打造国际通行的监管体系。首先，积极与国际金融发展思想接轨，以积极开放的心态参与到国际金融监管活动中去。努力提升国际金融监管理念，使金融监管标准与国际接轨，促使中国在金融监管领域达到世界领先水平。其次，积极发挥国务院金融稳定发展委员会的沟通、协调作用。数字经济时代，金融产品的日益创新，单一的监管模式难以完成高质量的监管。因此，借助国务院金融稳定发展委员会，可以有效实现跨部门、跨行业的金融监管，提高监管的效率。最后，数字化、全球化、信息化将会是未来国际金融监管发展的必然方向。信息的共享和交流在国际金融监管协调合作中是必不可少的部分。中国金融监管当局应加大信息披露的质量和力度，

在保护国家金融信息安全的前提下致力于提升金融监管体系运营的透明度，以提升与国际金融监管机构合作协调过程中的互信程度，更好地进行国际金融安全维护和国际金融风险防范工作的合作共商，维护国际金融稳定。

与此同时，在对标国际金融监管规则的同时，也要考虑中国自身的经济发展状况、市场完善程度和国内现实国情来制定适合本国发展现实情况的宏观政策，要保证宏观政策框架适合经济发展水平。宏观监管部门应审慎把控资本市场开放的速度、范围和进程，切不可为了开放而开放。在制定经济政策时应注意不要落后于国内经济发展水平，从而使政策环境成为国家经济发展的阻碍，也要坚强地顶住来自外部的经济压力，不断提高中国在国际金融体系中的地位和话语权，避免受制于人。应坚持以本国国情为主，在持续、准确把握国内经济基本状况、国际经济环境变化和本国政策管理水平等重要问题的基础上，不断完善和发展本国的经济发展政策框架，构建适合国内经济发展、利于对外金融开放、保障国家金融安全运行的良好政策体系。

（二）进一步完善中国的制度开放体系

制度开放体系的建设对于维护国家金融安全也是至关重要的。本书的第六章“跨境资本流动对国家金融安全的异质性影响分析”中也证实了一国的制度质量对于发挥跨境资本流动提升国家金融安全的作用是必不可少的。因此，要注重完善中国制度层面的资本市场开放体系建设，探讨多途径、多渠道的外国投资者参与中国资本市场开放的方式。如除了“沪港通”、“深港通”以及“沪伦通”等，还可以再增加其他可行的、合理的方式，积极吸引境外投资者参与中国内地的资本市场开放。对内地企业境外上市以及境外企业在内地上市，也要做好相应的制度安排，从而有利于中国企业更好地利用国内和国际两个资本市场。注册制改革的试点也要加速推进，不断完善中国的股票发行制度。

（三）参与重塑资本市场开放的全球治理体系

一方面，借助亚洲基础设施投资银行、金砖国家开发银行和丝路基金，树立中国金融领域“负责任的大国”的形象。作为中国在重构国际金融领域秩序重要机制，亚洲基础设施投资银行、金砖国家开发银行和丝路基金发挥了重要的作用。不仅为中国企业“走出去”提供了更好的资金融通机制，也为中国金融领域“负责任的大国”的形象打下了坚实的基础。因此，要切实利用这些平台有效地推进全球金融治理体系的改革，为中国高水平的资本市场开放提供更好的机遇。另一方面，逐步提升中国在国际金融体系中的话语权。布林顿森林体系解体以来，现有的国际金融体系主要是在以世界银行（WB）和国际货币基金组织（IMF）为主导的一系列制度规范下建立起来的。而且，发达国家掌握着主流的话语权，中国在现有的国际金融体系中仍处于话语权的弱势地位。因此，要积极借助国际力量，如联合新兴市场经济体国家或金砖国家，完善 IMF 和世界银行改革，提升中国等发展中国家的话语权。积极掌握国际金融规则制定的话语权，为自身的发展谋取更多利益。

（四）注重跨境资本流动监管的国际协调与合作

国际监管合作对于维护国家金融安全也是至关重要的。[①] 国际金融市场的稳定与中国的国家金融安全休戚相关，国际金融风险也随时可能沿着全球金融网络扩散蔓延到中国国内，加强国际金融监管协调与合作是中国金融监管当局的重要工作内容。现有的国际金融监管模式正在发挥着重要的作用，在防范和化解国际金融风险、维护全球金融安全和稳定方面已经取得了显著的成果。但是，国际金融监管协调与合作仍是一个不断发展的过程，目前金融监管国际协调方面也存在着一些有待改进的不足，比如其对政府意志的依赖性、金融监管的滞后性、对各成员国约束力的相对有限性和发达国家主导的单一性。这些缺陷和不足使得各国在面对国际性的金融危机时，不能进行最为有效的管理和最及时的控制以阻止金融危机的扩散和蔓延。因此，国际金融监管体系的发展仍有很长的路要走。一方面，宏观审慎政策对抑制金融风险至关重要。[②] 因此，应加强宏观审慎政策的国际协调。各国监管机构之间的宏观审慎政策的国际协调，有助于缓解“金融三元悖论”，减少保护主义的风险。另一方面，完善货币政策的国际协调。货币政策不仅影响价格稳定，也影响金融稳定，利率的变化不仅影响总需求和供给，也影响金融状况。反过来，宏观审慎政策也会影响货币政策的传导机制。因此，货币政策和宏观审慎政策在维护宏观经济和金融

① 李翀：《论国家金融风险与国家金融安全》，《中国经济问题》2000 年第 1 期。

② 范小云、潘赛赛、王博：《国际资本流动突然中断的经济社会影响研究评述》，《经济学动态》2011 年第 5 期。

体系的稳定方面发挥着互补作用。通过在国际层面上建立一个政策合作框架，可以有效减少政策所带来的国内和国际外部性，维护各国金融稳定。

（五）坚持“一带一路”中的金融引领作用

2013年习近平总书记提出了建设“一带一路”（The Belt and Road）——“新丝绸之路经济带”和“二十一世纪海上丝绸之路”——的重大倡议，旨在通过沿线国家的多边合作，共同构建人类命运共同体、促进各国经济的健康发展。截至2021年11月，中国已同140个国家和32个国际组织签署了206份共建“一带一路”合作文件，建立了90多个双边合作机制。在建设“一带一路”的大背景下，应进一步发挥金融，尤其是资本市场开放在其中的引领作用，推动跨境资本流动更好地服务于“一带一路”建设。积极借助“一带一路”倡议，加速推进人民币国际化。加速推进与“一带一路”沿线国家的人民币跨境结算和货币互换。同时，也要注重金融配套政策的建设，如人民币跨境支付系统（CIPS）的推广。要为中国与“一带一路”沿线国家的跨境资本流动提供规范化的法律保障、现代化的信息保障、多样化的人才保障和系统化的安全保障，尽可能减少在区域经济合作、资本流动过程中可能面临的风险。

第二节　提升金融市场发展水平，积极发挥金融市场发展对中国金融安全的调节作用

金融市场发展对稳定国家金融安全具有重要作用。前文第七章的实证分析检验也证实了金融市场的发展对于跨境资本流动对国家金融安全的影响方面具有重要的调节作用。由此，提高金融市场发展水平、促进金融市场的完善和发展，也是提升中国金融安全的重要思路。中国的金融市场历经改革开放四十多年以来的发展完善，实现了从无到有的巨大飞跃，各子市场也在不断发展完善，在经济发展中扮演着不可或缺的角色。但目前国内金融市场仍存在着亟待解决的问题和不足，金融市场的成熟度和相关市场规则仍有待发展。一些金融市场的缺陷，如金融市场结构不合理、对外开放过程中配套的监管体制不够完善等问题，阻碍了金融市场发挥其在跨境资本流动和维护国家安全中的调节作用。为维护中国国家金融安全，需

要建设一个更加成熟完善、更加健全高效的金融市场。

一 继续完善银行业监管体系建设，推动银行公司治理改革

商业银行在中国的金融体系中占据主导地位，是跨境资本双向流动的主要通道。一方面，资本账户开放导致的跨境资本流动大部分会直接或间接地进入银行系统，对银行系统的外汇储备和货币供应量产生影响，进而影响商业银行的信贷业务、证券投资业务以及经营管理等业务。另一方面，银行市场作为跨境资本流动的目的地，通过外资银行“走进来”、中资银行“走出去”的方式，成为境内外跨国银行进行直接投资的对象。跨国银行的境内外直接投资使得中国商业银行的经营范围从国内金融市场转向全球金融市场，中资商业银行在国内外市场上与世界各国商业银行进行同业竞争，这既提高了中国商业银行的运营风险，也有利于中国商业银行学习外资银行的经营管理经验与制度模式，提高中国商业银行的经营效率和竞争能力。因此，金融全球化背景下，跨境资本流动在增加了商业银行的可用资金规模以及提高中国商业银行经营管理水平和竞争能力的同时，也会给商业银行的运营带来一系列风险，如信贷风险、汇率风险、利率风险、投资风险以及流动性风险等。因此，需要进一步完善商业银行外部监管架构和自身风险管理体系，一是要加强银行体系资本流动的监管，建立完善的跨境资本风险预警系统以及危机应对体系，对跨境资本的大规模无序流动进行实时、有效的监测与管理；二是要继续完善汇率体制和利率体制改革，加快利率市场化改革进程，以减轻跨境资本流动对中国汇率和利率以及货币供给等金融变量产生的影响；三是要进一步推进银行公司治理改革，推动银行完善内部控制机制，坚持自身深化改革和高质量发展并重，提供商业银行风险控制能力。完善公司治理是银行深化改革的重中之重，要积极贯彻落实新发展理念，抢抓新一轮科技革命和产业革命的重大机遇，推动银行公司治理水平持续提升以及数字化转型全面提速，以增强商业银行风险管理能力以及融入双循环新发展格局的能力。

二 加强股票市场制度性改革，充分发挥股票市场资源配置的作用

股票市场是市场经济中最重要的资本市场，是市场发挥资源配置决定性作用的基本力量，是企业直接融资的主要渠道。因此，“十四五”时期

应坚定走市场化的经济发展道路，充分地发挥股票市场的作用。要坚定推进股票发行的注册制改革，推行市场化的退市制度。改善投资结构，提高机构投资者的投资比重，重视培育高质量的证券市场中介机构。完善北京证券交易所的交易制度。同时，积极扩大“沪港通”、“深港通”等资本市场开放措施的试点范围和力度。

三　加快期货市场供给侧结构改革，完善期货市场基础性制度建设

期货市场不仅具有风险投资功能，还具有规避风险与价格发现功能。目前，期货市场已成为国家重要的风险管理市场和财富管理市场，期货及相关衍生品是国家风险管理的基础工具。随着资本项目开放程度的加深，跨境资本流动规模与频率不断加大，期货市场在为中国经济活动提供避险通道的同时，也给中国的金融安全与稳定带来了巨大的挑战。首先，自2020年1月1日起，中国取消了期货公司外资股比限制，符合条件的境外投资者持有期货公司股权比例可至100%，证监会将依法依规予以审批。外资期货公司的进入，将助力国内期货市场的对外开放，推动行业高质量发展。同时，中国期货行业竞争将进一步加剧。竞争的加剧将导致资源进一步向大中型期货公司集中，促进行业资源整合。而且，跨境资本大规模进出期货市场进行风险投资，也会加剧期货市场波动风险，进而通过资本市场风险传导机制扩大到整个金融市场，影响金融市场的安全与稳定。因此，要继续推动市场化改革，完善期货市场基础性制度建设，全面从严监管期货市场资金流动，加强投资者保护，以增强期货市场信心，吸引中长期资金参与到期货市场中来。其次，拓展期货市场的广度与深度，完善期货交易的品种，及时推出更多类型的产品，使投资者能够根据自身风险管理需求选择合适的工具，降低交易成本，提高交易效率。再次，要加快期货行业自身的供给侧改革，进一步加大对包括公司治理、公司资本、内部控制、客户权益保护、信息系统安全等方面在内的风险管理力度，由上而下鼓励期货公司优胜劣汰，适度竞争，增强期货经营机构风险防范能力和水平，从而促使期货公司能够在良性竞争环境下以更多的精力去满足客户风险管理、资产及财富管理、产业链融资、供应链流通等业务，促进期货业市场主体合规稳健发展。最后，要更加注重对于复合型高端人才的引进、培养和使用，引导既懂现货又懂期货、既懂场内业务又懂场外业务、

既懂国内市场又懂国外市场的人才进入期货市场，实现期货健康长久发展。

四　继续推动保险市场深化改革，稳步提升保险业对外开放水平

保险在一国金融市场中能够发挥稳定器的作用。2021 年 12 月，中国银保监会取消了外资险企持股比例上限，明确保险资管公司立足长期投资、稳健投资，实现了对作为保险资管公司股东的境内外保险公司一视同仁，同时大幅取消外资保险经纪公司的准入限制以及降低准入门槛，允许外国保险集团公司、境内外资保险集团公司投资设立的保险中介机构经营相关保险中介业务。保险市场对外开放步伐的加快一方面能够为跨境资本流动提供一个更加稳定的渠道，有助于平滑由于跨境资本大进大出带来的系统性金融风险；另一方面有利于提高保险市场的竞争水平，推动制约保险业发展的制度改革，提升保险企业的经营管理水平和竞争力，从而提高保险行业的总体风险承担能力。然而，由于中国保险市场的发展仍然存在一定的短板，削弱了保险市场平抑跨境资本流动风险的能力，因此，需要对保险市场进行更加深层次的改革。首先，要继续稳妥推进保险业对外开放，全面实施保险业准入前国民待遇加负面清单管理制度，继续吸引具有专业特色的优质外资进入中国保险市场。其次，要进一步优化保险业监管规则，改善营商环境，增强开放监管能力，要继续重拳整治保险市场特别是人身险、互联网保险等重点领域的违法违规行为，加快补齐制度短板，防范金融风险。再次，保险企业要以客户需求为中心，要加快推进保险市场转型和升级，不断完善产品和服务体系，加强保险覆盖的广度和深度，进一步发挥保险的社会“稳定器”作用。最后，要构建新型保险中介市场体系，提高中国保险中介市场服务水平，更好地服务国民经济和社会发展。

五　完善基金市场监管体系，加快基金市场双向开放进程

基金行业对于金融市场的稳定是一把“双刃剑”。一方面，基金可以对资本市场起到“稳定器”的作用。从微观角度来看，基金市场能够较好地克服金融市场信息不完全、不对称而给投资者带来的风险，为不同投资者拓展与其风险承担能力相匹配的投资方式和投资渠道，为投资者带来了

利润增量；从宏观角度来看，基金市场的不断完善与发展有利于促进证券市场的稳定和健康发展，优化金融结构，完善金融体系和社会保障体系，实现经济可持续发展。另一方面，由于基金市场与银行、保险、股票、债券、外汇等其他市场息息相关，风险相互传导，基金也可能成为金融市场的“震荡器”。在资本项目对外开放程度加大的情况下，跨境资本流动对于中国金融安全与稳定的影响也会通过基金市场加以减缓或放大。因此，需要更好地发挥基金市场“稳定器”的作用，减少基金市场给金融市场带来的震荡风险。为此，我们首先要推动更多中长期资金进入基金市场，不断强化证券基金经营机构的长期业绩导向，推动放宽各类中长期资金入市比例和范围，推动公募基金纳入个人税收递延型商业养老金投资范围。进一步加强投资者保护，建立更加严谨的客户信息保护制度。开拓多元渠道，丰富基金产品。构建完善的产品体系，同时拓宽互联网基金的销售渠道，与第三方基金销售平台合作，做到相关资源的有效利用。通过金融市场双向开放，一方面拓展全球范围资产配置能力，丰富国内基金投资标的，并通过“走出去”持续提升中国企业的国际影响力和竞争水平；另一方面通过引进优质外资基金公司，发挥“鲇鱼效应”，学习借鉴外资基金公司的先进管理模式与经验，以提升中国基金行业的整体竞争力。

六　加快建立统一债券市场，实现债券市场基础制度与国际市场相衔接

债券市场是金融市场的重要组成部分，具有融资功能、资金流动导向功能和宏观调控功能。除此以外，债券市场还以其强大的吸纳能力，不断夯实金融市场的基础。总体来看，债券市场通过以下四个途径来有效防范金融风险、维护金融稳定：一是改善传导机制，防范通货膨胀风险；二是分散银行业风险，防范系统性风险；三是缓解流动性过剩，优化经济结构；四是完善约束机制，防范道德风险。然而，随着金融市场开放程度的不断加深，国际债券市场资本流动规模和速度不断加快，债券市场违约风险的传染过程通过“预期冲击”、“流动性冲击”和“信用冲击”被不断放大，导致债券市场发生巨震，降低市场风险偏好，部分财力较弱或信用风险频发地区的地方政府及国有企业、产能过剩行业面临信用收缩的困境，引发金融体系流动性风险。为防范跨境资本流动通过债券市场引发的

金融风险、提高债券市场维护金融稳定的能力，我们一是要加强建立统一的债券市场，加快推进包括银行间与交易所债券市场在内的中国债券市场统一对外开放；二是要进一步丰富市场产品体系。目前，中国跨境担保品业务等全球债券市场主要交易业务尚处于起步阶段，下一步对外开放要进一步丰富产品体系，引导更多服务实体经济的金融产品创新，丰富市场风险管理工具；三是要进一步便利化境外投资人参与国内债券市场的通道，逐步扩大开放规模，例如可投资债券品种，进一步丰富和完善中国债券市场的投资结构；四是要不断完善债券基础制度并与国际通行规则相衔接，以降低债券市场交易成本，提高操作效率；五是要完善法律制度、强化监管，压实主体责任，减少对信用评级的强制使用和过度使用，推动中介服务机构高质量发展。

第三节　本章小结

经济金融全球化背景下，中国在全球经济金融网络中的作用日益增强。随着资本市场开放进程的不断加快、汇率市场化改革的不断深入和人民币国际化进程的不断推进，以及“一带一路”倡议的深入实施，中国金融开放迈入新的发展阶段。金融开放程度的提高给跨境资本的自由频繁流动创造了条件，但这也对中国的金融安全构成了一定威胁。资本市场高水平对外开放所带来的跨境资本流动，加大了中国融入国际金融市场的深度和广度，提升了中国金融业的国际影响力和国际金融治理能力。前几章的实证结果也证实，跨境资本流动显著地提升了一国的国家金融安全，即跨境资本流动有利于国内金融体制的改革、优化金融资源配置、提升国内金融业的竞争力，也有力地促进了“一带一路”倡议等国际经济合作的深入实施。但也要注意到，跨境资本流动可以通过汇率效应、资产价格效应，扭曲一国金融结构、削弱宏观政策有效性，进而引发金融危机。全球金融网络的快速发展，跨境资本流动对全球经济的影响也会通过全球金融网络的放大效应带来更大的冲击。因此，新时代中国扩大金融业的双向开放，对于增强金融服务实体经济的能力和推动经济高质量发展具有重要意义。但是，在扩大金融业的双向开放、构建更高水平开放型经济新体制的同时，也要重视防范化解金融风险，维护好国家金融安全。

为了更好地维护好高水平开放背景下中国的金融安全，一方面，在跨境资本流动方面，微观层面，要重视因企施策机制；宏观方面，优化顶层设计机制；国际层面，积极融入全球金融体系并参与国际金融规则制定。要加强针对跨境资本流动的宏观审慎管理，从而防范跨境资本大规模流动对中国经济金融稳定的冲击。此外，中国要注重金融高水平开放的节奏，加强金融开放风险监控，稳步推进资本项目开放进程。在推动资本市场开放的同时，建立健全严格的金融风险防范体系和应对策略，不断完善并积极推进与资本开放同步的相关制度，认真评估审核资本市场的高水平开放，防范金融风险，提升国家金融安全水平。国家金融安全既与跨境资本流动管理息息相关，也与金融市场的发展程度密切相连。金融市场发展水平越高，其冲击吸收能力越强，跨境资本流动引致危机的可能性就越小。而且，金融市场发展水平的提高，意味着金融监管和信息披露的改进，政府政策透明度和执行力的增加，有助于降低跨境资本流动带来的风险溢价，减少金融开放导致的货币和期限错配的可能性。因此，要根据不同金融业的发展水平，有序推动金融业的高水平双向开放，可以减少开放所带来的风险，避免引致金融动荡。另一方面，从金融市场发展来看，要继续完善银行业监管体系建设，推动银行公司治理改革；加强股票市场制度性改革，充分发挥股票市场资源配置的作用；加快期货市场供给侧结构改革，完善期货市场基础性制度建设；继续推动保险市场深化改革，稳步提升保险业对外开放水平；完善基金市场监管体系，加快基金市场双向开放进程；加快建立统一债券市场，实现债券市场基础制度与国际市场相衔接。要不断完善和推动国内金融市场的成熟和发展，建立更加全面的市场规则，推动货币市场和证券市场的进步，以更好地发挥金融市场在调节跨境资本流动带来的风险方面的调节作用，进而维护国内金融稳定、提升国家金融安全水平。

第十章

研究结论与政策启示

第一节　研究结论

一　近几十年来中国跨境资本流动的规模逐渐扩大，金融市场发展水平明显提高

经过数十年的发展，中国跨境资本流动的规模和质量都有了长足进步，金融市场也日趋成熟。中国跨境资本流动的历史与资本账户的开放相伴而生。从改革开放前中国实行计划经济体制，资本账户完全封闭，由中央银行集中管理外汇。到改革开放之后，实现直接投资项目基本可兑换，"沪港通"、"深港通"、"沪伦通"等项目的陆续启动，人民币被正式纳入特别提款权（SDR），全面取消 QFII 与 RQFII 的投资额度限制，以及银行、证券、基金管理、期货、人身险领域的外资持股比例限制彻底取消等，这一系列强有力的措施的实施显著推动了中国跨境资本的流动，使跨境资本流动规模不断上升，并进一步加快了国际金融一体化的进程。2020 年，中国吸引的 FDI 流入量全球排名第一。从外向直接投资（Outward FDI，OFDI）来看，2020 年中国的 OFDI 稳居第一，这些都表明中国跨境资本流动的规模发展迅速。从非储备性质的金融账户来看，直接投资仍然是中国跨境资本流动的主要途径，其次为证券投资和其他投资项目。与此同时，中国的金融市场发展水平也在稳步上升。金融机构的存款、储蓄存款、贷款以及社会融资规模都有了大幅度提高。进一步来看，无论是股票市场、债券市场，还是基金、期货以及保险业，也都在稳健地发展，但与发达国家相比仍存在着较大差距，而且不同金融市场之间的发展也存在着一些差异。因此，随着中国资本市场开放进度的加快，如何稳步地推动各个金融

市场的开放以及健康发展，成为政府面临的一个重要议题。

二 20 世纪 70 年代以来，全球各国的资本市场开放进程明显加快，但是各国之间的开放进程差距较大

通过采用 Chinn 和 Ito 构建的衡量资本市场开放的 KAOPEN 指数以及 Gygli 等构建的修正后的 KOF 金融全球化指数，① 本书对发达国家、金砖国家以及其他发展中国家的资本市场开放进程进行了描述性分析，较为直观地刻画出了各种不同类型发展水平国家资本市场开放的实践经历与存在的问题。总体来看，从发达国家资本市场开放的进程的描述中不难看出，除战后新兴发达国家（如以色列、韩国）外，发达国家整体具有深厚的资本市场发展历史与金融市场改革经验。尤其是 2000 年来，发达国家加快了资本市场开放的进程。虽然在资本市场开放进程中出现了金融风险事件，但总的来说发达国家的转型过程较为成功。从全球来看，发达国家的资本市场开放程度仍然是最高的。而对金砖国家来说，由于普遍面临较多的国内经济问题，如巴西经历过债务危机、俄罗斯为计划经济转型国家等，这些问题的存在阻碍了金砖国家的资本市场开放进程。但是金砖国家经济体在解决自身问题后均进入了自由化改革快车道，在这其中政府的事实层面的放松管制起了较大作用。金砖国家经济体面临的下一阶段问题主要是法规层面的制度改革与建设，更好的制度建设将支撑起资本市场的高水平开放和金砖国家的新一轮经济起飞。其他发展中国家资本市场开放进程差异较大，智利、墨西哥等国家近年来资本市场开放进程较快，其他国家则较为缓慢。但总体也表现出来一些共同点，如金融危机过后各国一般会减缓本国的资本市场开放进程。发展中国家存在的问题是资本市场体量太小以及制度建设不健全或与国家资本项目开放现状不匹配，这导致其自身抗风险能力不足，很容易受到外来冲击影响。如墨西哥、泰国在开放进程中均发生了金融危机，暴露出其他发展中国家在进行资本市场开放时的脆弱性。

① Chinn, M. D. and H. Ito, "A New Measure of Financial Openness", *Journal of Comparative Policy Analysis*, Vol. 10, No. 3, 2008; Gygli, S., Haleg, F., Potrafke, N., and J., Sturm, "The KOF Globalisation Index – revisited", *The Review of International Organizations*, Vol. 14, No. 3, 2019.

三 跨境资本流动通过资产价格效应，以及股票市场、银行业、外汇市场等多种渠道影响了国家金融安全

跨境资本流动影响国家金融安全的渠道包括股票市场、银行业、外汇市场、货币政策效果以及资产定价等。从股票市场渠道来看，跨境资本流动通过股票市场渠道对国家金融安全影响的方向取决于对跨境资本的利用和监管。因此，在发挥股票市场配置资源作用、有效促进跨境资本对企业融资约束的缓解作用、规避企业财务风险、降低跨境资本的投机性、增强实体经济流动性以及增加实体经济韧性和活力的同时，也要加强跨境资本监管、避免跨境资本“脱实向虚”、避免金融泡沫的形成，有效增强国家金融安全。从银行业渠道来看，跨境资本流动通过银行业渠道对国家金融安全影响的方向，与银行业监管以及跨境资本能否发挥“鲇鱼效应”有关。银行业的监管可以防范信贷规模过度扩张和资产泡沫形成。而且，跨境资本流动通过发挥“鲇鱼效应”可以降低银行道德风险，增强银行治理水平和风险管理能力。此时，跨境资本流动通过银行渠道增强了国家金融安全。反之亦然。从外汇市场渠道来看，汇率波动是影响国家金融安全的关键因素，跨境资本流动会通过外汇市场影响国家金融安全。跨境资本流动对外汇市场波动的影响与跨境资本类型密切相关。短期跨境资本流动对汇率稳定产生负面影响，长期跨境资本流动对汇率稳定影响较小。从货币政策效果渠道来看，短期跨境资本流动的顺周期特征会在一定程度上影响货币政策的效果以及独立性，但是这种效果可能会受到汇率制度选择的影响，更为浮动或市场化的汇率制度能够降低跨境资本流动对货币政策独立性的影响。从资产定价渠道来看，短期跨境资本流动会对资产价格产生影响，进而对国家金融安全产生负面影响。但长期跨境资本流动不一定导致资产价格的剧烈波动，其与跨境资本流动的方向密切相关。如果跨境资本流入/流出实体经济则不会推高/降低资产价格，只有当跨境资本流入/流出金融部门时才会引起资产价格波动。最后，从金融市场发展渠道来看，跨境资本流动可以通过促进金融体制改革、推动金融结构优化，提升金融竞争实力、提高金融运行效率、加强金融监管革新等途径来推动金融市场发展，进而提升国家金融安全。

四 跨境资本流动显著提升了国家金融安全

通过使用116个国家1991—2020年的非平衡面板数据，实证检验了跨

境资本流动对国家金融安全的影响。研究发现，跨境资本流动对国家金融安全具有明显的正向促进效应。本书用两种形式衡量了被解释变量国家金融安全程度。一方面，在用是否发生金融危机来衡量国家金融安全程度时，解释变量跨境资本流动对发生金融危机具有显著的抑制作用，这说明跨境资本流动会抑制金融危机的发生。当采用权重法合并了 GDP 增长率、外债偿债率等多个二级指标来衡量国家金融安全程度时，解释变量跨境资本流动对国家金融安全水平具有显著的促进作用。这说明跨境资本流动会提高国家金融安全程度。对基准回归结果进行一系列稳健性检验后，结论仍然成立。

另一方面，在微观层面上，通过使用来自国泰安 CSMAR 数据库的 2012—2020 年 A 股沪市上市商业银行数据，采用双重差分模型，探究了"沪港通"交易制度的实施对商业银行不良贷款率的影响。研究发现，参加"沪港通"对商业银行不良贷款率具有显著的降低作用。在分别加入一系列企业财务层面、管理层面的控制变量后，结论仍然成立。在进行平行趋势检验后，发现结论是稳健的。这说明在微观层面上来看跨境资本流动也会提升国家金融安全。

五 跨境资本流动对国家金融安全的影响因经济发展水平、收入水平和制度质量的差异而存在着较大异质性

跨境资本流动对国家金融安全的影响存在着经济发展水平、收入水平和制度质量方面的异质性。通过准确识别不同发展阶段、不同收入水平下跨境资本流动对国家金融安全的异质性影响对于指导国家金融监管体系和国家金融安全防线的构建具有重要意义。因此，通过将样本国家按照不同经济发展水平分为发达国家（地区）、新兴市场国家（地区）、其他发展中国家（地区），按照不同收入水平分为高收入水平国家（地区）、中高收入水平国家（地区）、中低收入水平国家（地区）、低收入水平国家（地区），按照不同制度质量分为高制度质量水平国家（地区）、中等制度质量水平国家（地区）、低制度质量水平国家（地区），进行分组回归，本书实证检验了存在的异质性影响。总体来看，跨境资本流动对发达国家（地区）的金融安全的提升作用更为强烈，新兴市场经济体国家（地区）次之，对其他发展中国家（地区）的提升作用最弱。这可能是因为发达国家

（地区）的金融发展水平、信息披露水平较高，可以有效缓解融资约束、提高投资效率，并建立更完善的监管体系和风险规避体制，吸引更多的跨境资本流动，降低了金融风险的发生，从而更好地发挥跨境资本流动对国家金融安全程度的促进作用。但在新兴市场经济体国家（地区）和其他发展中国家（地区），金融发展水平、信息披露水平相比发达国家（地区）较为落后，难以发挥跨境资本流动的作用。所以，相比较而言，跨境资本流动对发达国家（地区）的金融安全程度的提升作用更为明显。

其次，高收入水平国家（地区）和中高收入水平国家（地区）的跨境资本流动可以显著提高国家金融安全程度，但是在中低收入水平国家（地区）和低收入水平国家（地区）这种影响并不明显。可能是因为高收入水平国家（地区）和中高收入水平国家（地区）的金融发展水平较高，从而提高了国内家庭的金融参与度和风险资产配置比例。此外，高收入也会扩大跨境资本流动规模，从而更好地发挥跨境资本流动对国家（地区）金融安全的促进作用。但在中低收入水平国家（地区）和低收入水平国家（地区），金融发展水平、收入较低，使得国家（地区）内家庭的金融参与度较低，难以发挥跨境资本流动的作用。

最后，根据制度变量得分将所有样本分为了高制度质量水平国家（地区）、中等制度质量水平国家（地区）和低制度质量水平国家（地区）三部分，检验了因制度质量差异而引起的异质性影响。结果表明，在中等制度质量和高制度质量水平国家（地区），跨境资本流动可以显著提高国家金融安全程度。但是在低制度质量水平国家（地区），这种影响并不明显。这可能是因为中等制度质量和高制度质量水平国家（地区）的政权稳定、政府高效廉洁，政策不会随意变更，而且市场交易制度健全、司法制度完善，从而能够有效降低跨境资本流动所面临的政治、政策和交易风险，促进跨境资本流动，并有助于跨境资本流动发挥对国家（地区）金融安全程度的促进作用。但是，低制度质量水平国家（地区）往往存在政权稳定性差、政府腐败程度高、行政效率低，或者市场经济体制不健全、交易规则不完善、政策稳定性较差、司法系统效率较低等问题，进而降低了跨境资本流动意愿，或者提高了跨境资本流动波动率，从而不利于国家（地区）金融安全。因此，相比较而言，跨境资本流动显著提升了中等制度质量水平国家（地区）和高制度质量水平国家（地区）的金融安全程度。

六　金融市场发展对跨境资本流动对国家金融安全的影响具有正向调节作用

金融市场发展水平的提升，其对跨境资本流动所带来的风险冲击的吸收能力也会增加。不同的金融市场发展水平下，跨境资本流动对国家金融安全的影响是不同的。因此，金融市场发展对跨境资本流动对国家金融安全的影响具有调节作用。金融市场发展水平越高，跨境资本流动对国家金融安全的提升作用就越强烈。具体来说，从金融市场发展深度来看，跨境资本流动变量与金融市场发展深度变量的交互项为负值，并且通过了1%的显著性水平检验。这说明金融市场发展深度增强了跨境资本流动对金融危机发生的抑制作用，从而提高了国家金融安全。金融市场发展深化有助于各国获得更高质量和更多品种的金融服务，提升了国家金融体系的国际竞争力，扩张了国家的融资渠道，也降低了融资成本。当发生跨国资本流动时，深度发展金融市场能够提供丰富的金融工具以对冲风险、提供流动性，从而促进资本的多元化配置和长期投资。金融市场深化度越高，金融基础就会越牢固，金融市场冲击吸收能力就越强，从而降低了金融风险发生的概率，更好地发挥了跨境资本流动对国家金融安全的提升作用。

从金融市场发展效率来看，跨境资本流动变量与金融市场发展效率变量的交互项为负值，并且通过了5%的显著性水平检验。这说明金融市场发展效率增强了跨境资本流动抑制金融危机发生的作用，从而提高了国家金融安全。金融市场发展效率反映了金融市场配置资源的能力。金融市场发展效率的提升有利于金融资源的利用水平和利用效率的提高，从而能够使市场主体以更低的成本获得金融资源，优化市场流动性，提高金融安全水平。具体来看，金融市场发展效率的提升一方面通过提升跨境资本配置效率缓解市场主体流动性约束，另一方面通过满足本国居民部门资产配置提高跨境资本流动质量，产生与跨境资本流动的协同效应，抑制金融危机的发生，进而提升国家金融安全水平。

从银行系统规模来看，跨境资本流动变量与银行系统规模变量的交互项系数为负，但没有通过显著性水平检验。这说明银行系统规模对跨境资本流动与国家金融安全的关系具有正向调节效应，但该正面调节效应并不显著。这很可能因为银行系统规模无法直接体现在银行业竞争程度以及银行信贷资金配置效率上，从而对跨境资本流动对国家金融安全的影响不能产生有效的调节效应。

从金融市场稳定性来看，跨境资本流动变量与金融市场发展稳定性变量的交互项为负值，并且通过了1%的显著性水平检验。这说明金融市场稳定性对跨境资本流动与国家金融安全的关系具有正向调节作用。金融市场稳定与跨境资本流动息息相关，改善金融稳定状况能够显著吸引跨境资本流入。金融市场稳定也为金融市场发展创造了良好的运行环境，有利于形成完善的市场监管体系和严密的内部控制体系，消解跨境资本流动的负向冲击作用，降低跨境投机资本数量，提高跨境资本投资一国金融市场和实体经济的信心。因此，稳定的金融市场有利于跨境资本流动，正向调节跨境资本流动对国家金融安全的促进作用。即金融市场稳定性对跨境资本流动与国际金融安全的关系具有正向调节作用，金融市场稳定性越高，跨境资本流动对国家金融安全的提升作用就越强烈。

从证券市场规模变量来看，跨境资本流动变量与证券市场规模变量的交互项为负值，并且通过了1%的显著性水平检验，这说明证券市场规模对跨境资本流动与国家金融安全的关系具有正向调节作用。资本市场的发展为跨境资本流动提供了投资渠道和便利条件，而跨境资本流动和证券投资市场的相互渗透能与实体经济的发展形成互补，降低跨境资本流动的盲目性和投机性。而且，发达的证券市场往往拥有规范的交易运营体系，规避内幕交易的发生，这对于降低金融风险发挥着重要作用。证券市场的发展还有助于企业从多渠道融资，从而降低了融资成本，这也就降低了企业对外投资门槛，因而促进了跨境资本流动。以上因素都会导致证券市场规模对跨境资本流动与国家金融安全的关系具有正向调节作用。

七　企业财务风险是跨境资本流动影响国家金融安全的重要微观机制

良好的企业财务经营状况可以有效避免企业的违约事件，使企业有足够资金偿付债务，减少经济体的流动性风险，维护金融稳定、提升金融安全。反之，较差的财务经营状况会使企业面临债务违约，鉴于企业和金融机构之间存在着借贷关系，这很可能会影响整个经济体的金融稳定。而且，跨境资本流动可以有效增加企业的融资、缓解企业的流动性约束，进而减少企业财务风险。即跨境资本流动不仅会通过银行系统、金融稳定等直接对国家金融安全产生影响，还可以通过微观企业财务风险，对企业投融资、金融体系风险、宏观经济运行等产生影响，从而间接影响国家金融安全。因此，企业财务风险可能是跨境资本流动影响国家金融安全的重要微观机制。通过选取企业层面数据，构建以企业流动性风险为主的财务风险指标，评估跨境资本流动通过企业财务风险对国家金融安全的影响。另外，“沪港通”作为继 QFII、QDII 及 RQFII 的又一跨境资本流动的渠道，极大地促进和推动了跨境资本流动。因此，以“沪港通”的实施这一资本市场开放措施作为跨境资本流动的政策冲击变量，深入考察跨境资本流动对企业财务风险的实际影响，进而为跨境资本流动对国家金融安全的影响提供一个微观机制。

总体来看，跨境资本流动可以显著降低企业面临的财务风险，进而对国家金融安全产生影响，即“沪港通”交易制度的实施能够显著降低企业财务风险。这一结论在使用 PSM - DID 处理内生性问题、平行趋势检验、更换企业财务风险指标以及改变样本时期窗口后仍然稳健。融资约束的增大会抑制企业经营业务的开展，进而可能导致企业面临财务危机。跨境资本流动可以在一定程度上缓解企业所面临的融资约束，为企业提供更多的融资渠道。良好的信息披露机制可以提高上市公司质量、维护投资者利益，还可以促进资本市场的有序运行。信息披露得越详细，公司所面临的风险就越小。跨境资本流动一方面可以提高企业的投资效率，减少企业的非效率投资行为；另一方面可以降低企业的融资成本，进而缓解企业的投资不足情况。因此，渠道检验也表明，跨境资本流动主要是通过降低企业融资约束、提高企业信息披露质量以及提高企业投资效率等渠道影响了企业的财务风险。进一步来看，跨境资本流动对企业财务风险的影响存在异质性，即跨境资本流动对中西部地区企业、非国有企业、低市场化地区企业、资本密集型企业、低监督强度企业、低竞争程度行业企业以及高技术行业企业的财务风险缓解作用比东部地区企业、国有企业、高市场化地区企业、劳动密集型企业、高监督强度企业、高竞争程度行业企业以及低技术行业企业要更为强烈一些。

第二节　政策启示

当前，中国的资本市场开放处于重要的战略节点。如何审慎安排资本市场开放进程，以及如何在合理有效利用跨境资本流动对中国经济高质量发展的促进作用的同时，又能有效防范金融风险、维护国家金融安全，也成了政府所面临的重要议题。跨境资本流动有利于国内金融体制的改革、优化金融资源配置效率、提升国内金融业的竞争力，也有力地促进了“一带一路”倡议等国际经济合作的深入实施。但跨境资本流入也可以通过汇率效应、资产价格效应等渠道扭曲一国金融结构、削弱宏观政策有效性，进而引发金融危机。而跨境资本流出则可能引起本国外汇储备下降，本币急剧贬值，并诱发货币危机。资本外流还会使国际收支恶化，产生通胀、偿债风险等诸多问题，扭曲一国金融结构、削弱宏观政策有效性，进而引发金融危机。全球金融网络的快速发展也使得跨境资本流动对全球经济的影响也会通过全球金融网络的放大效应带来更大的冲击。因此，在扩大金融业的双向开放、构建更高水平开放型经济新体制的同时，也要重视防范化解金融风险，维护好国家金融安全。

从跨境资本流动视角来看，微观层面，要注重因企施策机制，即完善企业融资体系、提升企业治理质量；积极鼓励企业“引进来”和“走出去”并行，注重“引进来”和“走出去”的质量；同时，也要强化对投资者的引导和管理，保护投资者利益，减缓跨境资本流动对国内资本市场的冲击力度。宏观方面，要不断完善优化顶层设计机制。要完善并发展对资本市场开放进程的监管；完善金融风险防控体系；根据中国不同金融市场的发展水平，合理安排金融业的开放顺序和开放程度；注重发挥金融科技在金融业双向开放中的监管作用；提升支撑金融业双向开放的“软环境”和“硬环境”。国际层面，应积极融入全球金融体系并参与国际金融规则制定机制。应立足本国实际，建立对接国际金融规则的国内金融监管体系；进一步完善中国的制度开放体系；参与重塑资本市场开放的全球治理体系；注重跨境资本流动监管的国际协调与合作；要坚持“一带一路”中的金融引领作用。

从提升金融市场发展水平来看，要继续完善银行业监管体系建设，推动银行公司治理改革；加强股票市场制度性改革，充分发挥股票市场资源配置的作用；加快期货市场供给侧结构改革，完善期货市场基础性制度建设；继续推动保险市场深化改革，稳步提升保险业对外开放水平；完善基金市场监管体系，加快基金市场双向开放进程；加快建立统一债券市场，实现债券市场基础制度与国际市场相衔接。

经济金融全球化背景下，中国在全球经济金融网络中的作用日益增强。随着资本市场开放进程的不断加快和人民币国际化进程以及“一带一路”倡议的深入推进，中国的金融开放迈入新的发展阶段。金融开放程度的提高给跨境资本的自由频繁流动创造了条件，但也对中国的金融安全构成了一定威胁。资本市场高水平对外开放所带来的跨境资本流动，加大了中国融入国际金融市场的深度和广度，提升了中国金融业的国际影响力和国际金融治理能力。本书的实证结果也证实，跨境资本流动显著地提升了一国的国家金融安全，即跨境资本流动有利于国内金融体制的改革、优化金融资源配置、提升国内金融业的竞争力。但也要注意到，跨境资本流动可以通过汇率效应、资产价格效应，扭曲一国金融结构、削弱宏观政策有效性，进而引发金融危机、降低国家金融安全。因此，要在深入推进资本市场高水平对外开放的同时，也要注意防控潜在的金融风险。总之，新时代扩大金融业的双向开放、合理利用跨境资本流动，是当前中国构建高水平开放型经济新体制的重要举措。在开放过程中，既要充分利用金融业双向开放带来的跨境资本，使之服务于中国的经济发展战略，又要注意防范化解金融风险，维护中国金融安全，进而增强金融服务实体经济的能力，切实推动“十四五”时期中国经济的高质量发展。

参考文献

一　中文文献

安起雷、李治刚:《国际短期资本流动对我国金融安全的影响及对策研究》,《宏观经济研究》2011 年第 2 期。

曹胜亮:《金融开放、金融安全与涉外金融监管》,《中南财经政法大学学报》2014 年第 3 期。

曹向、秦凯羚、李春友:《融资约束、环境不确定性与多元化战略有效性》,《财经科学》2019 年第 11 期。

曹瑜强、刘慧芬、李承霖:《资本市场开放与企业社会责任——基于陆股通制度实施的实证》,《统计与决策》2021 年第 8 期。

曹衷阳、关田田:《跨境资本流动对银行系统性风险影响的实证研究》,《河北经贸大学学报》2021 年第 6 期。

陈炳才:《中国金融服务业开放的条件、次序、重点与时机》,《金融研究》1999 年第 5 期。

陈奉先、李娜:《资本账户开放、金融发展与国际资本流动“突然停止”——基于全球 68 个经济体的实证考察》,《经济学家》2020 年第 11 期。

陈耿、陈诚:《信息披露质量与资本市场抗冲击能力:国际比较研究》,《经济问题探索》2010 年第 3 期。

陈继勇、盛杨怿:《外商直接投资的知识溢出与中国区域经济增长》,《经济研究》2008 年第 12 期。

陈建青:《多层次资本市场与国家金融安全研究》,《学习与探索》2013 年第 10 期。

陈陶然、黄烨菁:《资本流入、银行体系特征与企业信贷增长》,《世界经济研究》2021 年第 11 期。

陈旺、黄家炜、汪澜:《金融开放与银行风险承担的异质性研究——基于 98 个国家的实证分析》,《国际金融研究》2020 年第 1 期。

陈雨露、马勇、阮卓阳:《金融周期和金融波动如何影响经济增长与金融稳定?》,《金融研究》2016 年第 2 期。

陈运森、黄健峤:《股票市场开放与企业投资效率——基于“沪港通”的准自然实验》,《金融研究》2019 年第 8 期。

陈中飞、范春嫦、李珂欣、李佳阳:《资本流动与汇率失衡——基于跨国经验的实证分析》,《金融论坛》2021 年第 6 期。

陈中飞、王曦、王伟:《利率市场化、汇率自由化和资本账户开放的顺序》,《世界经济》2017 年第 6 期。

成力为、王昱:《金融发展、R&D 投入门槛与权益资本跨国流动》,《管理工程学报》2017 年第 1 期。

程利敏、唐建新、徐飞、陈冬:《资本市场开放与上市公司资本结构调整——基于陆港通的实验检验》,《国际金融研究》2019 年第 10 期。

代昀昊、孔东民:《高管海外经历是否能提升企业投资效率》,《世界经济》2017 年第 1 期。

戴国强、陈晨:《金融消费者保护与金融危机——基于全球 142 个经济体的实证研究》,《财经研究》2015 年第 3 期。

戴鹏毅、杨胜刚、袁礼:《资本市场开放与企业全要素生产率》,《世界经济》2021 年第 8 期。

范从来:《银行业开放:焦点、冲击和策略取向》,《南京社会科学》2000 年第 3 期。

范小云、潘赛赛、王博:《国际资本流动突然中断的经济社会影响研究评述》,《经济学动态》2011 年第 5 期。

范小云、张少东、王博:《跨境资本流动对股市波动的影响——基于分部门资本流动波动性视角的研究》,《国际金融研究》2020 年第 10 期。

范小云、朱张元、肖立晟:《从净资本流动到总资本流动——外部脆弱性理论的新发展》,《国际金融研究》2018 年第 1 期。

方意、邵稚权、黄昌利:《资本市场开放与跨境风险传染防控——基于沪港通的经验证据》,《国际金融研究》2021 年第 9 期。

丰若旸、温军：《沪港通会促进我国国有企业技术创新吗?》，《产业经济研究》2019 年第 4 期。

高洁超、袁唯觉、杨源源：《资本流动、金融稳定与经济增长》，《金融监管研究》2021 年第 5 期。

高明宇、李婧：《短期跨境资本流动与货币政策独立性——基于新兴经济体的实证研究》，《现代经济探讨》2019 年第 10 期。

高志勇、刘赟：《转型经济国家资本流动与银行稳定关系的实证研究——基于中东欧 8 国面板数据的分析》，《国际贸易问题》2010 年第 7 期。

葛新宇、庄嘉莉、刘岩：《贸易政策不确定性如何影响商业银行风险——对企业经营渠道的检验》，《中国工业经济》2021 年第 8 期。

顾海兵、夏梦：《基于国家经济安全的金融安全指标的选取研究》，《国家行政学院学报》2011 年第 5 期。

顾海峰、卞雨晨：《跨境资本流动、贷款集中与银行系统性风险：如何理解宏观审慎政策和国际金融环境的作用?》，《世界经济研究》2021 年第 10 期。

顾海峰、于家珺：《跨境资本流动加剧了银行信贷风险吗——基于资本流入、流出与总量的考察》，《国际贸易问题》2020 年第 9 期。

关筱谨、任碧云、李坤青：《短期跨境资本流动对系统性金融风险的影响研究》，《经济体制改革》2021 年第 3 期。

管涛、殷高峰：《开放没有回头路：中国应对资本流动冲击的经验及启示》，《国际经济评论》2022 年第 1 期。

贵丽娟、胡乃红、邓敏：《金融开放会加大发展中国家的经济波动吗？——基于宏观金融风险的分析》，《国际金融研究》2015 年第 10 期。

郭峰、王靖一、王芳、孔涛、张勋、程志云：《测度中国数字普惠金融发展：指数编制与空间特征》，《经济学（季刊)》2020 年第 4 期。

郭威：《资本账户开放顺序的国际实践及对中国的启示》，《财经科学》2007 年第 8 期。

郭阳生、沈烈、汪平平：《沪港通降低了股价崩盘风险吗——基于双重差分模型的实证研究》，《山西财经大学学报》2018 年第 6 期。

韩芳、杨柳：《社会责任信息披露与财务风险》，《统计与决策》2021 年第 14 期。

郝清民：《融资约束下的研发与长期财务风险》，《科研管理》2020 年第 10 期。

何德旭、娄峰：《中国金融安全指数的构建及实证分析》，《金融评论》2012 年第 5 期。

何德旭、史晓琳：《互联网时代的金融风险及其防范措施研究》，《中国社会科学院研究生院学报》2018 年第 2 期。

何德旭：《外资进入中国银行业：趋势、影响及对策》，《财经论丛》（浙江财经学院学报）2004 年第 2 期。

何德旭：《中国金融安全评论》，社会科学文献出版社 2014 年版。

何国华、陈晞：《跨境资本流动会加大金融波动吗?》，《国际金融研究》2020 年第 3 期。

何国华、李洁：《跨境资本流动的国际风险承担渠道效应》，《经济研究》2018 年第 5 期。

何建雄：《建立金融安全预警系统：指标框架与运作机制》，《金融研究》2001 年第 1 期。

何瑛、李塽爽：《资本市场开放与企业信息披露质量——来自深港通交易制度的经验证据》，《财务研究》2021 年第 3 期。

贺力平：《从国际和历史角度看国际资本流动与金融安全问题》，《国际经济评论》2007 年第 6 期。

黄健峤、王雅琪、邓祎璐、陈运森：《股票市场开放提高企业创新产出水平了吗？——基于陆港通的准自然实验》，《会计与经济研究》2020 年第 1 期。

黄贤环、吴秋生、王瑶：《金融资产配置与企业财务风险："未雨绸缪"还是"舍本逐末"》，《财经研究》2018 年第 12 期。

计国忠：《资本账户开放次序的比较研究及中国的选择》，《世界经济研究》2004 年第 2 期。

纪洋、边文龙、黄益平：《隐性存保、显性存保与金融危机：国际经验与中国实践》，《经济研究》2018 年第 8 期。

贾晓俊、李孟刚：《中国金融安全指数合成实证分析》，《当代财经》2015 年第 1 期。

姜洪、焦津强：《国家金融安全指标体系研究》，《世界经济》1999 年第

7 期。
蒋冠宏、张馨月：《金融发展与对外直接投资——来自跨国的证据》，《国际贸易问题》2016 年第 1 期。
蒋海、傅建辉：《金融安全理论述评》，《学术研究》2008 年第 7 期。
蒋海、苏立维：《中国金融安全指数的估算与实证分析：1998—2007》，《当代财经》2009 年第 10 期。
金成晓、李岩松、姜旭：《跨境资本流动、宏观审慎管理与金融稳定》，《世界经济研究》2020 年第 3 期。
雷家骕：《中国金融安全》，经济科学出版社 2000 年版。
李成、白璐：《资本项目开放、金融风险传导与危机临界点预测》，《金融论坛》2013 年第 4 期。
李翀：《论国家金融风险与国家金融安全》，《中国经济问题》2000 年第 1 期。
李力、温来成、唐遥、张偲：《货币政策与宏观审慎政策双支柱调控下的地方政府债务风险治理》，《经济研究》2020 年第 11 期。
李社环、余光、周蓉：《论金融自由化、金融危机和金融监管》，《世界经济文汇》1999 年第 6 期。
李巍：《金融发展、资本账户开放与金融不稳定——来自中国的证据》，《财经研究》2007 年第 11 期。
李巍、张志超：《不同类型资本账户开放的最优时点选择——基于金融稳定的视角》，《金融研究》2009 年第 11 期。
李巍：《资本账户开放、金融发展和经济金融不稳定的国际经验分析》，《世界经济》2008 年第 3 期。
李维安、马超：《“实业 + 金融”的产融结合模式与企业投资效率——基于中国上市公司控股金融机构的研究》，《金融研究》2014 年第 11 期。
李杨、张东阳：《人民币国际化进程中的国家金融安全研究》，《理论探讨》2017 年第 4 期。
连立帅、朱松、陈超：《资本市场开放与股价对企业投资的引导作用：基于沪港通交易制度的经验证据》，《中国工业经济》2019 年第 3 期。
连平、刘健、鄂永健：《资本外流和人民币贬值的强化机制及其风险防范》，《世界经济研究》2017 年第 1 期。

梁勇：《对外开放与维护我国的国家经济安全》，《学术月刊》1999 年第 7 期。

林斌、孙烨、刘瑾：《内部控制、信息环境与资本成本——来自中国上市公司的经验证据》，《证券市场导报》2012 年第 11 期。

林毅夫、徐立新、寇宏、周叶菁、裴思纬：《金融结构与经济发展相关性的最新研究进展》，《金融监管研究》2012 年第 3 期。

刘柏、张艾莲、胡思遥：《跨境资本流动、度量方法筛选与金融风险防范》，《南开经济研究》2019 年第 5 期。

刘程、王仁曾：《资本市场开放能够提高公司投资效率吗？——来自“沪港通”的经验证据》，《证券市场导报》2019 年第 4 期。

刘慧龙、王成方、吴联生：《决策权配置、盈余管理与投资效率》，《经济研究》2014 年第 8 期。

刘金全、毕振豫：《中国经济周期波动的驱动因素及其阶段性特征研究》，《经济问题探索》2018 年第 12 期。

刘莉亚：《境外“热钱”是否推动了股市、房市的上涨？——来自中国市场的证据》，《金融研究》2008 年第 10 期。

刘粮、陈雷：《外部冲击、汇率制度与跨境资本流动》，《国际金融研究》2018 年第 5 期。

刘名旭、李来儿：《战略差异、财务柔性与经营业绩波动》，《山西财经大学学报》2019 年第 12 期。

刘沛、卢文刚：《金融安全的概念及金融安全网的建立》，《国际金融研究》2001 年第 11 期。

刘锡良、孙磊：《金融结构视角中的金融安全论》，《经济学动态》2004 年第 8 期。

刘洋、臧日宏：《资本市场开放与企业创新——基于沪港通的经验数据》，《北京工商大学学报》（社会科学版）2021 年第 3 期。

陆军、熊衍飞：《资本账户开放、制度质量与经济增长》，《金融论坛》2014 年第 11 期。

路妍、张寒漪：《短期国际资本流动对人民币汇率波动的影响——基于 Markov Switching - VAR 方法的分析》，《商业研究》2020 年第 8 期。

罗斯丹、张伟伟：《当前我国实体经济与金融安全关系研究》，《经济纵横》

2009 年第 4 期。

罗炜、朱春艳：《代理成本与公司自愿性披露》，《经济研究》2010 年第 10 期。

罗子嫄、靳玉英：《资本账户开放对企业融资约束的影响及其作用机制研究》，《财经研究》2018 年第 8 期。

马亚明、马金娅、胡春阳：《资本市场开放可以提高上市公司治理质量吗——基于沪港通的渐进双重差分模型检验》，《广东财经大学学报》2021 年第 4 期。

马妍妍、俞毛毛、程京京：《资本市场开放促进企业创新了么？——基于陆港通样本的微观证据》，《财经论丛》2019 年第 8 期。

马妍妍、俞毛毛、王勇：《资本市场开放能否提升出口企业全要素生产率——基于陆港通样本的微观证据》，《国际商务》（对外经济贸易大学学报）2021 年第 4 期。

马永强、张志远：《资本市场开放与过度负债企业去杠杆：来自“沪深港通”的经验证据》，《世界经济研究》2021 年第 10 期。

马勇、田拓、阮卓阳、朱军军：《金融杠杆、经济增长与金融稳定》，《金融研究》2016 年第 6 期。

马勇、王芳：《金融开放、经济波动与金融波动》，《世界经济》2018 年第 2 期。

马勇、杨栋、陈雨露：《信贷扩张、监管错配与金融危机：跨国实证》，《经济研究》2009 年第 12 期。

梅冬州、崔小勇：《制造业比重、生产的垂直专业化与金融危机》，《经济研究》2017 年第 2 期。

庞家任、张鹤、张梦洁：《资本市场开放与股权资本成本——基于沪港通、深港通的实证研究》，《金融研究》2020 年第 12 期。

彭红枫、商璨、肖祖沔：《分类资本账户开放、制度质量与经济增长》，《国际贸易问题》2020 年第 9 期。

彭红枫、祝小全：《短期资本流动的多重动机和冲击：基于 TVP - VAR 模型的动态分析》，《经济研究》2019 年第 8 期。

齐保垒、杜英、孙泽宇：《资本市场开放与企业避税——基于“沪港通”和“深港通”交易制度的准自然实验》，《财贸研究》2021 年第 8 期。

钱小安:《金融开放条件下的金融安全问题》,《管理世界》2001 年第 6 期。

阙澄宇、孙小玄:《金融发展、制度质量与国际证券资本流动》,《财贸经济》2021 年第 5 期。

阮睿、孙宇辰、唐悦、聂辉华:《资本市场开放能否提高企业信息披露质量?——基于“沪港通”和年报文本挖掘的分析》,《金融研究》2021 年第 2 期。

沈坤荣、汪建:《中国银行业开放的理论依据与预期效应研究》,《管理世界》2001 年第 5 期。

孙东升、兰弘、范林青:《资本账户开放、汇率浮动与货币政策选择》,《国际金融研究》2017 年第 12 期。

孙健、王百强、曹丰:《公司战略影响股价崩盘风险吗?》,《经济管理》2016 年第 12 期。

孙志红、刘炳荣:《资本市场开放与企业“脱实向虚”:助推器还是稳定器?——基于“沪港通”的经验证据》,《暨南学报》(哲学社会科学版)2021 年第 8 期。

谭小芬、李兴申:《跨境资本流动管理与全球金融治理》,《国际经济评论》2019 年第 5 期。

谭小芬、梁雅慧:《我国跨境资本流动:演变历程、潜在风险及管理建议》,《国际贸易》2019 年第 7 期。

谭小芬、虞梦微:《全球金融周期与跨境资本流动》,《金融研究》2021 年第 10 期。

谭之博、赵岳:《金融发展与对外资产负债结构:跨国证据》,《世界经济》2013 年第 7 期。

唐建新、程利敏、陈冬:《资本市场开放与自愿性信息披露——基于沪港通和深港通的实验检验》,《经济理论与经济管理》2021 年第 2 期。

田昆儒、田雪丰:《纵向兼任高管与股价崩盘风险:“侵占效应”还是“监督效应”?》,《商业研究》2019 年第 9 期。

童相彬、张书华:《跨境资本流动、系统性风险与宏观经济波动》,《经济体制改革》2021 年第 4 期。

王道平:《利率市场化、存款保险制度与系统性银行危机防范》,《金融研究》2016年第1期。

王芳、陈雨露：《经济体制改革与中国金融安全——问题、逻辑和对策》，《经济理论与经济管理》2006年第7期。

王金明、王心培：《跨境资本双向流动影响外汇市场稳定吗》，《国际贸易问题》2021年第10期。

王曙光、张逸昕：《银行业外资引入与国家金融安全：基于宏观市场稳定性的实证分析》，《金融与经济》2016年第10期。

王维安：《银行业开放与国家金融安全》，《财经研究》2003年第12期。

王曦、陈中飞、王茜：《我国资本账户加速开放的条件基本成熟了吗?》，《国际金融研究》2015年第1期。

王小鲁、胡李鹏、樊纲：《中国分省份市场化指数报告（2021）》，社会科学文献出版社2021年版。

王秀丽、鲍明明、张龙天：《金融发展、信贷行为与信贷效率——基于我国城市商业银行的实证研究》，《金融研究》2014年第7期。

王秀丽、齐荻：《资本市场开放提高企业投资效率了吗——基于“陆港通”的多期双重差分法实验证据》，《国际商务》（对外经济贸易大学学报）2019年第6期。

王宇鹏、赵庆明：《金融发展与宏观经济波动——来自世界214个国家的经验证据》，《国际金融研究》2015年第2期。

王元龙：《我国对外开放中的金融安全问题研究》，《国际金融研究》1998年第5期。

王元龙：《我国外汇储备合理规模的政策选择》，《财贸经济》2003年第7期。

魏后凯：《外商直接投资对中国区域经济增长的影响》，《经济研究》2002年第4期。

魏尚进：《跨境资本流动：构成、危机和控制》，《学习与实践》2021年第7期。

夏晓兰、高凡懿、赖黎：《企业金融化、媒体监督与财务风险》，《金融论坛》2020年第11期。

项卫星、王达：《国际资本流动格局的变化对新兴市场国家的冲击——基于全球金融危机的分析》，《国际金融研究》2011年第7期。

肖斌卿、颜建晔、杨旸、张璞：《金融安全预警系统的建模与实证研究：基于中国数据的检验》，《国际商务》（对外经济贸易大学学报）2015年第6期。

肖涵、刘芳：《资本账户开放政策对公司融资行为的影响——基于沪港通政策的实证研究》，《经济经纬》2019年第3期。

肖卫国、尹智超、陈宇：《资本账户开放、资本流动与金融稳定——基于宏观审慎的视角》，《世界经济研究》2016年第1期。

谢丽华：《国际资本流入对中国银行业的影响及对策》，《亚太经济》2010年第6期。

辛大楞、邓祥莹：《开放促进公平：资本市场开放对劳动收入份额的影响研究——基于沪港通的准自然实验》，《财经论丛》2022年第12期。

辛大楞：《金融自由化、金融发展年收入不平等——基于新兴市场经济体国家的研究》，中国社会科学出版社2018年版。

辛大楞：《稳步推进我国金融业双向开放》，《中国社会科学报》2020年3月25日第3版。

熊衍飞、陆军、陈郑：《资本账户开放与宏观经济波动》，《经济学（季刊)》2015年第4期。

徐振东：《百年国际直接投资：演化、贡献及启示》，《国际金融研究》2001年第5期。

许冰：《外商直接投资对区域经济的产出效应——基于路径收敛设计的研究》，《经济研究》2010年第2期。

许建伟、郭其友：《外商直接投资的经济增长、就业与工资的交互效应——基于省级面板数据的实证研究》，《经济学家》2016年第6期。

严佳佳、曾金明：《跨境资本流动对货币政策有效性的影响研究——基于系统性风险视角的分析》，《经济理论与经济管理》2019年第8期。

颜新艳、俞毛毛：《资本市场开放能够提升企业全要素生产率吗？——基于“陆港通”样本的双重差分法分析》，《哈尔滨商业大学学报》（社会科学版）2021年第1期。

杨大光、何静：《银行业开放与国家金融安全》，《中国流通经济》2007年第7期。

杨海珍、李苏骁、史芳芳：《中国资本账户开放进程中跨境证券投资对国内金融市场的影响》,《经济理论与经济管理》2017 年第 10 期。
杨继梅、马洁、吕婕:《金融开放背景下金融发展对跨境资本流动的影响研究》,《国际金融研究》2020 年第 4 期。
杨森、雷家骕:《基于风险防范的中国宏观金融安全指数测度与分析》,《经济纵横》2019 年第 8 期。
杨胜刚、钟先茜、姚彦铭:《资本市场对外开放与企业融资约束——来自沪港通的证据》,《财经理论与实践》2020 年第 4 期。
杨兴全、张兆慧:《战略差异如何影响公司现金持有》,《贵州财经大学学报》2018 年第 3 期。
杨有红、赵晓梅:《实体企业扩大金融活动能够降低财务风险吗?》,《北京工商大学学报》(社会科学版)2021 年第 5 期。
杨子晖、陈创练:《金融深化条件下的跨境资本流动效应研究》,《金融研究》2015 年第 5 期。
姚树洁、冯根福、韦开蕾:《外商直接投资和经济增长的关系研究》,《经济研究》2006 年第 12 期。
叶莉、陈立文、王树强:《河北省金融安全监测预警系统的构建》,《统计与决策》2007 年第 20 期。
易信、刘凤良:《金融发展与产业结构转型——理论及基于跨国面板数据的实证研究》,《数量经济技术经济研究》2018 年第 6 期。
尹雷、卞志村:《利率市场化、存款保险制度与银行危机——基于跨国数据的实证研究》,《国际金融研究》2016 年第 1 期。
于博、吴菡虹:《政策冲击、注意力分配与投资者情绪——基于“沪港通”与“深港通”政策的分析》,《当代财经》2020 年第 1 期。
余永定:《货币金融理论与政策的重要创新——读盛松成等著〈社会融资规模理论与实践〉》,《中国金融》2014 年第 7 期。
余永定、肖立晟:《解读中国的资本外逃》,《国际经济评论》2017 年第 5 期。
虞义华、赵奇锋、鞠晓生:《发明家高管与企业创新》,《中国工业经济》2018 年第 3 期。
曾松林、吴青青、黄赛男:《极端国际资本流动的经济影响与政策启示——基于资本账户子项目的视角》,《国际金融研究》2021 年第 8 期。

翟胜宝、易旱琴、郑洁、唐玮、曹学勤:《银企关系与企业投资效率——基于我国民营上市公司的经验证据》,《会计研究》2014 年第 4 期。
翟淑萍、毕晓方、王玥:《战略差异、CFO 财务执行力与企业信用评级》,《山西财经大学学报》2018 年第 11 期。
詹雷、王瑶瑶:《管理层激励、过度投资与企业价值》,《南开管理评论》2013 年第 3 期。
张安军:《国家金融安全动态监测分析（1992—2012 年）》,《国际金融研究》2014 年第 9 期。
张安军:《国家金融安全动态预警比较分析（1992—2011 年）》,《世界经济研究》2015 年第 4 期。
张长征、方卉:《控制股东掠夺行为是股价崩盘的推手?——基于创业板上市公司股价崩盘风险的实证检验》,《投资研究》2018 年第 9 期。
张春宝、石为华:《中国资本账户开放与外汇市场压力风险研究》,《世界经济与政治论坛》2015 年第 4 期。
张春生、梁涛、蒋海:《我国资本项目的开放条件成熟了吗——基于金融市场的分析》,《经济学家》2017 年第 1 期。
张广婷:《新兴市场国家跨境资本流动的驱动因素研究——基于因子分析法的实证分析》,《世界经济研究》2016 年第 10 期。
张嘉望、李博阳:《资产可逆性、抵押品渠道与企业投资效率——基于融资约束异质性视角》,《经济管理》2021 年第 5 期。
张金清、张剑宇、聂雨晴、孙大钊:《中国金融安全评估:2000—2019 年——基于部门流动性资产负债表的分析框架》,《管理世界》2021 年第 6 期。
张俊瑞、王鹏、贾宗武、曾振:《独立董事背景对企业价值影响的研究——来自中小企业板上市公司的经验证据》,《统计与信息论坛》2010 年第 6 期。
张乐、韩立岩:《混合所有制对中国上市银行不良贷款率的影响研究》,《国际金融研究》2016 年第 7 期。
张礼卿:《资本账户开放的政策性框架:前提条件、速度和顺序》,《国际金融研究》1999 年第 11 期。
张立民、彭雯、钟凯:《“沪港通”开通提升了审计独立性吗?——基于持续经营审计意见的分析》,《审计与经济研究》2018 年第 5 期。

张明:《金融开放中的潜在风险》,《中国金融》2014 年第 14 期。

张明:《中国面临的短期国际资本流动:不同方法与口径的规模测算》,《世界经济》2011 年第 2 期。

张明:《中国面临的短期资本外流:现状、原因、风险与对策》,《金融评论》2015 年第 3 期。

张明:《中国资本账户开放:行为逻辑与情景分析》,《世界经济与政治》2016 年第 4 期。

张荣峰:《国际资本流动与银行稳定》,《国际金融研究》2007 年第 2 期。

张若雪、袁志刚:《技术创新能力、金融市场效率与外部经济失衡》,《金融研究》2010 年第 12 期。

张旭、方显仓:《资本账户开放对商业银行风险的影响研究——来自新兴经济体的经验证据》,《南方经济》2020 年第 9 期。

张璇、高金凤、李春涛:《银行业竞争与资源错配——来自中国工业企业的证据》,《国际金融研究》2020 年第 6 期。

张亦春、靳俐:《论发展中国家的金融安全》,《当代财经》1999 年第 6 期。

张亦春、李晚春、彭江:《债权治理对企业投资效率的作用研究——来自中国上市公司的经验证据》,《金融研究》2015 年第 7 期。

张谊浩、裴平、方先明:《中国的短期国际资本流入及其动机——基于利率、汇率和价格三重套利模型的实证研究》,《国际金融研究》2007 年第 9 期。

张幼文:《金融安全的国际条件与国内条件》,《上海金融》1999 年第 7 期。

张瑜、朱衣豪:《短期跨境资本流入、资产价格与系统性金融风险》,《世界经济与政治论坛》2020 年第 3 期。

张原劼、施建淮:《银行业跨境资本流动对企业投资的影响》,《国际经贸探索》2020 年第 7 期。

赵进文、苏明政、邢天才:《未预期收益率、传染性与金融危机——来自上海市场与世界市场的证据》,《经济研究》2013 年第 4 期。

赵进文、张敬思:《人民币汇率、短期国际资本流动与股票价格——基于汇改后数据的再检验》，《金融研究》2013 年第 1 期。

赵征、黄宪：《跨国银行在新兴市场风险环境中的行为选择与综合影响》，《世界经济研究》2009 年第 5 期。

郑柏清、周先波：《金融安全、全球化与经济增长：来自发展中国家的经验》，《南方经济》2011 年第 7 期。

郑国坚、林东杰、林斌：《大股东股权质押、占款与企业价值》，《管理科学学报》2014 年第 9 期。

郑璇、罗明铭：《国际资本流动突然中断与货币危机——基于新兴市场国家的证据》，《财经科学》2016 年第 4 期。

中国人民银行：《中国金融稳定报告（2021）》，2021 年。

中国人民银行调查统计司课题组、盛松成：《协调推进利率汇率改革和资本账户开放》，《中国金融》2012 年第 9 期。

中国人民银行：《金融科技（FinTech）发展规划（2019—2021 年）》，2019 年。

中国人民银行：《中国金融稳定报告（2005）》，2005 年。

中国信息通信研究院：《全球数字经济白皮书——疫情冲击下的复苏新曙光》，2021 年。

钟覃琳、陆正飞：《资本市场开放能提高股价信息含量吗？——基于“沪港通”效应的实证检验》，《管理世界》2018 年第 1 期。

钟永红、王雪婷：《跨境资本流动与汇率波动的长期动态关系分析》，《金融论坛》2019 年第 8 期。

周海欧、肖茜：《我国金融稳定测度与因素分析（1994—2013）——基于“表现”和“能力”综合评价的视角》，《当代财经》2015 年第 1 期。

朱琳、徐剑刚：《汇率制度、全球金融冲击与新兴经济体短期跨境资本流动》，《中国流通经济》2018 年第 12 期。

邹洋、张瑞君、孟庆斌、侯德帅：《资本市场开放能抑制上市公司违规吗？——来自“沪港通”的经验证据》，《中国软科学》2019 年第 8 期。

二　英文文献

Abraham F. and S. L. Schmukler, “Financial Globalization: A Glass Half Empty?”, *Handbook of Finance and Development*, 2018.

Acemoglu, D., S. Johnson, and J. A. Robinson, "The Colonial Origins of Comparative Development: An Empirical Investigation", *American Economic Review*, Vol. 91, No. 5, 2001.

Acharya, S. and J. Bengui, "Liquidity Traps, Capital Flows", *Journal of International Economics*, Vol. 114, 2018.

Aggarwal, R., Erel, I., Ferreira, M., and Matos, P., "Does Governance Travel Around the World? Evidence From Institutional Investors", *Journal of Financial Economics*, Vol. 100, No. 1, 2011.

Aghion, P., P. Bacchetta, and A. Banerjee, "Financial Development and the Instability of Open Economies", *Journal of Monetary Economics*, Vol. 51, No. 6, 2004.

Ahmed, S. and A. Zlate, "Capital Flows to Emerging Market Economies: A Brave New World?", *Journal of International Money and Finance*, Vol. 48, 2014.

Aizenman, J., Y. Jinjarak, and D. Park, "Capital Flows and Economic Growth in the Era of Financial Integration and Crisis, 1990 - 2010", *Open Economies Review*, Vol. 24, No. 3, 2013.

Alchian, A. A. and H. Demsetz, "Production, Information Costs, and Economic Organization", *The American Economic Review*, Vol. 62, No. 5, 1972.

Alfaro, L. and M. X. Chen, "The Global Agglomeration of Multinational Firms", *Journal of International Economics*, Vol. 94, No. 2, 2014.

Alfaro, L., Chanda, A., Kalemli - Ozcan, S., and Sayek, S., "Does Foreign Direct Investment Promote Growth? Exploring the Role of Financial Markets on Linkages", *Journal of Development Economics*, Vol. 91, No. 2, 2010.

Alfaro, L., Kalemli - Ozcan, S., and Volosovych, V., "Capital Flows in a Globalized World: The Role of Policies and Institutions", *Social Science Electronic Publishing*, 2007.

Allen, L., "Global Financial System 1750 - 2000", *University of Chicago Press Economics Books*, 2004.

Armenta, A. J., "Capital Inflows, Financial Development, and Credit Constraints at the Firm Level: Theory and Evidence", *Dissertations and Theses – Gradworks*, 2012.

Avgouleas, E., "Bank Leverage Ratios and Financial Stability: A Micro and Macroprudential Perspective", *Levy Economics Institute of Bard College Working Paper*, Vol. 849, 2015.

Balakrishnan, K. and D. A. Cohen, "Competition and Financial Accounting Misreporting", *SSRN Electronic Journal*, 2014.

Baltagi, B. H., P. O. Demetriades, and S. H. Law, "Financial Development and Openness: Evidence from Panel Data", *Journal of Development Economics*, Vol. 89, No. 2, 2009.

Baskaya, Y. S., Giovanni, J. D., Kalemli – Ozcan, S., Peydró, J. L. and Ulu, M. F., "Capital Flows and the International Credit Channel", *Journal of International Economics*, Vol. 108, 2017.

Baum, C. F., M. Pundit, and A. Ramayandi, "Capital Flows and Financial Stability in Emerging Economies", *Social Science Electronic Publishing*, 2017.

Bekaert, G., C. R. Harvey, and C. Lundblad, "Financial Openness and Productivity", *World Development*, Vol. 39, No. 1, 2011.

Bekaert, G., C. R. Harvey, and C. Lundblad, "Growth Volatility and Financial Liberalization", *Journal of International Money and Finance*, Vol. 25, No. 3, 2006.

Bertaut, C. C. and M. Starr, "Household Portfolios in the United States", *Social Science Electronic Publishing*, 2000.

Berthélemy J. C. and Démurger, S., "Foreign Direct Investment and Economic Growth: Theory and Application to China", *Review of Development Economics*, Vol. 4, No. 2, 2000.

Bhattacharya, S., Tsomocos, D. P., Goodhart, C., and Vardoulakis, A., "Minsky's Financial Instability Hypothesis and the Leverage Cycle", *Social Science Electronic Publishing*, 2011.

Bodea, C., C. Houle, and H. Kim, "Do Financial Crises Increase Income Inequality?", *World Development*, Vol. 147, 2021.

Boikos, S., Panagiotidis, T., and Voucharas, G., "Financial Development, Reforms and Growth", *Economic Modelling*, Vol. 108, 2022.

Bonfiglioli, A., "Financial Integration, Productivity and Capital Accumulation", *Journal of International Economics*, Vol. 76, No. 2, 2008.

Botev, J., Egert, B. and F. Jawadi, "The Nonlinear Relationship between Economic Growth and Financial Development: EVierdence from Developing, Emerging and Advanced Countries", *International Economics*, Vol. 160, 2019.

Boudias, R., "Capital Inflows, Exchange Rate Regimes and Credit Dynamics in Emerging Market Economies", *International Economics*, Vol. 143, 2015.

Bouis, R., Rawdanowicz, L., Renne, J. P., Watanbe, S., and Christensen, A. K., "The Effectiveness of Monetary Policy Since The Onset of The Financial Crisis", *OECD Economics Department Working Papers*, 2013.

Boyd, J. H. and G. De Nicolo, "The Theory of Bank Risk Taking and Competition Revisited", *The Journal of Finance*, Vol. 60, No. 3, 2005.

Broner, F. A. and J. Ventura, "Rethinking the Effects of Financial Liberalization", *NBER Working Papers*, 2010.

Broner, F., Didier, T., Erce, A., and Schmukler, S. L., "Gross Capital Flows: Dynamics and Crises", *Journal of Monetary Economics*, Vol. 60, No. 1, 2013.

Caballero, R. J. and A. Krishnamurthy, "Global Imbalances and Financial Fragility", *American Economic Review*, Vol. 99, No. 2, 2009.

Caballero, R. J., "The 'Other' Imbalance and the Financial Crisis", *SSRN Electronic Journal*, Vol. 32, No. 15636, 2010.

Calvo, G., "Financial Crises and Liquidity Shocks a Bank - run Perspective", *European Economic Review*, Vol. 56, No. 3, 2012.

Campbell, J. Y., "Household Finance", *The Journal of Finance*, Vol. 61, No. 4, 2006.

Canova, F. and G. De Nicolo, "Stock Returns, Term Structure, Inflation,

And Real Activity: An International Perspective", *Macroeconomic Dynamics*, Vol. 4, No. 3, 2000.

Cardarelli, R., S. Elekdag, and M. A. Kose, "Capital Inflows: Macroeconomic Implications and Policy Responses", *Economic Systems*, Vol. 34, No. 4, 2010.

Chinn, M. D. and H. Ito, "A New Measure of Financial Openness", *Journal of Comparative Policy Analysis*, Vol. 10, No. 3, 2008.

Chinn, M. D. and H. Ito, "What Matters For Financial Development? Capital Controls, Institutions, and Interactions", *Journal of Development Economics*, Vol. 81, No. 1, 2006.

Cihák, M., Demirgüc - Kunt, A., Feyen, E., and Levine, L., "Benchmarking Financial Systems Around the World", *ResearchGate*, 2012.

Cubillas, E. and F. González, "Financial Liberalization and Bank Risk - taking: International Evidence", *Journal of Financial Stability*, Vol. 11, 2014.

Cuddington, J. T., "Capital Flight: Estimates, Issues, and Explanations", *Princeton Studies in International Finance*, Vol. 58, 1986.

Demirgüç - Kunt, A. and E. Detragiache, "The Determinants of Banking Crises in Developing and Developed Countries", *IMF Staff Papers*, Vol. 45, No. 1, 1998.

Dinger, V. and D. M. Te Kaat, "Cross - border Capital Flows and Bank Risk - taking", *Journal of Banking & Finance*, Vol. 117, 2020.

Duisenberg, W. F., "Europe's Contribution to the Stability of Financial Markets", *Intereconomics*, Vol. 36, No. 2, 2001.

Edison, H. J., "Do Indicators of Financial Crises Work? An Evaluation of an Early Warning System", *International Journal of Finance & Economics*, Vol. 8, No. 1, 2003.

Eichengreen, B. ed., *Globalizing Capital*, New Jersey: Princeton University Press, 2019.

Eichengreen, B., R. Gullapalli, and U. Panizza, "Capital Account Liberalization, Financial Development and Industry Growth: A Synthetic View", *Jour-*

nal of International Money and Finance, Vol. 30, No. 6, 2011.

Erten, B. and Ocampo, J. A. eds., *Building a Stable and Equitable Global Monetary System*, United Nations: Department of Economics and Social Affairs, 2012.

Fernandez – Arias, E., "The New Wave of Private Capital Inflows: Push or Pull?", *Journal of Development Economics*, Vol. 48, No. 2, 1996.

Ferreira, M. A. and P. Matos, "The Colors of Investors' Money: The Role of Institutional Investors Around the World", *Journal of Financial Economics*, Vol. 88, No. 3, 2008.

Forbes, K. J., "One Cost of the Chilean Capital Controls: Increased Financial Constraints for Smaller Traded Firms", *Journal of International Economics*, Vol. 71, No. 2, 2007.

Francis, J., LaFond, R., Olsson, P., and Schipper, K., "The Market Pricing of Accruals Quality", *Journal of Accounting and Economics*, Vol. 39, No. 2, 2005.

Friedman, M. ed., *Essays in Positive Economics*, Chicago: University of Chicago Press, 1953.

Gelos, R. G. and A. M. Werner, "Financial Liberalization, Credit Constraints, and Collateral: Investment in the Mexican Manufacturing Sector", *Journal of Development Economics*, Vol. 67, No. 1, 2002.

Georgiadis, G. and A. Mehl, "Trilemma, Not Dilemma: Financial Globalisation and Monetary Policy Effectiveness", *Globalization and Monetary Policy Institue Working Paper*, Vol. 222, 2015.

Ghosh, A., "Does the Policy Trilemma Still Hold? Fresh Evidence and Its Implications", *International Journal of Monetary Economics and Finance*, Vol. 7, No. 2, 2014.

Gopinath, G., Kalemli – Ozcan, E., Karabarbounis, L., and Villegas – Sanchez, C., "Capital Allocation and Productivity in South Europe", *The Quarterly Journal of Economics*, Vol. 132, No. 4, 2017.

Gourinchas, P. O. and Obstfeld, M., "Stories of the Twentieth Century for the Twenty – first", *American Economic Journal: Macroeconomics*, Vol. 4,

No. 1, 2012.

Gruben, W. C. and D. McLeod, "Capital Account Liberalization and Inflation", *Economics Letters*, Vol. 77, No. 2, 2002.

Guitián, M., "The Challenge of Managing Global Capital Flows", *Finance & Development*, Vol. 35, No. 2, 1998.

Gunby, P. Jin, Y., and Reed, W. R., "Did FDI Really Cause Chinese Economic Growth? A Meta-analysis", *World Development*, Vol. 90, 2017.

Gupta, N. and K. Yuan, "On the Growth Effect of Dtock Market Liberalizations", *The Review of Financial Studies*, Vol. 22, No. 11, 2009.

Gu, X. and B. Huang, "A New Approach to Capital Flows: Theory and Evidence", *Economic Modelling*, Vol. 28, No. 3, 2011.

Gygli, S., Haleg, F., Potrafke, N. and J., Sturm, "The KOF Globalisation Index - revisited", *The Review of International Organizations*, Vol. 14, No. 3, 2019.

Hadlock, C. J. and J. R. Pierce, "New Evidence on Measuring Financial Constraints: Moving Beyond the KZ Index", *The Review of Financial Studies*, Vol. 23, No. 5, 2010.

Hamdi, H. and Jlassi, N. B., "Financial Liberalization, Disaggregated Capital Flows and Banking Crisis: Evidence from Developing Countries", *Economic Modelling*, Vol. 41, 2014.

Hardy, B. and Sever, C., "Financial Crises and Innovation", *European Economic Review*, Vol. 138, 2021.

Harrison, A. E., I. Love, and M. S. McMillan, "Global Capital Flows and Financing Constraints", *Journal of Development Economics*, Vol. 75, No. 1, 2004.

Hellmann, T. F., K. C. Murdock, and J. E. Stiglitz, "Liberalization, Moral Hazard in Banking, and Prudential Regulation: Are Capital Requirements Enough?", *American Economic Review*, Vol. 90, No. 1, 2000.

Henry, P. B., "Capital - account Liberalization, the Cost of Capital, and Economic Growth", *American Economic Review*, Vol. 93, No. 2, 2003.

Henry, P. B., "Do Stock Market Liberalizations Cause Investment Booms?",

Journal of Financial Economics, Vol. 58, No. 1 – 2, 2000.

Hou, X. and Q. Wang, "Institutional Quality, Banking Marketization, and Bank Stability: Evidence from China", *Economic Systems*, Vol. 40, No. 4, 2016.

IMF, "Guidance Note for the Liberalization and Management of Capital Flows", *International Monetary Fund Position Paper*, 2013.

International Monetary Fund, *World Economic Outlook*, 2021.

Ishii, S., Habermeier, K., Canales – Kriljenko, J. I., Laurens, B., and Vadasz, J., "Capital Account Liberalization and Financial Sector Stability", *IMF Occasional Papers*, Vol. 211, 2002.

Islamaj, E. and M. A. Kose, "What Types of Capital Flows Help Improve International Risk Sharing?", *Journal of International Money and Finance*, Vol. 122, 2022.

Kaminsky, G. L. and S. L. Schmukler, "Short – run Pain, Long – run Gain: Financial Liberalization and Stock Market Cycles", *Review of Finance*, Vol. 12, No. 2, 2008.

Kaminsky, G., S. Lizondo, and C. M. Reinhart, "Leading Indicators of Currency Crises", *IMF Staff Papers*, Vol. 45, No. 1, 1998.

Kim, I., Miller, S., Wan, H., and Wang, B., "Drivers Behind the Monitoring Effectiveness of Global Institutional Investors: Evidence from Earnings Management", *Journal of Corporate Finance*, Vol. 40, 2016.

Kim, S. and D. Y. Yang, "Do Capital Inflows Matter to Asset Prices? The Case of Korea", *Asian Economic Journal*, Vol. 23, No. 3, 2009.

King, R. G. and R. Levine, "Finance and Growth: Schumpeter Might be Right", *The Quarterly Journal of Economics*, Vol. 108, No. 3, 1993.

Klein, M. W. and G. P. Olivei, "Capital Account Liberalization, Financial Depth, and Economic Growth", *Journal of International Money and Finance*, Vol. 27, No. 6, 2008.

Klein, M. W. and J. C. Shambaugh, "Rounding the Corners of the Policy Trilemma: Sources of Monetary Policy Autonomy", *American Economic Journal: Macroeconomics*, Vol. 7, No. 4, 2015.

Korinek, A., "Regulating Capital Flows to Emerging Markets: An Externality View", *Journal of International Economics*, Vol. 111, 2018.

Kose, M. A., Prasad, E., Rogoff, K., and Wei, S. J., "Financial Globalization: a Reappraisal", *IMF Staff papers*, Vol. 56, No. 1, 2009.

Kothari, S. P., X. Li, and J. E. Short, "The Effect of Disclosures by Management, Analysts, and Business Press on Cost of Capital, Return Volatility, and Analyst Forecasts: A Study Using Content Analysis", *The Accounting Review*, Vol. 84, No. 5, 2009.

Krishnamurthy, A., "How Debt Markets Have Malfunctioned in the Crisis", *Journal of Economic Perspectives*, Vol. 24, No. 1, 2010.

Krugman, P., "Balance Sheets, the Transfer Problem, and Financial Crises", *International Tax and Public Finance*, Vol. 6, No. 4, 1999.

Krugman, P. ed., *What Happened to Asia?*, New Jersey: Princeton University Press, 1999.

Laeven, L., "Does Financial Liberalization Reduce Financing Constraints?", *Financial Management*, Vol. 32, No. 1, 2003.

Laeven, M. L. and M. F. Valencia, "Systemic Banking Crises Revisited", *IMF Working Papers*, Vol. 18, No. 206, 2018.

Lane, P. R. and G. M. Milesi - Ferretti, "The External Wealth of Nations Mark Ⅱ: Revised and Extended Estimates of Foreign Assets and Liabilities, 1970 - 2004", *Journal of International Economics*, Vol. 73, No. 2, 2007.

Lardy, N. and P. Douglass, "Capital Account Liberalization and the Role of the Renminbi", *Working Paper Series*, Vol. 111, No. 2888, 2011.

Lee, D., "Global Financial Integration and Monetary Policy Spillovers", *Economics Letters*, Vol. 202, 2021.

Leibenstein, H., "Allocative Efficiency vs. 'X - efficiency'", *American Economic Review*, Vol. 56, No. 3, 1966.

Levieuge, G., Y. Lucotte, and F. Pradines - Jobet, "The Cost of Banking Crises: Does the Policy Framework Matter?", *Journal of International Money and Finance*, Vol. 110, 2021.

Magud, M. N. E. and M. E. Tsounta, "To Cut or Not to Cut? That is the (Central Bank's) Question in Search of the Neutral Interest Rate in Latin America", *Social Science Electronic Publishing*, Vol. 243, No. 12, 2012.

Mara, M. Y. I., Purwanto, N. M. A., Kurniati, I. N., Fauziah, N. R., and Aqmaliyah, E., "Capital Flow and Banking Credit in Indonesia", *Economic Modelling*, Vol. 95, 2021.

Masson, P., "Contagion: Macroeconomic Models with Multiple Equilibria", *Journal of International Money and Finance*, Vol. 18, No. 4, 1999.

McKinnon, R. I. and H. Pill, "International Overborrowing: a Decomposition of Credit and Currency Risks", *World Development*, Vol. 26, No. 7, 1998.

Mendoza, E. G. and M. E. Terrones, "An Anatomy of Credit Booms: Evidence from Macro Aggregates and Micro Data", *National Bureau of Economic Research*, 2008.

Mercado Jr, R. V. and C. Park, "What Drives Different Types of Capital Flows and Their Volatilities in Developing Asia?", *International Economic Journal*, Vol. 25, No. 4, 2011.

Mundell, R. A., "The Monetary Dynamics of International Adjustment Under Fixed and Flexible Exchange Rates", *The Quarterly Journal of Economics*, Vol. 74, No. 2, 1960.

Naghavi, N. and W. Lau, "Financial Liberalization and Stock Market Efficiency: Causality Analysis of Emerging Markets", *Global Economic Review*, Vol. 45, No. 4, 2016.

Neanidis, K. C., "Volatile Capital Flows and Economic Growth: The Role of Banking Supervision", *Journal of Financial Stability*, Vol. 40, 2019.

Ng, J., "The Effect of Information Quality on Liquidity Risk", *Journal of Accounting and Economics*, Vol. 52, No. 2 – 3, 2011.

Nguyen, C. P. and G. S. Lee, "Uncertainty, Financial Development, and FDI Inflows: Global Evidence", *Economic Modelling*, Vol. 99, 2021.

North, D. C., "Institutions", *The Journal of Economic Perspectives*, Vol. 5, No. 1, 1991.

Nsouli, S. M., Rached, M. and N. Funke, "The Speed of Adjustment and the Sequencing of Economic Reforms: Issues and Guidelines for Policymakers",

IMF Working Paper, 2002.

Obstfeld, M. and K. Rogoff, "Exchange Rate Dynamics Redux", *Journal of Political Economy*, Vol. 103, No. 3, 1995.

Obstfeld, M., J. D. Ostry, and M. S. Qureshi, "A Tie That Binds: Revisiting the Trilemma in Emerging Market Economies", *Review of Economics and Statistics*, Vol. 101, No. 2, 2019.

Pandolfi, L. and T. Williams, "Capital Flows and Sovereign Debt Markets: Evidence from Index Rebalancings", *Journal of Financial Economics*, Vol. 132, No. 2, 2019.

Park, B. and J. An, "Can Capital Account Liberalization Lessen Capital Volatility in a Country with 'Original Sin'?", *Asian Economic Papers*, Vol. 11, No. 2, 2012.

Park, S. and J. Yang, "Relationships Between Capital Flow and Economic Growth: A Network Analysis", *Journal of International Financial Markets, Institutions and Money*, Vol. 72, 2021.

Passari, E. and H. Rey, "Financial Flows and the International Monetary System", *The Economic Journal*, Vol. 125, No. 584, 2015.

Petrov, I., "Capital Outflow, the Debt - payment Crisis, and Currency and Financial Policy Objectives", *Problems of Economic Transition*, Vol. 42, No. 1, 1999.

Phelan, G. and A. A. Toda, "Securitized Markets, International Capital Flows, and Global Welfare", *Journal of Financial Economics*, Vol. 131, No. 3, 2019.

Portes, R. and H. Rey, "The Determinants of Cross - Border Equity Flows", *Journal of International Economics*, Vol. 65, No. 2, 2005.

Rajan, R. S., "Crises, Private Capital Flows and Financial Instability in Emerging Asia", *MPDD Working Paper*, 2009.

Reinhart, C. M. and Reinhart, V. R., "Capital Inflows and Reserve Accumulation: The Recent Evidence", *NBER Working Paper*, No. w13842, 2008.

Reinhart, C. M. and Rogoff, K. S. eds., *This Time Is Different: Eight Centuries of Financial Folly*, New Jersey: Princeton University Press, 2009.

Reinhart, C. M., "Mirage of Floating Exchange Rates", *American Economic Review*, Vol. 90, No. 2, 2000.

Rey, H. "Dilemma Not Trilemma: The Global Financial Cycle and Monetary Policy Independence", *CEPR Discussion Papers*, 2015.

Richardson, S., "Over – investment of Free Cash Flow", *Review of Accounting Studies*, Vol. 11, 2006.

Schmukler, S. L., "Financial Globalization: Gain and Pain for Developing Countries", *Federal Reserve Bank of Atlanta Economic Review*, Vol. 89, No. 2, 2004.

Schneider, B., "Issues in Capital Account Convertibility in Developing Countries", *Development Policy Review*, Vol. 19, No. 1, 2001.

Schularick, M. and A. M. Taylor, "Credit Booms Gone Bust: Monetary Policy, Leverage Cycles, and Financial Crises, 1870 – 2008", *American Economic Review*, Vol. 102, No. 2, 2012.

Schultz, T. W., "Institutions and the Rising Economic Value of Man", *American Journal of Agricultural Economics*, Vol. 50, No. 5, 1968.

Shehzad, C. T. and Haan, J. D., "Financial Liberalization and Banking Crises", *ResearchGate*, 2008.

Stiglitz, J. E., "Capital Market Liberalization, Economic Growth, and Instability", *World Development*, Vol. 38, No. 6, 2000.

Taguchi, H., Sahoo, P., and Nataraj, G., "Capital Flows and Asset Prices: Empirical Evidence from Emerging and Developing Economies", *International Economics*, Vol. 141, 2015.

Tillmann, P., "Capital Inflows and Asset Prices: Evidence from Emerging Asia", *Journal of Banking & Finance*, Vol. 37, No. 3, 2013.

United Nations Conference On Trade and Development, *World Investment Report 2021*, 2021.

Wei, S., "Managing Financial Globalization: Insights from the Recent Literature", *National Bureau of Economic Research*, 2018.

Xin, D. and Y. Zhang, "Threshold Effect of OFDI on Provincial Enviromental

Pollution", Journal of Cleaner Production, Vol. 258, 2020.

Wang, C., J. Hwang, and C. Chung, "Do Short - term International Capital Inflows Drive China's Asset Markets?", *The Quarterly Review of Economics and Finance*, Vol. 60, 2016.

Trinugroho, I., Law, S. H., Lee, W. C., Wiwoho, J., and Sergi, B. S., "Effect of Financial Development on Innovation: Roles of Market Institutions", *Economic Modelling*, Vol. 103, 2021.

Tong, H. and Wei, S J., "The Composition Matters: Capital Inflows and Liquidity Crunch During a Global Economic Crisis", *National Bureau of Economic Research*, 2009.

后　记

本书是本人2018年3月申报的国家社会科学基金青年项目“金融市场发展、跨境资本流动与国家金融安全研究”（项目批准号：18CJL037）的最终研究成果。该成果于2022年5月被全国哲学社会科学工作办公室鉴定为合格等级予以结项。

本人现为山东师范大学经济学院经济学系系主任、教授，世界经济专业博士生导师，山东省首届高等学校优秀青年科研创新团队（省级科研创新团队）带头人。博士毕业于上海财经大学国际工商管理学院，就读专业为世界经济。同时，本人在2012年8月—2013年8月还是美国康奈尔大学（Cornell University）经济系的联合培养博士生。

本人长期致力于跨境资本流动、金融市场发展等领域的研究。读博期间，主要思考并研究了上世纪七八十年代以来全球各国的金融自由化改革进程如何对一国的经济发展产生影响。因此，博士毕业论文也以此为研究主线，探讨了金融自由化、金融发展对新兴市场经济体国家收入不平等的影响。在研究过程中，发现上世纪末的东南亚金融危机、2007年美国次贷危机的发生，通过跨境资本流动渠道对其他国家产生了一系列的传染溢出效应。而且，党的十八大以来，我国的金融高水平开放进程明显加快，开放程度逐步加深。高水平金融开放所带来的跨境资本流动必然会对一国的实体经济产生重要影响。但跨境资本流动如何影响一国的金融安全，却鲜有学者进行深入探讨。金融安全是国家安全的重要组成部分，维护一国的金融安全对经济的高质量发展至关重要。因此，在前期成果的基础上，我申报了国家社会科学基金青年项目“金融市场发展、跨境资本流动与国家金融安全研究”并顺利立项。

项目获得立项后，我对金融市场发展、跨境资本流动与国家金融安全的关系集中进行了全面系统的深入思考，确立完整的框架结构，将核心观点撰写成基础性文稿，并根据专家意见进行修改、完善，形成了本专著的主要内容。进一步地，通过对该课题的研究，深深感觉到金融高水平开放所带来的跨境资本流动对实体经济的影响非常复杂，还需学者们共同付出艰辛努力，坚持跨学科、多维度的视角，共同挖掘更深层次的研究主题。因此，本专著的研究可以说是初步探索，还有大量的研究工作有待后期继续深入开展。书中尚且存在的不足，恳望同行专家批评指正。最后，我作为课题主持人要特别感谢多位评审专家在项目结项评审中给予的评价以及指导。同时，感谢此书的责任编辑中国社会科学出版社的刘艳女士。对“金融市场发展、跨境资本流动与国家金融安全研究”这一项目以及给予该专著关注与鼓励的学人一并表示衷心的感谢！

辛大楞

2023 年春于山东师范大学